马银文◎编著

影响一生的10堂 礼仪课

台海出版社

图书在版编目（CIP）数据

影响一生的 10 堂礼仪课 / 马银文编著. — 北京：
台海出版社，2012.9

ISBN 978 - 7 - 5168 - 0032 - 4

Ⅰ. ①影… Ⅱ. ①马… Ⅲ. ①礼仪—通俗读物
Ⅳ. ①K891.26 - 49

中国版本图书馆 CIP 数据核字（2012）第 211184 号

影响一生的 10 堂礼仪课

编　　著：马银文

责任编辑：孙铁楠　　　　　　装帧设计：昇昇封面创意设计室
版式设计：姬刚成　　　　　　责任印制：蔡　旭

出版发行：台海出版社

地　址：北京市景山东街 20 号. 邮政编码：100009

电　话：010—64041652（发行，邮购）

传　真：010—84045799（总编室）

网　址：http://www.taimeng.org.cn/thcbs/default.htm

E-mail：thcbs@126.com

经　销：全国各地新华书店

印　刷：三河市灵山装订厂

本书如有破损、缺页、装订错误，请与本社联系调换

开　本：710×1000　　1/16

字　数：220 千字　　　　　　　印　张：19

版　次：2012 年 11 月第 1 版　　印　次：2012 年 11 月第 1 次印刷

书　号：ISBN 978 - 7 - 5168 - 0032 - 4

定　价：32.00 元

前 言
preface

　　我国自古就被称为"礼仪之邦"，以礼行天下是我们中华民族的传统美德。孔子更是以"不学礼，无以立"的言论闻名于后世。就是说一个人如果不学习礼仪，不懂得礼仪，就很难在社会上很好地立足和发展，更谈不上受到他人的欢迎。

　　随着社会的快速发展，人们的社会交往日益频繁，礼仪作为联系沟通交往的桥梁，显得更为重要，且有了新的发展。

　　现代礼仪更能展现个体的内在的善良和美好。得体的礼仪让人们在各种场合进退得宜。

　　时代改变的是人们的社会地位和生存方式。礼仪的表现方式虽然会随着文化或者人们的生活有所改变，但其最本质的精神却是不变的。

　　生活中的礼仪细节并非人人都精通，但只要我们把礼仪的基本内容铭记于心，在社交场合，娴熟运用，可以很好地提升个人的竞争力。

　　为了帮助广大读者较好地掌握各种场合所需要的礼仪知识，我们编撰了《影响一生的10堂礼仪课》一书。全书共分10个章节，分别讲述了个人形象礼仪、社交礼仪、日常生活礼仪、商务礼仪、学校礼

仪、职场礼仪、节日风俗礼仪、餐饮舞会礼仪、涉外礼仪、服务礼仪等多种礼仪规范。

在编撰过程中，本书参考了国内外大量的礼仪资料，注重新颖性，知识性与实用性的结合，力求全面反映各种社交场合的礼仪内容希望本书能使您全面了解礼仪的魅力，为您迈向成功提供一些帮助。

目 录
contents

小的行为，不能过分的粗枝大叶，因小失大，遵守一些生活礼

仪还是必要的。

第三堂课 ▶ **社会交往，让你有礼走遍天下**

　　社交礼仪是指在人际交往、社会交往和国际交往活动中，

用于表示尊重、亲善和友好的首选行为规范和惯用形式。社交

礼仪具有广泛的内涵，包含着会面、邀请、接待、交谈、拜访、

赠受、舞会等社交方面。掌握和运用社交礼仪知识，能够大大

提升自己的社交魅力。

第四堂课 ▶ **职场办公，如鱼得水玩转职场**

　　职场办公礼仪是指人们在职业场所中应当遵循的一系列礼

仪原则。它是现代社交礼仪的主体之一。在复杂多变的职场中，

无论是求职者与面试者，还是上级与下级、同事之间的交往，

都离不开职场礼仪。

第五堂课 ▶ 商务应酬，卓越人士的礼仪之窗

　　所谓商务礼仪，是指人们在从事商品流通的各种经济行为中应当遵循的一系列礼仪规范。它主要包括商贸活动中接待、拜访、洽谈、签约，以及庆典等方面的内容。商务礼仪对促进商务活动所起的巨大作用，已越来越引起人们的重视。

第六堂课 ▶ 餐饮舞会，美食美客都是风景

　　饮食礼仪因宴席的性质、目的而不同；不同的地区，也是千差万别。古代的饮食礼仪是按阶层划分：宫廷，官府，行帮，民间等。而现代饮食礼仪则简化为主人和客人了。不管是中餐还是西餐，无非是两方面的礼仪，一是来自自身的礼仪规范，

比如说餐饮适量、举止文雅；另一个是就餐时自身之外的礼仪规范，比如说菜单、音乐、环境等。

第七堂课 ▶ **学校礼仪，走向成功的教育规范**

校园文明礼仪是构建和谐校园的润滑剂，是展现优良校风，彰显良好精神风貌最直接有效的形式。学校礼仪，不仅是衡量一个学校文明素质的标尺，也是展现一个国家国民素质的社会窗口。为此，学校礼仪要求教师与学生应共同展现良好的礼仪风采。

第八堂课 ▶ **涉外礼仪，恰到好处的国际礼仪规范**

我国是一个具有悠久历史和文明传统的礼仪之邦，自古以来就倡导"礼治",将礼义廉耻作为立国之本。懂礼仪讲礼貌,是现代社会中跨文化交流的客观要求,同时也是一个国家一个民族乃至一个人文明程度的重要标志。因此,作为涉外人员更应该增强礼仪观念、提高礼仪素养。

第九堂课 ▶ **服务接待,尽心尽力做好分内之事**

在市场经济条件下,实用礼仪已成为其服务水平的决定因素,而服务水平则决定了其市场竞争力。有形、规范、系统的服务礼仪,不仅可以树立服务人员和企业良好的形象,更可以塑造受客户欢迎的服务规范和服务技巧,能让服务人员在和客户交往中赢得理解、好感和信任。

第十堂课 ▶ **旅游民俗,享受在路上的每一刻**

无论是在中国还是到了国外,节日都是一个重要的文化因素;而在日常生活、外交政治、社会商业中,不同国家所遵从的交往礼节不尽相同，甚至是大相径庭。所以，大家在了解中西文化时，节日礼仪知识的接触就必不可少，通过对中西方不同礼仪的了解和比较，人们能更深入地理解不同的文化及差异。

第一堂课

个人形象,得体妆扮尽显个人魅力

西汉戴圣说:"凡人之所以为人者,礼义也。礼义之始在于正容体、齐颜色、顺辞令。"个人形象礼仪包括仪容、表情、举止、服饰等方面的礼节规范。它是评价一个人的重要因素,体现出一个人的气质与修养,是值得注重的重要方面。

一、恰到好处的妆点

现代社会，人们对仪容越来越重视。一个人良好的仪容卫生，能够给人以端庄、稳重、大方的印象，既能体现自尊自爱，又能表示对他人的尊重与礼貌。做好个人仪容卫生的基本要求主要有如下几方面：

头发要勤于梳洗，发型要朴素大方。男士可选择中分式、侧分式、短平式、后背式，女士可选择齐耳的短发式或留稍长微曲的长发。男士头发不应盖过耳部，不触及后衣领，也不要烫发。女士头发不应遮住脸部，前面刘海不要过低。

面部要注意清洁与适当的修饰。男士要剃净胡须、刮齐鬓角、剪短鼻毛，不留小胡子和大鬓角。女士可适当化妆，但以浅妆、淡妆为宜，不可浓妆艳抹，并避免使用气味浓烈的化妆品。

做到勤洗澡、勤换衣袜、勤剪指甲、勤漱口，上班前最好不要吃大葱、大蒜之类有异味的食物，必要时可含一点茶叶或嚼口香糖，以去除异味。

为了维护自我形象，有必要修饰仪容。在人际交往中，每个人的仪容都会引起交往对象的特别关注。并将影响到对方对自己的整体评价。

（一）面颊化妆

面颊化妆，就是涂抹胭脂，有大红、玫瑰红、粉红、桃红、水红等不同颜色，使用时可根据肤色、部位等实际情况选用。

其关键技巧在于抹胭脂时操作要轻，胭脂分布要匀，色彩过渡要自然，并以使用后不产生人工涂抹的痕迹为宜。胭脂着色的中心位置应掌握在颧骨附近。操作时要用胭脂扑或胭脂扫，以颧骨为出发点往耳朵上缘方向轻轻抹去，接着用手掌轻柔地把胭脂晕开。需要提醒的是，开始涂抹时胭脂用量要少，少到几乎看不出明显的效果，晕开后似化妆未化妆。以后手法熟练时再根据实际需要，逐步作适当的调节。

由于每个人面部的肤色、身体状况各不相同，使用胭脂就得按需选用。如原来面颊过红，就需多扑些妆粉来弥补，使红色淡化，然后再用粉红色的胭脂晕开，尽可能使红与周围的肤色协调，减少色调上的强烈反差。又如在面色苍白时，宜选用桃红色的胭脂，晕开面广一些，这样就可以避免整个面颊部位色调有明显的反差。如果使用油脂型胭脂，还可使皮肤呈现出一点光泽。

面颊部位的化妆，要注意涂抹的浓淡以及涂抹的范围，以使面部的两颊泛出微微的红晕，产生健康、艳丽、楚楚动人的效果。

（二）眼部化妆

眼部化妆，重点在色彩组合。在隔离和粉底，定妆完以后，在睫毛根部画一条均匀的眼线，再在上眼睑均匀平铺提亮的白色眼影，尤其在眉弓处加重，注意眼角不要忽略。如果你皮肤黑的话，比较百搭的就是暗色的眼影，先用亚光棕色眼影从睫毛根部开始往上匀，范围是眼窝，要重点加强眼尾。如果觉得不够暗可以在此基础上从睫毛根部再添加一些黑色眼影。平时化妆如果时间够的话，可以画一条眼线，用眼影匀开，再涂睫毛膏。如果用偏橘色的腮红和唇彩，会使你的眼妆简单又有精神。

如果眼部有缺陷则可以用点睛之笔加以掩盖：

1. 眼睛距离大的人，可使用眉笔在眼角画线，然后从眉头至眼角，使用棕色的眼影，以指尖画上看起来就会好看而且显得自然。

2. 眼睛细小的人，可以在上眼睑画大约1厘米左右的影子，眼线则以5毫米左右的宽度画至眼角再伸出一点，然后使用睫毛膏，眼睛看起来大而有神。

3. 眼窝深的人，总是给人一种疲劳的感觉，因此化妆时应尽量作较明朗的化妆。在上眼睑涂比影子还要淡的粉膏，轻画眼线，涂睫毛膏，眉头须画粗一点，末端则依着弧线逐渐变细。

4. 眼睛下垂的人，表情上缺少生气，因此与吊角眼的人相反，应该将上眼睑眼尾的影子涂成模糊状态。画眼线时，将眼尾画粗一点，同时要稍微往上翘；眉毛则须画得柔和一点。

5. 眼尾上翘的人，给人一种严肃的感觉。这种人的化妆法，是在眼尾涂眼影后，延伸成为朦胧状。画眼线时，在眼尾稍微往下画。眉毛也以接近水平的角度，很柔和地保持平衡画下来，这样的化妆看起来会较柔和点。

6. 单眼皮的人，画眼线时，在上眼睑的眼睫毛的根部稍微画粗一点，眼尾须稍微向上。画眼影时，将眼睫毛的边缘画浓一点，但是上面则要画淡一点，同时旁边要涂成朦胧状态。

眼部是面部表情最为丰富的地方。根据某种场合的需要，对眼部进行适宜的修饰，就等于你在悄悄向他人诉说你的美丽并增强仪容美。

（三）眉形美化

眉部的化妆，首先，要修眉，就是把过长、多余的眉毛剪去、拔除。方法是：先将眉毛用眉刷顺向进行梳理，接着使用眉毛钳除去长得位置不好、形态不好的眉毛，对眉形作适当的修整，不宜多剪、多拔，以保留自然的眉毛为主。然后再用眉毛梳从下而上倒梳眉毛，剪除过长、不齐的眉毛，再梳平复原。

然后，才是画眉，是指用眉笔将已整修过的眉毛作勾描、加深处理，使眉毛显得完善、逼真。画眉的要领是：要画在眉毛上，而不要画在眉毛外；要顺着眉毛生长的方向画，而不要逆向涂抹；要仔细慢慢地进行，而不要粗略地涂上几笔。要尽量使眉毛的形状通过修饰显得柔美自然。需提醒的是：切忌作过分的修改，不然会造成虚假、夸张、走样的后果，

失去画眉的本身意义。

最后整理，眉毛画好后，应对着镜子检查一下两条眉毛是否对称，粗细是否一致。最后，可用眉刷将画好的眉毛轻轻地顺着眉毛生长的方向刷一下，扫去残留的墨粉，清洁一下眉部。

化妆眉部，要根据自己的实际情况选择好适当的眉形，才能达到美化面容的目的，如果不顾脸形与眉形的和谐，不恰当地偏爱细眉或欣赏浓眉都会影响到面部化妆的整体效果。

（四）唇部美化

唇部化妆主要是涂唇膏（口红），它可用来增强口唇的艳丽。有时候一天忙碌的工作会让你看起来没精打采，如果画一个精致的樱唇会让你看起来更加出色。

唇部化妆的第一步，宜先用唇线笔按自己设计的唇形或自然唇形勾勒一圈，用作定型和防止口红外溢。接着再开始涂口红，要领是把口红涂在唇线内。为了方便喝水、用餐，不妨用餐巾纸轻轻按一下嘴唇，使口红固定下来，避免染到杯子和餐具上。若要使嘴唇在涂好口红后有立体反光感，可用无色亮光的唇膏在唇中央突起处轻轻点几点即可。

由于各人的唇形不同，涂口红时可采取一些针对性的措施，以争取达到预期的效果。

嘴唇太小、太薄，宜使用大红、玫瑰红、猩红等色彩浓的唇膏，用唇线笔勾勒唇形应稍微放宽些，即在天生的唇线外 0.5 至 1 毫米处勾一圈，涂唇膏时要尽量遮盖掉原来的唇线，这样就可克服小而薄的"先天不足"。

嘴唇生得又大又厚的，宜采用另一种方法处理，唇膏色宜淡不宜深，淡红色的唇膏是首选的色调，加上用粉底作掩饰，把嘴唇变得小些。关键的方法是，勾勒唇线要沿天生的唇线内 0.5 至 1 毫米处画一圈，这样可相对克服一点原来大而厚的印象。

如果是嘴角下垂的情况，就需用改变唇形的方法来解决。其要领是将唇中部的曲线稍向上下扩大些，从视角上冲淡对唇角下垂的注意，在勾勒唇线时要把下垂部分适当提高些，延长些。下唇使用的口红颜色可比上唇稍暗一些。

唇部化妆不仅可以让双唇得到滋润，不让嘴唇干燥，更重要的是它能充分补充嘴唇的水分，让你的双唇看起来更加有立体感，使你看起来更加丰盈动人。

（五）发型修饰

1. 椭圆形脸的特征与发型设计

椭圆形脸是一种比较理想的脸型：脸型的长宽之比接近美学的黄金比。由于这种脸型具有较好的视觉基础，因此选择发型的范围就较广泛，长短发型都容易与这种脸型协调，产生良好的视觉美感。

2. 圆脸型的特征与发型设计

圆脸型有娃娃脸的感觉。对于成熟女性，这样脸型缺少明朗的结构及形式上的生动美感，因此在发式塑造上应利用发型共同来组成椭圆形：可以塑造成顶部丰隆的发型以使额头增宽，削弱圆脸的圆弧线的感觉，还可以利用不对称发式以产生跳跃感，削弱圆脸型有时产生的平板感觉。

3. 窄长脸型的特点及发型设计

这种脸型"脸宽不足，脸长有余"，有时会觉得缺乏活泼生动感。可用遮盖法掩饰脸长，例如直发童花式和层次短翻翘以及蓬松自然短波浪减弱脸型的纵长感。

4. 长方形脸的特点与发型设计

与椭圆形的脸型相比，长方形脸下颌过宽，也称国字型脸，具有雄性风范的阳刚之气。可用柔和的发型和线条来减弱刚硬感。常见的有长碎波浪式，这种丰满而又飘柔的发型具有浓浓的女性味，弯曲的发型使下颌角显得圆滑。

头发是一个衬托面容的框架，发型的改变可以改变整个头部的外貌

和造型。也就是说：头发的多少，头发质量的好坏，头发颜色的深浅以及头发经过制作后形成的状态与变化，会给脸型、面容、情绪及个性的塑造带来较大的影响。

二、会说话的眼睛

对眼神的要求一般有如下方面：

1. 注视的时间

（1）表示友好。向对方表示友好时，应不时地注视对方。注视对方的时间约占全部相处时间的1/3左右。

（2）表示重视。向对方表示关注，应常常把目光投向对方那里。注视对方的时间约占相处时间的2/3。

（3）表示轻视。目光常游离对方，注视对方的时间不到全部相处时间的1/3，就意味着轻视。

（4）表示敌意。目光始终盯在对方身上，注意对方的时间占全部相处的2/3以上，被视为有敌意，或有寻衅滋事的嫌疑。

（5）表示感兴趣。目光始终盯在对方身上，偶尔离开一下，注视对方的时间占全部相处时间的2/3以上，同样也可以表示对对方较感兴趣。

2. 注视的角度性

注视别人时，目光的角度，即目光从眼睛里发出的方向，表示与交往对象的亲疏远近。

（1）平视。也叫正视，即视线呈水平状态。常用在普通场合与身份、地位平等的人进行交往时。

（2）侧视。是一种平视的特殊情况，即位于交往对象的一侧，面向并平视着对方。侧视的关键在于面向对方，若为斜视对方，即为失礼之举。

（3）仰视。即主动居于低处，抬眼向上注视他人，以表示尊重、敬畏对方。

（4）俯视。即向下注视他人，可表示对晚辈宽容、怜爱，也可表示对他人轻慢、歧视。

3. 注视的部位

允许注视的常规部位有：

（1）双眼。注视对方双眼，表示自己重视对方，但时间不要太久。

（2）额头。注视对方额头，表示严肃、认真、公事公办。

（3）眼部与唇部。注视这一区域，表示礼貌、尊重对方。

（4）眼部与胸部。注视这一区域，多用于关系密切的男女之间，表示亲近、友善。

（5）任意部位。对他人身上的某一部位随意一瞥，多用于在公共场合注视陌生人，最好慎用。

眼睛最能有效地传递信息和表情达意。在交际礼仪中，正确地运用目光，能恰当地表现出内心的情感。因此，只有把握好自己的内心感情，目光才会很好地发挥作用。

三、魅力从笑容中来

（一）笑的种类和方法

1. 笑的种类

在人际交往中，合乎礼仪的笑容大致可以分作以下几种：

（1）含笑。不出声，不露齿，只是面带笑意，表示接受对方，待人友善，适用范围较为广泛。

（2）微笑。唇部向上移动，略呈弧形，但牙齿不外露，表示自乐、充实、满意、友好，具有一种磁性的魅力，适用范围最广。

（3）轻笑。嘴巴微微张开一些，上齿显露在外，不发出声响，表示欣喜、愉快，多用于会见客户、向熟人打招呼等情况。

（4）浅笑。笑时抿嘴，下唇大多被含于牙齿之中，多见于年轻女性表示害羞之时，通常又称为抿嘴而笑。

（5）大笑。由于表现太过张扬，一般不宜在商务场合中使用。

2. 笑的方法

笑的共性是面露喜悦之色，表情轻松愉快。但是，如是发笑的方法不对，或许笑得比哭还难看，或许会显得非常假，甚至显得很虚伪。

（1）发自内心。笑的时候要自然大方，显出亲切。

（2）声情并茂。笑的时候，要做到表里如一，使笑容与自己的举止、谈吐有很好的呼应。

（3）气质优雅。笑的时候，要讲究笑的适时、尽兴，更要讲究精神饱满，气质典雅。

（4）表现和谐。从直观上看，笑是人们的眉、眼、鼻、口、齿以及面部肌肉和声音所进行的协调行动。

笑是一种常见的面部举止，但笑也颇有讲究。利用笑容，可以消除彼此间的陌生感，打破交际障碍，为沟通与交往创造有利的氛围。

（二）笑的禁忌

在人际交往中，以下几种笑是应该回避的。

1. 假笑。即笑得虚假，皮笑肉不笑。

2. 冷笑。即含有怒意、讽刺、不满、无可奈何、不屑一顾、不以为然等容易使人产生敌意的笑。

3. 怪笑。即笑得怪里怪气，令人心里发麻，多含有恐吓、嘲讥之意。

4. 媚笑。即有意讨好别人，非发自内心，具有一定的功利性目的的笑。

5. 怯笑。即害羞、怯场，不敢与他人交流视线，甚至会面红耳赤的笑。

6. 窃笑。即偷偷地扬扬自得或幸灾乐祸的笑。

7. 狞笑。即面容凶恶，多表示愤怒、惊恐、吓唬。

在人际交往中，保持微笑，让微笑真正的发自内心，渗透着自己的情感，表里如一，毫无包装的微笑才有感染力，才能被视作"参与社交的通行证"。

四、让自己变得讨喜

人的面部表情是最直观、最没有防备的，如果在面对他人的时候做出很奇怪的表情就很容易被误解。

1. 局部表情

人的眉毛、鼻子、嘴巴、下巴、耳朵都可以独立地显示各自的表情。

（1）眉毛的显示

以眉毛的形状变化所显示的表情，一般叫做眉语。除配合眼神外，眉语也可独表意。

①皱眉型：双眉紧皱，多表示困窘、不赞成、不愉快。

②耸眉型：眉峰上耸，多表示恐惧、惊讶或欣喜。

③竖眉型：眉角下拉，多表示气恼、愤怒。

④挑眉型：单眉上挑，多表示询问。

⑤动眉型：眉毛上下快动，一般用来表示愉快、同意或亲切。

（2）嘴巴的显示

嘴巴的不同显示往往可以表示不同的心理状态。在交际场合中常见的有：

①张嘴：嘴巴大开，表示惊讶。

②抿嘴：含住嘴唇，表示努力或坚持。

③撅嘴：撅起嘴巴，表示生气或不满。

④撇嘴：嘴角一撇，表示鄙夷或轻视。

⑤拉嘴：拉着嘴角，上拉表示倾听，下拉表示不满。

2. 综合的显示

（1）表示快乐：眼睁大，嘴巴张开，眉毛常向上扬。

（2）表示兴奋：眼睁大，眉毛上扬，嘴角微微上翘。

（3）表示兴趣：嘴角向上，眉毛上扬，眼睛轻轻一瞥。

（4）表示严肃：嘴角抿紧下拉，眉毛拉平，注视额头。

（5）表示敌意：嘴角拉平或向下，皱眉皱鼻，稍一瞥。

（6）表示发怒：嘴角向两侧拉，眉毛倒竖，眼睛大睁。

（7）表示观察：微笑，眉毛拉平，平视或视角向下。

（8）表示无所谓：平视，眉毛展平，整体面容平和。

面目表情是指人们面部所显示出的综合表情。它对眼睛和笑容发挥辅助作用，同时，也可以自成一体，表现自己的独特含义。一般情况下，通过面容所显示的表情，既有面部部位的局部显示，也有它们的彼此合作，综合显示的特征。

五、把自己当成一道风景

（一）良好的行姿

1. 男性走姿。男性走路的姿态应当是：昂首，闭口，两眼平视前方，挺胸，收腹，上身不动，两肩不摇，两臂在身体两侧自然摆动，两腿有节奏地交替向前迈进，步态稳健有力，显示出男性刚强、雄健、英武、豪迈的阳刚之美。

2. 女性走姿。女性走路的姿势应当是：头部端正，不宜抬得过高，两眼直视前方，上身自然挺直收腹，两手前后摆动幅度要小，以含蓄为美，两腿并拢，碎步前行，走成直线，步态要自如、匀称、轻盈，显示女性庄重、文雅的阴柔之美。

3. 基本规范。无论男女，走路都应注视前方，不要左顾右盼，不要回头张望，走路时脚步要干净利索，有鲜明的节奏感。不可把手插在衣服口袋里，尤其不要插在裤袋里，也不要叉腰或倒背着手，这些都很不美观。

几个人一起走路，应该使自己的步伐与他人的步伐协调一致，既不要走得过快，一个人遥遥领先，也不要走得过慢，孤单单地落在后面，显得与众人格格不入。与上司同行，原则上应该在上司的左边或后面走；男女同行，上下楼梯、开门或在黑暗处均应走在女士前面，以便给予照顾。

脚步的强弱、轻重、快慢、幅度及姿势，必须同出入场合相适应。在室内走路要轻而稳；在花园里散步要轻而缓；在病房里或阅览室里走路要轻而柔……总之，步态要因地、因人、因事而宜。

对行姿的要求是"行如风"，即走起路来像风一样轻盈。当然，不同的情况，对行走的要求是不同的。

（二）正确的蹲姿

1. 不要突然下蹲。蹲下来的时候，不要速度过快。当自己在行进中需要下蹲时，特别要注意这一点。

2. 不要离人太近。在下蹲时，应和身边的人保持一定距离。和他人同时下蹲时，更不能忽略双方的距离，以防彼此"迎头相撞"或发生其他误会。

3. 不要方位失当。在他人身边下蹲时，最好是和他人侧身相向。正面面对他人，或者背部面对他人下蹲，通常都是不礼貌的。

4. 不要毫无遮掩。在大庭广众面前，尤其是身着裙装的女士，一定要避免下身毫无遮掩的情况，特别是要防止大腿叉开。

5. 不要蹲在凳子、椅子上。有些地方，有蹲在凳子或椅子上的生活习惯，但是在公共场合这么做的话，是不能被接受的。

日常生活中，蹲下捡东西或者系鞋带时一定要注意自己的姿态，尽量迅速、美观、大方，应保持大方、端庄的蹲姿。

（三）手势礼仪

1. 简洁明确。手势的运用，要能使人看清、看懂，并能根据你的手势领会你的心理，不能含糊不清。

2. 动幅适度。运动轨迹柔和协调，一般说来，手势的活动范围大体有三个区域：上区（肩部以上），表达出一种理想、希冀等积极肯定的思想；中区（肩部至腰部），多表示叙事和说明等比较平静的思想；下区（腰部以下地区），通常表示否定、消极的思想。手势的动幅过大或过多，会使人觉得浮躁张扬，过小又会显得暧昧不堪，手势太生硬会使人敬而远之。

3. 自然得体。手势要与语言表达相一致，要符合对象、场合的需要，不能刻意模仿别人的手势，以免妨碍自己思想感情的表达。

4. 和谐统一。手势要与整个面部表情和谐一致，下意识的动作要坚决避免。同时应注意在不同国家、不同民族，手势的意义也各不相同。

5. 注意区域性差异。不同国家、不同地区、不同民族，由于文化习俗的不同，手势的含义也有很多差别，甚至同一手势表达的含义也不相同。所以，只有了解手势表达的含义，才不至于无事生非。

当然，人体是一个有机整体，各个部位是相互配合、相互协调的，同时也是变化多端的。手势应该在实践中综合掌握，灵活运用。

手是传情达意的工具，它集形象、情意、指示等多种表达功能为一体，是日常交际中使用频繁的体姿语。不同的手势，表达不同的含意，如果能够恰当地运用手势表情达意，会为交际形象增辉。

六、得体的服饰是对他人的尊重

（一）着装体现仪表美

着装整齐、整洁、合身，是体现仪表美的必然要求。另外还要兼顾下列一些原则。

1.要求着装要符合本国的道德传统和常规做法。在正式场合，忌穿着过露、过透、过短和过紧的服装。身体部位的过分暴露，不仅失敬于他人，更有失自己身份。

2.要求着装的各个部分相互映衬，自然协调特别是要遵守服装本身以及与鞋帽之间的搭配，在整体上尽可能做到完美、和谐，展现着装的整体之美。

3.要求着装适应自身形体、年龄、职业的特点，扬长避短，可以在不违反礼仪规范的前提下，在某些方面体现出与众不同的个性，从而创造出自己独有的风格，但切勿盲目追逐时髦。

注意着装是每个事业成功者的基本素养，不仅能体现着装人的仪表美，而且能够增加着装人的交际魅力，给人留下良好的印象，使人愿意与其深入交往。

（二）西服的穿着规范

1.讲究规格。西装有单件上装和套装之分。在非正式场合，可穿单件上装配以各种西裤或牛仔裤等；半正式场合，应着套装，可视场合气氛在服装的色彩、图案上选择大胆些；在比较正规的场合应穿同质、同色的深色毛料套装，而且穿着两件套西服不能脱下外衣。按习俗，西服里面不能加毛背心或毛衣。在我国，至多也只能加一件"V"字领羊毛衣，否则显得十分臃肿，以致破坏西服的线条美。

2. 穿好衬衫。与西装配套的衬衫要挺括、整洁、无皱褶，尤其是领口。衬衫不要翻在西装外，不能有污垢、油渍。其下摆要放在裤腰里，系好领扣和袖扣。衬衫衣袖要稍长于西装衣袖，通常要长出 0.5～1 厘米，领子要高出西装领子1～1.5厘米，以显示衣着的层次。如果不系领带，可不系领扣。

3. 系好领带，戴好领带夹。领带必须打在硬领衬衫上，要与衬衫、西服和谐，领带的领结要饱满，与衬衫的领口吻合要紧凑，其长度以到皮带扣处为宜。若内穿毛衣或毛背心等，领带必须置于毛衣或背心内，且西服下端不能露出领带头。领带夹是用来固定领带的，其位置不能太靠上，一般夹在衬衫第三粒与第四粒扣子间为宜。西装系好纽扣后，不能使领带夹外露。

4. 用好衣袋。西服上衣两侧的口袋只作装饰用，一般不放物品，否则会使西服上衣变形。西服上衣左胸部的衣袋又称手帕兜，用来插装饰性手帕，也可空着。有些物品，如票夹、名片盒可放在上衣内侧衣袋里，裤袋亦不可装物品，以求臀位合适，裤形美观。

5. 系好纽扣。西服纽扣有单排、双排之分，纽扣系法有讲究：双排扣的西服要把纽扣全部系上，以示庄重。单排两粒扣，只扣上面一粒纽扣，三粒扣则扣中间一粒，坐下时可解开。西方人士认为衣服上纽扣的数目必须保持单数。

6. 穿好皮鞋。穿西装一定要穿皮鞋，并要上油擦亮，而且裤子应盖住皮鞋鞋面。便鞋、布鞋和旅游鞋都不合适。皮鞋的颜色要与西装相配套。穿皮鞋还要配上合适的袜子，使它在西装与皮鞋之间起到一种过渡作用。

随着经济的发展和世界各国人民的友好交往，西装已成为当今国际上最标准的通用礼服，一套合体的西服，可以使着装者显得潇洒、精神、风度翩翩。

（三）职业装的穿着规范

1. 整齐。职业装必须穿着合身，袖长至手腕，裤长至脚面，裙长过膝盖，尤其是内衣不能外露；衬衫的领围以插入一指大小为宜，裤裙的腰围以插入五指为宜。不挽袖，不卷裤，不漏扣，不掉扣；领带、领结、飘带与衬衫领口的吻合要紧凑并且不能系歪；如果有号牌或标志牌，要佩戴在左胸正上方，有些岗位还要戴好帽子与手套。

2. 清洁。职业装要时刻保持清洁，表面要无污垢、无油渍、无异味，领口与袖口处尤其要保持干净。

3. 挺括。职业装不能皱巴巴的，穿前要烫平，穿后要挂好，做到上衣平整、裤线笔挺。

4. 大方。款式简练、高雅，线条自然流畅，便于岗位接待服务。

穿着职业装使着装者具有一种职业的自豪感、责任感，从服饰上体现其敬业乐业的职业精神，同时这也是对服务对象的一种尊重。职业装的穿着要求就是整齐、清洁、挺括、大方。

（四）脚部的时装礼仪

1. 鞋子礼仪。在一般场合，男性均应该穿没有花纹的黑色平跟皮鞋，女性穿黑色半高跟皮鞋。在礼仪场合绝对禁止穿露脚趾的皮凉鞋。旅游鞋、布鞋、各式时装鞋与西装都是不相配的。在西方国家，正规场合中会议、谈判、舞会、庆典、拜访或接待重要的贵宾等场合是绝对不允许穿凉鞋的，否则会被认为缺乏教养、不懂礼貌。

2. 袜子礼仪。袜子的穿着也是重要一环。在礼仪场合，绝不能光着脚穿鞋。正式或半正式场合，男性应穿颜色素净的中长筒袜子，这样可以避免坐下谈话时露出皮肤或浓重的腿毛。袜子颜色以单色深色最好，带有不显眼的条纹、方格图案也可以，但色调应比裤子深一些，以使它在裤子和鞋之间呈现一种过渡色。女性着长裙、旗袍应配以肉色长筒丝袜最为得体，浅肉色可以使皮肤罩上一层光泽，显得细腻娇嫩，深肉色可以给人以一种修长健美的感觉。长筒袜的长度一定要高于裙子下部边缘，且留有较大余地，否则一走动就露出一截腿来，极不雅观。因此，在礼仪场合，短袜配短裙是不适宜的。

在正式场合着裙装，不穿袜子也是很不礼貌的。女性都应当在办公室或工作场所预备好一两双袜子，以备袜子钩破时换用。外出工作时最好也备用几双袜子，尤其在和日本客人打交道时更应如此，因为在进他们的餐厅小间时，要脱去鞋子换上拖鞋。若此时，袜子有破洞或不整洁，就很尴尬了。

总之，鞋袜的选择要注意与整体装束搭配，其颜色至少应当裙子、裤子与皮带、等保持一致，这样才能体现出穿着的整体美。

"脚部时装"在西方国家通常指鞋子和袜子，足见鞋子在整体着装的重要地位。一双得体的鞋子，它不仅能够映衬出服装的整体美，还能增加人体本身的挺拔俊美。

（五）外出时的职业着装规范

外出工作时的穿着应注重整体和立体的职业形象，要便于走动，不宜穿着过紧或宽松、不透气或面料粗糙的服饰。正式的场合女性仍然要以西服套裙为首要选择；较正式的场合也可选用简约、品质好的上装和裤装，并配以女式高跟鞋；较为宽松的场合，虽然可以在服装和鞋的款式上稍作调整，但切不可忘记职业特性是着装标准。

外出工作，要努力克制和避免着装上表现出的强烈表现欲，色彩不宜太复杂，并应注意与发型、妆容、手袋、鞋相统一，不宜咄咄逼人，干扰对方视线，甚至造成视觉压力。所用饰品不宜夸张，最好选择款型稍大的公务手袋，也可选择优雅的电脑笔记本公文手袋，表现女性自信、干练的职业风采。

服装款式应注重整体和立体的职业形象，外出时的职业着装要注重简洁、得体。

（六）公务礼服的礼仪规范

公务礼服是用于较为正式、隆重的会议，迎宾接待的服饰，在服饰中它的品位和格调具有着代表性和典型性。服饰的优良品质是最为重要的，做工要精致得体，色彩应以黑色和贵族灰色为主色，忌用轻浮、流行的时尚色系。而且应特别注意选配质地优良的鞋子。

佩饰应小巧而精美，服饰和佩饰的重点是衬托女人高雅迷人的气质。因为此类活动较少有充分的交流机会，因此手袋是你身份的显要表征，应选择质地优良、色彩和谐、款式简洁精美的手袋。

公务人员着装的基本礼仪是整洁、美观、得体，即要与自身形象相和谐，与出入场所相和谐，与着衣色彩相和谐，与穿着搭配相和谐。

（七）晚礼服的礼仪规范

晚礼服是用于庆典、正式会议、晚会、宴会等礼仪活动的服饰。

晚装服饰的特色、款式和变化较多，需根据不同的场合和需求的风格而定。晚装多以高贵优雅、雍容华贵为基本着装原则。晚礼服永恒的风采就是闪亮的服饰，但全身除首饰之外的亮点不得超过两个。中式传统晚装以中式旗袍为主，注重表现女性端庄、文雅、含蓄、秀美的姿态。而西式的晚装多为开放型，强调美艳、性感、光彩夺目。

晚装不仅要讲究面料的品质，还要讲究饰品的品质，好的品质可以烘托和映衬女人的社会形象和品质。女人最恰到好处的美是精致，晚装是凸显女性魅力的代表着装，讲究款式和做工的精美。

晚礼服是晚上 20：00 以后穿用的正式礼服，是女士礼服中最高档次、最具特色、充分展示个性的礼服样式。又称夜礼服、晚宴服、舞会服。常与披肩、外套、斗篷之类的衣服相配，与华美的装饰手套等共同构成整体装束效果。

（八）休闲服的礼仪规范

休闲服是为适应现代个性化的生活方式而产生的一类服饰，具有生活服饰和职业服饰的双重性。不少职业场所，为职业空间提供了较大的宽松条件，休闲服也成为一些轻松的职业场所适用的服饰。穿着舒适大方，是休闲服的基本特点，成熟优雅是休闲服较高的着装层面。

在职业场合，无论着正装还是休闲装，我们都应该记住我们的着装应当符合工作的需要，而并非为了娱乐；在选择职业休闲装时，我们可以选择舒适，但不失职业化的服装，且必须保持服装干净平整，没有磨损的边角，要特别避免体臭和服装异味，其高度洁净所表现出来的品质和魅力，甚至会高于其他服饰。在正式场合，不应穿过于紧身或宽松的休闲服装，男士应当穿袜子，女士应当穿包头鞋等。

休闲场合穿着应舒适自然，忌正规。但要干干净净、善用服装搭配的原理，穿出自己的风格。切记：休闲不等于随便！

（九）女性裙装四禁忌

1. 在商务场合不能穿着黑色皮裙，否则会让人啼笑皆非。因为在外国，只有街头女郎才如此装扮。所以当你与外国人打交道时，尤其是出访欧美国家时，穿着黑色皮裙绝对不可以。

2. 裙子、鞋子和袜子不搭配。通常着装必须配套化、系列化。如，穿裙子的时候，应该穿制式皮鞋，即黑色的或者单色的，高跟的或者半高跟的皮鞋。

3. 重要场合不光腿。正式的高级的场合不光腿，尤其是隆重正式的庆典仪式光脚不仅显得不够正式，而且会使自己的某些瑕疵见笑于人。特别是在国际交往中一定要避免这个问题。在国外，女人穿套裙时，如果光腿就是在卖弄性感。有些国家的说法更难听，认为女人穿套裙时，不穿袜子，便等于没穿内衣。

4. 不宜三截腿。即穿半截裙子时穿半截袜子，袜子和裙子中间露一段腿肚子。袜子一截，裙子一截，腿肚子一截。这种穿法，术语叫做恶性分割，它容易使腿显得又粗又短。在国外往往会被视为是没有教养的妇女的基本特征。

在塑造职业女性形象方面，没有任何一种女装能像套裙一样"一览众山小"。对于女性来说，适宜地穿好裙装，形象立刻就会光鲜百倍。气质和风度显现出来，事业也就拥有了更多成功的契机。但一些着裙装的禁忌，不可不察。

（十）女性戴文胸的禁忌

1. 忌在公共场合不加掩饰随意整理文胸，如果感到文胸戴着不舒适，应该到卫生间内处理。

2. 忌在长辈的视线内整理文胸，这是缺乏教养的行为。

3. 忌在身份高的长者或上司面前整理文胸，这是举止轻浮的表现。

4. 忌在异性面前整理文胸，这是极不稳重的行为。如果确是无意识的行为，则显示出你受教育程度较低，文化素养较差。

5. 忌在小辈面前整理文胸。在晚辈面前应起到良好作用，作为女人如果小孩都不尊重你了，这是最悲哀的事情。

6. 忌文胸外泄及疏忽个人服饰卫生。女性在与人交往中，随时要注意自己的文胸是否外泄，并应有良好的卫生习惯，每日要换洗文胸。

文胸是女性们不可缺少的服饰之一，选择与穿戴合适的文胸不仅能显现女人的曼妙身材，更能体现一个女人的品位与个性，但前提是穿戴文胸一定要注重礼节、礼貌。

（十一）男性着装八禁忌

我们时常会在着装上犯错，有些甚至是不可原谅的。男性在着装方面要尽量避免以下八个方面。

1. 凉鞋套袜子。当天气变凉的时候，很多人既想享受凉鞋的舒适，又怕自己的脚受凉，于是就来了个凉鞋套袜子，这是很不雅观的穿法，应该禁止。尤其在正式场合更不能如此穿着。

2. 图案古怪的领带、衬衣、拳击短裤等。现代人尤其是年轻人都喜欢标新立异，穿戴一些图案古怪的领带、衬衣，甚至把拳击短裤穿出来，感觉把自己打扮得越新奇越时尚。如此打扮除了让人感觉你很怪之外绝不可能让你看上去很时尚。

3. 有很明显的品牌标识的衣服。如果你不想成为一个移动的活广告，那么就把那些标识撕掉，品牌的标识并不会让你看起来很时尚。

4. 在办公室里背背包。不要穿着高级套装却背着背包，除非你是个学生或者正在登山，否则别把背包背出门。

5. 大头皮鞋。在上世纪 90 年代，这种鞋子的重新流行也许没什么，但现在应该选择一些经典设计的鞋子会比较经得起时间的考验。

6. 闪闪发光的衬衣或外套。很多人都认为去夜总会就要穿戴得闪闪发亮才合适，其实这是一种误解，如果你对穿着毫无概念的话，可以尝试着穿全体的黑色 T 恤或者黑色正装衬衣，你可以用它们搭配牛仔裤和正装或休闲皮鞋。

7. 太肥大的衣服。在一般场合都应该选择剪裁合体的衣服。也许你要花工夫多多尝试，混合搭配各种剪裁和式样，才能找出那些你穿着让人看起来很舒服的衣服。

8. 不讨巧的颜色。你衣服的颜色应该与你自身的特质（比如眼睛的颜色、皮肤的色调和体型）不冲突。着装的时候，你应该时刻铭记这一点。

适合的着装能让一个人看起来有权威、强大、富有、理性、可靠、友善、富有阳刚之气，还有许多对我们来说有益而且得到认可的品质，但一定要记住是适合的着装。

七、精选配饰，锦上添花

（一）首饰佩戴礼仪须知

首饰的种类很多，为人们所熟识的常见首饰主要有戒指、项链、手镯、胸花等。优雅得体的穿着，如果再加上富有个性的饰品，将会使你显得更加光彩照人。然而，首饰佩戴也是要遵循一定的礼仪要求的。

1. 应当遵从有关的传统和习惯，在社交场合，最好不要靠佩戴首饰去标新立异。

2. 不要使用粗制滥造之物。在社交场合中，不戴首饰无所谓，要戴就应戴质地、做工俱佳的。

3. 佩戴首饰要注意场合，上班期间应不戴或少戴首饰。运动、旅游、出门拜访时不宜戴太多的首饰。只有在交际活动中佩戴首饰才最为合适。

4. 佩戴首饰必须考虑性别差异。一般情况下，女士可以戴两种或两种以上的首饰，而男士只宜佩戴结婚戒指一种。

近年来，配戴首饰已成为服饰中的重要组成部分，但要注意的是，首饰的佩戴，绝不应一味地堆砌，认为多多益善。

（二）服饰品的佩戴原则

1. 选择具有对比色的服饰品，就会更动人，更能显示自己的个性化

就拿女士们都喜欢的胸花来说吧，一般来说，衣服是淡色的，胸花宜选用鲜艳的颜色；如果衣服是深色的，胸花宜选用浅淡的颜色。春秋两季，女青年大多喜欢穿漂亮的羊毛衫，若穿一件玫瑰红色的羊毛衫，别一朵银白色的胸花，就能给人以活泼俏丽、艳而不俗的美感。

2. 服饰品要与服装的式样、色调、风格要统一

类似于穿着一身笔挺的西装，却趿拉着一双拖鞋；身着一件高贵的裘皮大衣，却戴了一顶绿军帽；穿着朴素的学生装，却挎一个珍珠包之类的打扮都是极不协调的。穿西装时一定要换上皮鞋，穿裘皮衣时应配顶与之协调的裘皮帽，穿学生装时可以背一个活泼的书包……如此一来，整体效果就好多了。

3. 装饰物要有利于弥补自己生理上的某些不足

比如，身材瘦小的戴一顶过大的帽子，会给人头重脚轻之感；脸大的人，最好不要戴太小的帽子，那样显得头小脸更大。双腿较短的人，服装与袜子、鞋最好选用同一种颜色，能给人以修长之感。脖子较短的人，宜选用细长的项链。脖子细长的人，宜佩戴多层次或较短的项链。

4. 佩戴服饰品要根据时间、场合、个性的不同而不同

服饰品是服装美不可缺少的点缀，正确而有效地利用服饰品，才能为你的着装锦上添花。不合时宜的服饰，不仅不符合人们的审美习惯，而且对身体健康也不利。所以要根据季节变化去变换服饰，如女性在严冬仍穿着短裙和单鞋，就毫无美感可言。佩戴服饰品还要考虑不同场合。在国外，一些庄重华丽的服装和闪光的饰物，是专为晚间活动时使用的，如果在白天穿戴就很不合适。在晚会上或娱乐休息场所，可以打扮得漂亮一些；而在课堂上，就要讲究朴素整洁，不宜把自己打扮得珠光宝气。服饰品更要依据自己的个性特征来选择佩戴，与自己个性不搭配的东西千万不要往自己身上戴，那样做只能给人不伦不类之感。

服饰品选择的主要原则，是要从服装整体美着眼，使服饰品起到点缀、美化服装的作用。所以服饰品要巧妙、合理地选择。

（三）饰物佩戴常识

1. 佩戴戒指

戴戒指和穿衣服一样，是以自身的条件为依据的。只有与身材、肤

色、脸型相互和谐、相互衬托的服装，才能使穿着者显得美丽动人。戒指的形状与手指必须相配合，如手指粗短者，应选择椭圆形的戒指，可使粗短的手指显得较为修长。细长的手指可选择圆形的戒指。手指过长者可戴一朵有花纹或两枚重叠形戒指。褐色皮肤的手，戴上金戒指比较协调，有高雅感，手背肤色偏黑，可选暗褐色或黑色宝石戒指。

2. 佩戴项链

戴项链时，要与服装、颈部和肤色相协调。

夏天因衣着单薄，佩戴金、银、珠宝项链都很美。浅色的毛衫要佩戴深色或艳一些的宝石类项链；深色的毛衫可配紫晶或红玛瑙项链。脖子较粗的人应选择较细的项链，脖子较细的人则应选宽一些的。一般来说，老年人宜选质地上乘、工艺精细的项链，青年人可以选择质地颜色好、款式新颖的项链。

3. 佩戴耳环

耳环也叫耳坠，是女性耳垂的特殊饰物，种类繁多。一副摇曳多姿的耳环，可以使女性分外妖娆。但是，如果佩戴不当，反而会给人以轻浮流气和庸俗不堪的感觉。合理地佩戴耳环注意以下几点：

（1）注意与发型的配合的原则是既要醒目、漂亮，又不使人感到杂乱无章。如：梳高发髻，再戴串珠耳环，会给人面部过于拉长"两头争"的视觉错觉；而长波浪式发型因耳际发式波浪太多，如果再戴环式耳款，则会使人产生杂乱的感觉。短发而面圆的女士，可配卵或长菱型的耳环；如果将发盘于后脑，不妨选对白色或有色彩的大型耳环，更是艳丽醒目；修了个凉爽的男孩短发，可露出的耳垂又不是很好看的话，白色月牙形耳环是你最理想的饰物，梳了发辫发型，悬垂式钻石耳环令你更神气。

（2）注意耳环与服装的配合

耳环与服装配合也是休戚相关的，配合得好则有牡丹绿叶之功。从色彩上讲，耳环应和服装的色相近，即应选用调和或近似色彩的耳环，如选择色调反差强烈的耳环，会给人以不伦不类的感觉。对于款式，也有讲究。西服端庄，适宜戴单调耳环；夏季服装素静的，配之以宝石耳环则赏心悦目；珍珠被称为"皇后的珠宝"，它能配合各种服装而显示出它的多面性；钻石耳环如配合秋装，则刚柔并重；对于冬装，灵巧活泼的荡圈耳环会使穿着者轻盈而有生气。

（3）应根据用途佩戴耳环

例如参加婚礼、宴会之类的喜庆仪式，应尽量佩戴高档些的耳环，宝石颜色要鲜艳，款式要比平时戴用的严谨些，大一些。同时季节因素也要考虑，像夏季可以选择轻质、小型的耳环，陶瓷、有机玻璃尽可使用，但冬天以使用金属类为好。

4. 手镯和手链

手镯一般戴在右臂上，表明佩戴者是自由而不受约束的；如果戴在左臂上，表明已经结婚。一般来讲，一只手上不宜同时戴两只或两只以上的手镯、手链，也不要一只手腕既戴手表又戴手镯。

如果戴手镯、手链和耳环等装饰，一般可以省去项链，或只戴短项链为宜，以免三者争辉，影响美感。

5. 胸花与胸针

选用胸花，应根据服装的色彩、面料、款式。红色衣裙配以黄色、本色胸花，形成暖调的和谐美；白色衣裙配上天蓝色或翠绿色胸花，形成冷调的协调美。

穿着高贵质料服装时，如果再配上一枚镶着宝石的别针，将会显得格外靓丽。胸针可别在胸前，也可别在领口、襟头等位置。胸针的选择要以质地、造型、做工精良为标准。胸针式样要注意与脸型协调。长脸型宜配圆形的胸针；圆脸型应配以长方形胸针；如果是方脸型，适宜用圆形胸针。

穿着裤装、裙装和便装时，可以戴动物、人像、瓜果设计图案的胸针。年纪较大的女性，最好佩戴嵌有珠宝而富价值感的胸针，可以衬托出一种高雅持重的气质。年轻的女孩则不宜戴得珠光宝气，应选式样活泼或景泰蓝质料的胸针，如戴贵重的别针，反而易显得老气。

胸针的颜色最好与衣服颜色产生深浅对比，以收牡丹绿叶之效。

饰物佩戴的目的是提升人的气质，增加美感，达到"锦上添花"的效果。但是某些饰物的佩戴并非是随意性的，通常有着约定俗成的意义。只有了解了它，才能在达到高雅美丽的同时，又合乎于礼仪规范。

（三）戴帽子的礼仪

当代生活中，帽子更是异彩纷呈。帽子不仅具有实用功能，可以御寒遮阳，还具有装饰功能。那么，我们戴帽子又要注意哪些礼仪呢？

1. 帽子的戴法要合乎规范，该正的不要歪，该偏后的不要偏前，不要给人留下衣冠不整的印象。很多男士就是因为帽子没戴正，结果给上司留下难以改变的坏印象。

2. 男性在社交场所，可以用脱帽向对方表示尊敬，遇到熟人相隔又远，可以掀一下帽子向对方微微颔首，表示致意。进入室内，男士应主动除帽子，脱大衣，脱手套。

3. 观看电影或者戏剧，为了不遮住后排视线，无论男女都应主动脱帽。

4. 升旗、重要聚会、奏国歌、参加追悼会向死者遗体告别，在场者除了军人行注目礼外一律除帽以示重视。

5. 在室内，哪怕是没有暖气也应该除下帽子表示礼貌。

帽子源远流长，据说最初是由头巾演化而来的。我国古代人成年时要行"冠礼"，"冠"就是帽子，一项合适的帽子，往往能使人锦上添花，显得格外风度翩翩。

（四）使用香水的礼仪

1. 香水可以喷在干净、刚洗完的头发上。若头发上有尘垢或者油脂会令香水变质。

2. 抹在裙摆的两边是不错的主意。此外可以在熨衣服的时候加一点香味。办法是在熨衣板上铺一条薄手帕，喷些香水，然后再放衣服在上面熨。但要注意余香不容易消失。

3. 香水喷在羊毛、尼龙的衣料不容易留下斑点。不过香味留在纯毛衣料上会较难消散。

4. 棉质、丝质很容易留下痕迹，千万不要喷在皮毛上，不但损害皮毛，颜色也会改变。

5. 若不小心玷污衣物，应尽早处理。可把干毛巾托在衣服下，用棉花沾少许酒精，轻拍衣服上的斑点。由于香水不是水溶性，用清水肥皂是无济于事的。

6. 香水保存，避免接触阳光，放在阴凉干燥的地方。

7. 可放进冰箱里保存，但只限于淡香水。香精则不可，过冷或者过热均会影响香味。

8. 如果剩余少许香水，颜色变浓浊，可加入一些乙醇稀释。

9. 探病或就诊，用淡香水比较好，以免影响医生和病人。

10. 参加严肃会议，千万不要用浓香水。

11. 在工作间，切忌个性强烈的香水。

12. 在宴会上，香水涂抹在腰部以下是基本的礼貌。过浓的香水会影响食物的味道。可能减低食欲。

我们生活中有时会遇到"人还未到，香先袭"的情况。奉劝，香水不宜过浓或洒得过多，不然会适得其反，还易导致嗅觉障碍症，另外也易给人一种孤傲浮华、孤芳自赏的感觉。

第二堂课

日常生活,衣食住行的指南针

在日常生活中，人们的一言一行客观地准确地反映出每个人的品德与修养。因此,在日常生活中,对于一些细小的行为,不能掉以轻心,遵守一些生活礼仪还是必要的。

一、婚姻是一件喜庆又严肃的事

（一）婚宴的席位礼仪

参加婚礼仪式的人员应该有一张他们专用的新人桌。即使在不是十分正式的婚宴上，他们也应该有座位卡，标示出他们专属的座位。至于其他的宾客，婚宴会场内应该摆有几张比较小的桌子，以便他们在交谈和跳舞之余有地方可以坐下来。在任何盛大的婚宴上，通常都可以看到一张父母专用桌。在父母桌上，新娘母亲的右边坐着新郎的父亲；新郎则坐在另一边，与新娘正好面对面，他的右边则坐着新郎的母亲。可以请为婚礼主持仪式的人员坐在新娘母亲的左边；新郎母亲的另一边则可以请新郎的祖父坐下。依此模式，让家人以及重要的宾客或挚友，交替着坐满这张餐桌。

（二）婚宴的敬酒礼仪

敬酒是婚宴上极为重要且不可或缺的一部分。就如同种种历史久远的礼仪一般，敬酒时，也有若干礼仪礼节我们应该加以遵循。当敬酒开始时，主婚人率先举杯向新娘敬酒后，参加婚礼仪式的人员如有任何人表示要向新人敬酒，主婚人就会逐一示意他们上前敬酒。敬酒时，有若干礼节必须加以遵循。接受敬酒的人不必喝酒，只须坐在座位上，微笑面对敬酒者。要敬酒时，如果席间有十位宾客甚或更多，务必站起身来。如果是在人数较少，彼此都熟识的场合上，则可以坐着敬酒。为了引起他人的注意，也可以先说句开场白。婚宴上每一次敬酒时间不宜超过三分钟，应当长话短说。因此，应该避免东扯西拉没完没了。向新人致意

时，话语中可以表达关怀、幽默风趣、率真感人，甚至可以戏谑，这些都无伤大雅。你的态度可以严肃，也可以机敏谐趣。

（三）新郎新娘的礼仪

理所当然，新郎新娘是婚礼上的主角，是各方来宾关注的对象，因此必须具备得当的礼仪。一般来说，主要应注意以下几点。

1. 仪表着装。新婚喜庆，新郎新娘要格外注意仪表，可适当化妆，做好发型，保持容光焕发。新郎一般穿西装系好领带，新娘一般穿婚纱，并适当佩戴项链、耳环等金银饰物，但不可多，以免俗气。新郎新娘彼此准备一幅灿烂的笑容。即使个别人闹喜有些过分，新人也不能发脾气、不高兴。自始至终都要满面春风。

2. 迎宾待客。新郎新娘应手执鲜花双双立于大门口迎接客人，不可来回游走。客人到来时应热情地表示欢迎和感谢，适时地介绍给家中的长辈或其他客人，然后依辈分次序让座。敬烟敬茶时要用双手送上，并为吸烟的长辈或平辈客人点火。

3. 谈话说笑。与长辈交谈要诚恳谦逊，不可高谈阔论，信口开河。与平辈讲话要热情礼貌，注意谦恭。不可无休止地纵声大笑，或沉默寡言，不苟言笑。对晚辈要热情友好。

4. 坐立行走。不可歪歪斜斜地坐在沙发上，更不要高翘二郎腿。站立讲话时，要腰板挺直，不要全身抖动或前后左右经常挪动。行走时不要慢慢吞吞，状似散步，但也不要跑来跑去，或快步疾走，要注意走姿和节奏。

5. 相互配合。新郎新娘在婚礼上要双出双入，行"挽臂礼"最好，保持肩并肩、膀靠膀和幸福的微笑。最好不要分开单独行动，并且在相互配合方面，应注意礼节，例如：应相互向对方介绍各自的长辈或平辈亲戚、朋友；相伴而行时，双方不要离得太远，但也不要过于亲昵；如有宾客取闹，应相互为对方解围；入座时，应让新娘先坐；送客时，应一起同客人告别等。

婚宴开始：新郎新娘要按主次，依次到客席向各位客人敬酒，敬酒时要亲手为客人将酒杯倒满并双手为客人端起，但不要一律强求客人一饮而尽，等客人放下酒杯后，新郎新娘要说声"谢谢"，并再次为客人将酒杯添满，方可再向下一位客人敬酒。新郎新娘在婚礼宴席上应多照顾客人，让亲朋好友吃好喝好，高兴而来，满意而去。不要自己大吃大喝，甚至饮酒过度，当场醉倒，那就过于失礼，对于客人敬酒，即使酒量有限，也要略加表示，至少要举起酒杯向客人致以谢意，并说明不能多喝的理由。

婚宴结束：客人离去时，新郎新娘要双双立于门口，一一同客人握手再见，并说些"谢谢光临"、"请慢走"之类的话。

（四）馈赠礼物的礼仪

参加婚礼是要备一份礼物的，但婚礼上送什么样的礼物更好，更能让接受人满意，这是需要计划一番的。

送礼的要点在于得体，所谓"得体"，说得更坦白一点，就是要能适合受礼者的需要。在送礼之前，必先对受礼者的个性、教育程度、风俗习惯、经济状况等加以了解分析。例如你的朋友（亲戚）是一位交友广阔、经济富裕的人，你预备送他一百元的礼金，不如省下五十元买一幅喜幛，或省下七十元买一幅礼轴写上颂词来得得体。相反，如果受礼者是一位经济并不富裕，而且生活也很节俭的人，送礼金就比较好些。送礼要得体须遵循以下原则：

1. 赠送喜联喜幛

结婚赠送喜联喜幛，最为高雅，适宜交友广阔、结婚场面铺张的受礼者。喜联喜幛，一般礼品店都可以代制，只需告诉受礼者与送礼者之姓名及你们的关系，并说明是喜庆就可以，如果能亲笔书写当然更有意义了。

2. 贺函贺电

异地亲友结婚，你又没有那么多的时间去亲赴道贺，这时你就可以利用贺函、贺电进行祝贺，贺函可随附礼金。

3. 赠送花束花篮

花束花篮适用于新式婚礼，显得较具时代气息，其缺点是毫无实用价值，必须对象适合才行。中国人一般是较讲实惠的。

4. 赠送实用品

适用于知己亲友。在购买以前，最好能知道受礼者之所需，先期告知，以免受礼者重复购置，这不能算是失礼之处。

5. 赠送现金

赠送现金，送礼者取其方便，受礼者得其实惠。礼金不论多寡，习惯上须双数。

应该说，婚庆礼仪对任何人来说都是对自己所具有的素质水平的一个检验，表现得好，展示出高水准，才能体现出自己是一个真正懂得礼仪的人。

（五）参加婚礼的礼仪

能被邀请参加婚礼，说明和新人或新人家庭的关系不错，非亲即友。所以，了解一下基本的礼仪，既是对新人的尊重，也能维护和增添婚礼的喜庆、和谐的氛围。

1. 送礼金的礼仪

赠送礼金要选择时机，一般在出席婚礼前送上，假如选错时机很可能让他人觉得你不懂礼节。送礼金时要根据自身经济实力、双方关系的密切程度确定礼金数量，只要不是太少就行，但也要根据自己的实际情况量力而行，同时要考虑到对方的感受，给对方留点余地，别让对方太为难。一般情况下红包应该是双数，意思是大吉大利、好事成双。假如你打算带家眷去喝喜酒，还是要多添一点礼金为好，以免给别人留下不好的印象。

2. 参加婚礼的仪表礼仪

应邀者应适当注重自己的仪表。参加婚礼前，应做好面容的清洁和修饰工作。男士要清洁好头发和面部，刮净胡须、剪好鼻毛。女士则可以化个淡妆，不宜浓妆艳抹地参加婚礼。就服装而言，最好着较为正式的礼服，女宾打扮得不要过于妖艳，女士以穿套装为宜，穿着的裸露程度切不可超过新娘。忌穿着和新娘婚纱相近的礼服，颜色应以紫色、绿色、粉色、灰色、酒红、米色等为宜，以免出现喧宾夺主的现象；男宾最好着西装，显得大方得体。值得注意的是：礼服的颜色最好避开黑色，防止让对方联想到丧礼，破坏喜庆的气氛。

3. 婚宴进行时的礼仪

进入宴席，要按照主人或主持人的引导就座，如果没有人引导，可以和熟悉的亲友坐在一起，但应注意不要主动坐到"新人桌"或"父母桌"。席间取菜、吃食要讲究礼貌。新郎新娘到各席敬酒致谢时，大家起立举杯，和新人轻轻碰杯，再道"恭喜"。婚宴将结束，新郎新娘前来献茶，要双手接过，还要在茶托内赠上彩茶费以表示感谢。

参加婚宴，切忌过量饮酒，以免醉后狂言失礼。也不要把新郎新娘灌醉。婚宴尽量轻松愉快些，不要酗酒，要让新郎新娘圆满地结束宴会，早入洞房。在婚礼上，当司仪宣读祝词时，在场的人应停止嬉笑、吃东西，应注意倾听，并随时鼓掌，营造婚礼的热烈气氛。在婚礼上，如果你想告辞，不必向新人面辞，除非新人刚好在你周围且闲着无事。与熟人谈笑时，也要注意分寸，言行举止都要符合婚庆礼仪，不能因为气氛热烈而忘形失态，这是十分不礼貌的行为。

二、结婚后小夫妻相处的礼节

（一）夫妻之间

对于已经结为夫妻的小两口来说，夫妻关系的好坏，常常是家庭生活幸福与否的关键。有些年轻人认为，结了婚，都是一家人了，没有什么可见外的。于是，一些夫妻彼此谈话很随便，开玩笑也没有了分寸，就会在无意中伤害了对方，影响了夫妻感情。由此看来，夫妻在家庭生活中朝夕相处，若要保持爱情的甜蜜，就应当讲究夫妻相处的礼节。

1. 平等相待

夫妻平等是我国婚姻法所确认的一项基本原则，也是现代伦理道德的基本要求。感情是夫妻关系的基础，平等是夫妻之间维系感情的前提。因此，夫妻间必须平等相待，绝不可因为社会地位的不同或经济收入的差异等因素而相互歧视。这既是现代社会的人文精神，又是夫妻感情的基础。

2. 感恩的心态

人人都希望别人会发现自己的优点并认同自己。适当的赞美与肯定，可以激发一个人的潜能，使他的腰挺得更直，干劲更足。夫妻没有血缘关系，大多是由陌生逐渐磨合，最后达到相濡以沫。感恩是处理好夫妻关系的法宝。从未见过有哪一对夫妻是因为相互之间的真心感恩而吵架的。有人说，他（她）没有优点怎么办？我们承认人无完人，但是说一个人没有优点是不可能的。所有的事物都有两个方面，只是我们在日常生活中习惯了看别人的缺点罢了。

3. 糊涂的心态

夫妻之间的相处要有糊涂的心态，要睁一只眼闭一只眼。婚前要张大两眼，婚后要睁一眼闭一眼。睁开的一眼是要欣赏对方的长处，闭上的一眼是要不见对方的短处。不但欣赏对方的长处，欣赏的能力还不能比别人低。但要注意的是这种欣赏要真诚，无论私底下或在别人面前都要多多地夸赞对方。并且你应让你的妻子或丈夫感觉到，你的确很欣赏她（他）。这是保持家庭生活幸福、增进双方感情的有效办法。

4. 遇事多商量，生活细节要讲究

夫妻之间要互相信任。不论是有关家庭的决策，还是一方个人工作上的困惑或计划，都不应一个人说了算。很多人在婚后，就特别不在意自己的外在形象，显得很邋遢，以为"打扮给谁看呀"。其实，一如既往地注意自己的仪表，既是对对方的爱，也使自己在各种场合中更加自信、更能赢得别人的尊重。

5. 夫妻应当处在和谐的生活环境中

许多夫妻不能像知己一般相处，他们总是用辱骂、奚落和批评来改善对方。当然，用批评和谩骂来攻击对方是愚蠢的行为，你最好是说"我真高兴你能用心听我说话"，而不是"你从来就不听我说"。婚姻专家建议，要留心那些关键的品质，如仁慈和责任心，而不要总是去挑剔对方的缺点。要分清什么是可以忍耐的小缺点，什么是对婚姻至关重要的大问题。很多婚前浪漫的梦想破灭了！百分之五十以上的婚姻不幸福，原因之一就是那些毫无用处、却令人伤心的批评。

7. 共同承担家务劳动

丈夫不应该把家务都推给妻子，而作为妻子也不应该娇气，把自己能做的事都推给丈夫。对家务事可以做出不同的分工，这样做起来有条有理，忙而不乱。夫妻二人要时时处处相互帮助，相互照顾，体体贴贴，和和美美地过日子。另外，在思想观念上，不要把家务劳动当作额外的

负担，要把家务劳动当作培养爱情，加深感情，相互关照的重要手段，通过家务劳动创造优美、和谐的家庭环境和气氛。

8. 互相关心

夫妻间的相互关心不仅体现在关心对方的事业、前途等大的问题上，更主要的是体现在日常生活中的细微之处。夫妻间朝夕相处，共同生活，细微之处的关心体贴，往往是保持和增进夫妻感情的重要因素。日常生活中的许多看似鸡毛蒜皮的小事，都能表达和体现出对对方的关心：如外出前说声"路上慢走"，"早点回家"；下班或出差归来，说一声"累不累"，"休息一下，喝点水"等都是必要的。

9. 讲究语言的艺术

夫妻之间的相处要讲究语言的艺术。在夫妻语言沟通的过程中，委婉是一种颇有奇效的黏合剂。委婉是一种以坦诚开放的沟通来对待对方的方式，同时，也尊重他人的感受，不作无谓的伤害。委婉意味着依赖他人，尊重他人的感受。当然，委婉并不意味着永远顺应对方的一切意思，特别是当对方的作为令人不能接受时。否则，就会导致不满和愤怒情绪的累积，那样，总有一天会爆发而严重挫伤双方的感情。

（二）婆媳相处

婆媳关系是家庭中最难处理的关系，婆媳矛盾则是一个令清官也为之发愁的难题。在婆媳矛盾的背后，隐伏着母子之爱和夫妻之爱的竞争，这种竞争往往是无意识的竞争，事实上却是婆媳矛盾激化的一个很重要的因素。

婆媳相处，彼此间都应持一种宽松的心态，不要有见外心理。如果婆婆认为媳妇是外人，难以与之真心实意地相处；媳妇认为自己与丈夫过日子，婆婆是另外一层，这样处处设防，就会埋下矛盾冲突的导火线。由于种种原因，婆媳间总会存有一定的差异。婆媳双方都要对自己有所约束。婆婆不能要求媳妇完全按自己的一套行事，媳妇也不能奢望婆婆完全认同自己的意愿，互相不要强求。这样做可以避免不少矛盾和冲突。婆媳之间以宽松的心态相处，婆媳不必过多干涉对方的生活爱好，求同存异，多交流，取长补短，就能进一步融洽关系。

婆媳相处，双方都要有互助的意识，媳妇敬重婆婆，婆婆爱护媳妇，以心换心，婆媳才会相处得和睦融洽。作为小辈，媳妇要注意礼貌和分寸，跟婆婆说话要心平气和，态度诚恳，不可口是心非，出言不逊。遇事多与婆婆商量，在婆婆比较关注的事情上，尽可能与婆婆保持一致。媳妇上班前，要跟婆婆道别。下班后，先向婆婆问候，诸如"这一天您辛苦了"等，婆婆听了这样的话，心里会很舒服。当媳妇的朋友来了，首先要把婆婆介绍给客人，使婆婆感到媳妇对她很尊重。媳妇对婆婆的称呼要亲切自然，不要以称"您"代替喊"妈"。媳妇的一声"妈"，可暖遍婆婆的全身，赢得婆婆的欢心。

逢年过节，莫忘给公婆做些可口饭菜。冬去春来，关心公婆的衣着穿戴；婆婆生日，送上一些心爱之物。当媳妇主管家务、掌握开支时，还应让公婆了解经济收入及开支情况，经济公开，减少误会。婆婆上年纪了，干活吃力，媳妇下班回家后，尽量多承担些家务劳动，以减轻婆婆的劳累。如果与婆婆不住一起，也要抽空去帮婆婆干些家务。孩子是紧绷在婆媳头上的一根很敏感的弦。媳妇在婆婆面前少打骂孩子，更不要借打骂孩子发泄对婆婆的不满。

自古以来婆媳相处一直就是家庭中的一大敏感问题，相处得来一切都顺利，要是相处得不好，婆媳过招的戏就会常在家中上演。不过，尽管婆媳矛盾是一个古今中外令许多家庭头痛的难题，但只要当事者本着互相信任、互相尊重、互相爱护、互相关心、互相宽容忍让的态度，加上家庭其他成员齐心协力促使其向良性的方面转化，婆婆与媳妇之间一定会产生出真诚的爱，一定能够和睦相处。

（三）与岳父母相处

在家庭关系处理上，若想协调好家庭之间的关系，除了注重媳妇与

公婆之间的礼仪外，还要注重女婿与岳父母之间的礼仪。

民间有句话叫女婿如半子。女婿应对岳父母如同自己的父母一样尊敬、孝顺。在各种场合都视岳父母为爸爸、妈妈，而且要自然、亲切。这样做不仅可以亲近两位老人，还能起到沟通感情、融化心理隔阂的作用。长辈人经验多，应该允许岳父母过问小家庭的生活，允许他们提出意见，欢迎他们批评指教。

赡养父母，是法律赋予子女的义务。女儿有义务赡养公婆，女婿同样有义务赡养岳父母。平日里多到岳父母家看看老人，和老人聊聊天，干一些家务活，遇到节日、生日买些礼品去祝贺，让老人精神愉快。还可以把岳父母请到自己家中住几天，和自己的女儿多亲近几天，减轻他们的思女之苦，调剂他们晚年的生活。

女婿要懂得在岳父母面前经常夸奖妻子，这不仅是与岳父母和睦相处的需要，也是融洽夫妻关系的需要。女婿夸奖妻子，说明小两口十分恩爱，相处和睦，岳父母对女儿的未来就能放心、满意。在他们看来，女儿是自己一手抚养大的，女儿身上的优点都是自己培养教育的结果。女婿夸妻子就是在夸奖岳父母。女婿夸奖妻子，妻子高兴，岳父母更高兴。这种赞誉可以形成一种良好的家庭心理气氛，会引起家庭各个方面良好的连锁反应，增进家庭的和睦。

（四）妯娌相处

妯娌是家庭中比较难处的一组关系。一个家庭常常因妯娌之间的矛盾，闹得全家鸡犬不宁，闹得兄弟大伤感情。要搞好妯娌关系，得注意这样几个方面：

1. 不传话

妯娌是家庭的新成员，总希望得到些关照，自己做事也想受到家里人赞扬，说自己是个能干的好媳妇，谁也不愿听别人说自己的坏话。因此，妯娌之间应多讲对方的长处和优点。你敬我一尺我敬你一丈，有什么不愉快的事也容易化解，千万不能背地里说三道四，否则会将矛盾激化，产生家庭纠纷。

2. 与她交朋友

妯娌们有空多在一起聊聊，谈谈自己的家庭、自己的生活经历等。谁也不要以为自己比别人高，特别是在那些当领导干部的和一般工人、农民的妯娌之间更是如此。通过相互交流思想，可以加深了解，增进感情，减少误会。

3. 不互相攀比

妯娌间要防止攀比竞争，以免造成对立情绪。比如嫂子娘家条件好，资助多，小家庭很红火，不必以此傲视弟媳；弟媳有文凭，工作条件好，人又漂亮，也不必因此看不起嫂子。嫂子生了男孩，弟媳生了女孩，嫂子不应以此挖苦弟媳，弟媳也不应因此而妒忌嫂子，这样才能和睦共处。

4. 不占便宜

妯娌之间要互相谦让，凡事不要总想着自己，多为对方着想，这样有利于妯娌间的团结。你敬我一尺，我敬你一丈的原则人人都懂，只有双方互相感化，彼此互谦互让，才能化解妯娌间的矛盾。

5. 宽以待人

宽以待人是妯娌间相处的重要法则。妯娌之间虽然有自己的空间，但免不了磕磕碰碰。如果一方得理不饶人，矛盾自然会越来越大。但若双方能用宽容的心对待矛盾，妯娌之间的问题也就不会那么激化了。

(五) 同辈之间

同辈主要指兄弟姐妹以及表亲、堂亲关系，尽管同辈之间处于平等的地位，但在交往中，也要真心诚意、彼此厚待，应掌握彼此之间相处的方式方法。

1. 同辈相待不仅要宽厚，而且还要宽容。不要听不得对方的逆耳之言，见不得对方的逆己之事。尤为重要的是，不要听从他人搬弄是非，并且要容忍同辈亲属无意之中对自己的冒犯。即便对方的确做了有负自己的事，也要对其宽大为怀。

2. 与同辈的亲属打交道，主动对其谦让，是一种难能可贵的美德。古语有云："退一步，地阔天宽。"主动谦让于人，从形式上看，是退了一步。有时，还可能因其而给自己造成一定的损失。但是，从大的方面来看，这样做有助于促进自己与同辈亲属之间的团结，对上无愧于长辈，对下无愧于晚辈，所以"物有所值"，得大于失。

3. 与同辈的亲属打交道，与跟其他人打交道一样，都不可能不涉及物质利益问题。不食人间烟火的人，未必是正常的人。不过对待同辈亲属之间的财、物问题，必须要有一个正确的态度。强调与同辈亲属打交道时要主动谦让，其侧重点就存于此。

4. 在财与物的问题上谦让于人，需要注意三点。其一，是要避免与同辈的亲属你争我抢，甚至不惜为此而撕破脸面，大打出手。其二，则是要尽可能地多做退让，不要斤斤算计，而要提倡"吃亏是福"。其三，是要与同辈亲属的日常交往中该算的"经济账"就要算清楚。"亲是亲，经济分。"不要总是自己占便宜，而让对方吃亏。也不应当使之成为一笔糊涂账，到头来授人以柄。

5. 同辈的亲属，"本是同根生"，血统与姻亲的天然纽带将其联系在一起，因而互相爱护理当成为其相互关系的重要基础。对同辈亲属的爱护，首先应当是无条件的，不图回报的。这种无私的爱护，既要体现在物质利益的支援方面，又要表现在精神情感的沟通方面。在力所能及的前提下，对于同辈亲属的爱护，尤其是对于其中急需爱护之人的爱护，应当多多益善。对于来自同辈的爱护，必须要领情，不要将对方的爱护，尤其是出于爱护的目的所进行的批评、指责，视为一种负担。另外，还要切记知恩图报，不要认定对方天生就该如此这般。

6. 同辈之间的互助，不仅体现在日常生活之中，大家要互帮互助，相互提携，共同创造美好幸福的生活；工作上，能者多劳，弱者得助，尽力而为，共同发展；还应在思想上给予帮助。对于同辈在思想、情感方面的问题，要及时加以点拨。反过来，遇到对外人难以诉说的苦恼，不妨跟同辈亲属多聊一聊。而在寻求同辈亲属的帮助时，则不宜强求。另外，互助还需建立在合理、合法的基础上。徇私枉法，乃是同辈亲属互助之大忌。

三、享受接待的时刻

（一）迎客的礼仪

家宴是由主人以某种名义，在自己的私人居所内举行的招待自己的亲朋好友的一种宴会。家宴最重要的是要制造亲切、友好的气氛，讲究待客的礼仪。

在客人到访前要提前打扫门庭，以迎佳宾，并备好茶具、烟具、饮料等，也可根据自己的家庭条件，准备好水果、糖、咖啡，等等。客人在约定时间到来，主人应提前出门迎接。客人来到家中，要热情接待。如在家中穿内衣、内裤，应换便衣，即使是十分熟悉的客人，也应换上便衣。客人进屋后，首先请客人落座，然后敬茶、递烟、端出糖果。端茶送糖果盘时要用双手，并代为客人剥糖纸，削果皮，点香烟。

值得注意的是，现在很多家庭喜欢用一次性的纸杯招待客人，以示干净。其实这种做法是错误的。对于客人的拜访，主人应用最好的东西招待客人，如用一次性纸杯显得没把客人的来访看得郑重，这是对客人不礼貌的。如果您和客人都觉得用一次性的纸杯放心，那么最好准备几

只漂亮的杯座托儿，这样正式一些，以显示出对客人的尊重。

（二）来客敬茶的礼仪

我国自古以来就有来客敬茶的传统，并形成了相应的饮茶礼仪。按照我国传统文化的习俗，无论在任何场合，敬茶与饮茶的礼仪都是不可忽视的一环。茶具要统一的、干净的、完美的。主客坐定以后，主人取出茶叶，主动介绍该茶的品种特点，并将开水冲入空壶，使壶体温热。然后将水倒入各种茶盘中。用茶匙向空壶内装入茶叶，通常按照茶叶的品种决定投放量。切忌用手抓茶叶，而是要倒，以免手气或杂味混淆影响茶叶的品质。我们有茶满欺人的说法，所以倒茶时茶水有七分满就行了。敬茶茶杯应放在客人右手的前方。请客人喝茶，要将茶杯放在托盘上端出，并用双手奉上。当宾主边谈边饮时，要及时添加热水，体现对宾客的敬重。

（三）用餐时的礼仪

家庭宴请，首席为地位最尊的客人，主人则居末席。首席未落座，其余都不能落座，首席未动手，大家都不能动手。

在用餐之时，无论主客都要注重吃相，这是用餐礼仪的一大重点，倘若不重吃相，不但姿态欠雅，还会影响他人的食欲。在用餐时，主人可以劝客人多用些或是品尝一下某道菜肴，但切勿擅自做主，主动为客人夹菜。这样做不仅不卫生，而且还会让人勉为其难。客人在夹菜时，不要左顾右盼，翻来覆去；夹起菜来不合意，再次放回去，则更是失礼之举。在用餐时，千万不要当众清嗓子、擤鼻涕、吐痰等，这不但有碍观瞻，而且倒人胃口。在用餐之时，尽量不要进行修饰。例如，不要梳理头发、化妆补妆、宽衣解带、脱袜脱鞋，等等。

牙签主要用来剔牙之用，用餐时，尽量不要当众剔牙，非剔不可时，应以另一只手掩住口部，切勿大张口，剔除来的东西切勿当众欣赏，或再次放入口中，也不要随手乱弹，随口乱吐。剔牙之后，不要长时间叼着牙签，取食物时不要用牙签乱扎取。

在主人亲自斟酒时，客人必须端起酒杯致谢，必要时还须起身站立，或欠身点头为礼。有时，亦可向其回敬"叩指礼"。即以右手拇指、食指、中指捏在一起，指尖向下轻叩几下桌面。主人为来宾所斟的酒，应是最好的酒，并应当场启封。斟酒时注意要面面俱到，一视同仁，不要有挑有拣。可以依顺时针方向，从自己所坐处开始斟酒。

在宴会上，由男主人向来宾提议，为了某种事情而饮酒。在敬酒时，通常要讲一些祝福的话。因此，敬酒往往是酒宴上必不可少的一道程序。敬酒，可以随时在饮酒的过程中进行。频频举杯祝酒，会使现场氛围热烈而欢快。不过，要是致正式的祝酒词的话，则应在特定的时间进行。通常，致祝酒词最合适的时间是在宾主入席后、用餐前开始。不管是致正式的祝酒词，还是在普通情况下祝酒，均应内容愈短愈好。在他人敬酒或致词时，其他人应停止用餐或饮酒，坐在座位上，面向对方认真恭听。

（四）送客的礼仪

客人告辞，一般应婉言相留。客人要走，应等客人起身后，再起身相送，不可客人一说要走，主人就站起来。"出迎三步，身送七步"是迎送宾客最基本的礼仪。送客一般应送到大门。有些客人常常会带礼物来，对此，我们送客时应有所反应，如表示谢意，或请求客人以后来访不要再携带礼品了，或相应地回谢一些礼物，决不能受之无愧似的若无其事，毫无表示。与客人在门口、电梯口或汽车旁告别时，要与客人握手，目送客人上车或离开，要以恭敬真诚的态度，笑容可掬地送客，不要急于返回，应鞠躬挥手致意，待客人移出视线后，才可结束告别仪式。

四、被接待也是一种幸福

（一）预约或应约

在接待客人时，也免不了要回访或去亲朋家做客。到别人家做客，有两种情况：一种是自己主动前往；一种是受别人邀请。若是前者，应事先打电话或写书信约好时间，以防突然造访给别人带来麻烦；若是后者，无论答应还是拒绝，都应及时告知对方。切忌答应某一邀请后，又因参加别的约会而失此约，给人造成不快。

（二）服饰仪表

做客时不可穿着随意，应根据目的、规格、对象、风俗习惯或主人的要求考虑自己的着装。着装不得体会影响宾主的情绪，首先要整洁大方，中式赴宴无明确规定，西式赴宴往往在请柬中写明"请穿礼服"。一般喜庆时应穿华丽一些。丧祭时以黑色或白色为宜，并带好手帕、面巾、香烟、打火机等物品。

（三）准备礼品

去做客赴宴时，往往要准备礼品。要根据不同宴会准备不同礼品，寿诞、生日、结婚喜庆可送耐用易保留的礼品，探病丧礼则宜选一次性的礼品。

（四）做客礼仪

做客时，首先应准时到达。提早到达主人门前，或稍稍要先擦净脚上泥巴。到主人门前时，要轻轻敲门或按门铃。主人听到敲门或电铃声出来后，互相问候方能进屋，不可门开即进；即使门口大开，也不可直入屋内。忌讲"里面有人吗？"待主人招呼进屋后方可进屋。敲门要把握好力度和节奏，切忌使劲和用脚踢门。敲门或按门铃后，屋内若无反应，可再敲或再按电铃，但时间不可过长。进入主人家门后，要将自己的帽子、大衣、手套、雨具等交给主人的家人处理，如果主人家屋内是地毯或地板铺地，则应向主人要求换拖鞋。进入屋内后，要向长者、熟人以及其他先来的客人打招呼，待主人安排座位后就座；主人端茶点烟，要起身道谢，双手迎接；主人献糖果，要等年长者和其他客人先取之后自己再取用；烟灰要弹在烟灰缸内，果皮、果核不要乱扔乱放；不可随便翻弄主人家的东西。

（五）进入餐厅

进入餐厅时，第一件不应忘记的事情是打招呼，尤其要与女主人打招呼，并对主人的宴请说一些赞扬话，为主人创造融洽、热烈的气氛；入席时要按既定次序入座，不可贸然坐下；坐在餐桌前要注意体态礼仪。如果是在酒店就餐，点菜时不要选择太贵的菜，同时也不宜点太便宜的菜，太便宜了，主人反而不高兴，认为你看不起他，如果最便宜的菜恰是你真心喜欢的菜，那就要想点办法，尽量把话说得委婉一些。进餐时举止要文明礼貌，"不马食，不牛饮，不虎咽，不鲸吞，嚼食物，不出声，嘴唇边，不留痕，骨与秽，莫乱扔"。面对一桌子的美味佳肴，不要急于动筷子，须等主人动筷说"请"之后你才能动筷。主人举杯示意开始，客人才能用餐。如果酒量还能够承受，对主人敬的第一杯酒应喝干。同席的客人可以相互劝酒，但不可以任何方式强迫对方喝酒，否则是失礼。自己不愿或不能喝酒时，可以谢绝。

（六）退席告辞

作为客人，口头提出告别后应立即起身辞别，不能几次三番说要走。结果还坐着说话。走之前不要忘记对主人的热情招待表示感谢，尤其要向女主人道别。当主人送你走到门口将分手时，应主动与主人握手道别，

并说"请回"、"留步"、"再见"之类的客套话。

（七）留宿小住

有时需要在亲朋好友家中小住几天，由于自己的到来已给主人增添了许多麻烦，更应注意有关礼仪。首先，要了解主人的生活习惯，尽量遵从主人的这些习惯，自己住的房间要自己打扫。其次，主人陪你观光购物时费用尽量自己支付，时间尽量选择主人的节假日；在小住期间，未经主人准许不要进入主人的书房或卧房，也不能随意翻检书刊等物品；交谈时话题应避免涉及主人隐私或钱财的内容。最后，客居期间别忘为主人家做一些力所能及的事。

五、与邻居们的交往

（一）与邻里交往的原则

"室内现代化，室外脏乱差；与己无关事，红灯高高挂；楼上挨楼下，不知谁姓啥；手拿大哥大，见面不说话"，成了现在很多邻里关系的写照。但我们有句俗话"远亲不如近邻"。家庭间的各种交往中，交往最频繁的就是邻里了。从主观来说，绝大多数人都想搞好邻里关系。但客观上不知怎么搞好邻里关系以及搞不好的为数并不少。

不管是喧嚣的城市还是相对清净的农村，邻里都是离我们最近的人。但是不论你与邻居的关系多么亲密，邻里交往还是要遵循一定的原则：

1. 互相帮助

俗话说"远亲不如近邻"，在处理邻里关系中互相帮助，邻居有了困难要主动去帮助，被帮助者定会感激不尽。日后，当你有了困难，邻居也会鼎力相助。

2. 善于沟通

邻居之间多数是因为曾经闹过矛盾，从此井水不犯河水，或是因为工作忙、性格内向、家务事多，而导致邻里之间交往沟通很少。因此，若想避免许多误会，就要保持邻里之间的关系，加强邻里之间的交往，了解对方。值得注意的是所谓善于交往并不是说串门越多越好。人们的生活节奏正在加快，邻居可能很忙。在交往中，注意不要打扰对方正常的生活秩序。

3. 遇事协商

协商，也是邻里间交往的基本方式之一，既表示尊重邻居，又能避免发生矛盾。如果家里有些事情可能影响到邻居，那么在做之前就应该主动找邻居商量一下，看邻居有什么意见，或有什么更好的办法。

（二）到邻居家做客的礼仪

去邻居家串门，是增进邻里感情的一种方式。但要遵守一定的礼节。

如果应邀去串门，那么可要选择好适当的时间。如果约好具体时间，那当然好。如果没说具体时间的话，就要避开人家的吃饭时间和休息时间。如果是周六、周日的话，上午10点之前是不宜打扰的。进门前有门铃的要按门铃，没门铃的要轻轻叩门，即使门是打开的。这样做的目的是告诉对方，你来了，以让对方有个心理准备，而不要冒冒失失闯进去，让人家吓一跳。

如果是带小孩做客，一定要教育好小孩不要在别人家里调皮、乱动别人东西。如果对方是长辈或是第一次进人家做客的话，主人没坐你就不能先坐。如果家里有长辈，要主动和长辈打招呼。主人端茶、拿糖果招待的时候，一定要表示感谢。如果有长辈在说话，不但要用心听，还不可以插话。如果主人有看表、打呵欠等谢客表示，或者快到了吃饭时间，作为客人就要起身告辞了。如果是请人吃饭的话，那就要提前准备，

而不要到了吃饭时间才匆匆忙忙去作准备，使人家觉得是打扰。

（三）与邻居相处的礼仪

邻居礼仪有许多讲究，最基本的礼仪有以下几点：

正确称呼：一般来说，比自己父母辈份大的称呼：爷爷、奶奶；与自己父母同辈比父母大的，称呼：伯伯、伯母；与自己父母年龄相仿或比父母小的，称呼：叔叔、阿姨。

礼貌招呼：早晚见面都要热情礼貌地打招呼。如"XX，您早！""XX，你好！"并行点头礼或招手礼，不要视而不见，甚至装作不认识。

在楼道里或窄小地方遇长辈，要主动让路，请长者先走。遇到老人上下楼梯，应上前去搀扶。

见到邻居提、搬重物，要主动让路，不能抢上抢下或挤上挤下，还应主动询问是否需要帮助。

借用邻居的东西要有礼貌。如轻轻敲门，等主人开门后用请求、商量的口气说明来意，归还时要表示谢意。另外，要注意应双手接、递所用的东西。借邻居家的东西要小心使用，十分爱惜，不要弄坏弄丢。如果万一损坏要主动赔偿，并赔礼道歉。如果主人不要求赔偿，除了当面赔礼道歉外，最好以别的方式弥补人家的损失。借用的东西使用完之后应立即送还，不要忘还，更不能让邻居来要。如须延长借用的时间，应向邻居说明，经同意后再继续使用。一般较贵重的东西，最好不去借。别人来向你借时，也不要自作主张，须向家长告知。

另外，值得注意的是，在你到新迁来的邻居家里送糕点，或者当你给患病的邻居送食物时，别忘了带上你的孩子。你应该以身作则，教他如何做一个好邻居。

（四）与邻居交往的禁忌

在邻里的交际中，要宽以待人，同时，应严于律己，不要做损害他人利益的事。引起邻里之间大矛盾的往往是一些小事。当事双方毫不相让，针锋相对时，矛盾就会升级。邻里之间常常见面，来友送客，吵架，欢笑，邻居都会有耳闻。有些人爱看热闹，谁家有了什么事，他们就添油加醋地传播。邻里交际往往是广泛的交往，有些邻居会把别人家的事情传来传去。这样一来，就会闹得邻里之间矛盾重重。要避免这种现象，就要不给搬弄是非者机会，自己也不去打听邻居家的私事。如有恶意中伤、毁人名誉的言行，应严肃制止，批评教育，严重的可诉诸法律。

六、出去玩不要忘了这些

（一）购物礼仪

人们在日常生活中离不开购物，这就要求人们在购物时注意一些礼仪规范，做个通情达理的消费者。

顾客在购物时要讲究礼貌，不要对营业人员大呼小叫、颐指气使。一个有修养的消费者，在购物时会注意相应的礼仪规范，心平气和、面带微笑地与营业员商谈。

当营业员正忙于接待其他顾客时，要耐心等待，不要指手画脚或用手敲柜台。购物时，如果遇到态度不好的营业员，千万不要与其发生口角，必要时应当心平气和、耐心、冷静地跟营业员讲道理、说情况，如果该营业员是个蛮不讲理的人，可以向其领导反映，请求帮助解决。千万不可一怒之下，口吐脏字，这是很不礼貌的行为。

在买东西时，千万不要在不清楚自己要买什么物品的情况下麻烦营业员。如果你只想看不想买，那么最好不要劳驾营业员，否则可能发生不愉快的事情。挑选商品时，不要挑三拣四，过分挑剔，时间长了会影响营业员照顾其他顾客。如果挑选后没有满意的商品时，可以客气地告诉营业员。对易污、易损商品要轻拿轻放，万一污损了，就应当买下来或者赔偿。对禁止触摸的商品，不要随便碰触。

如果在购买商品时没有仔细查看，买回家以后才发现商品有破损的地方或营业员拿错了样式，到商店退换时要态度友好，并向营业员详细地说明情况。如果碰到态度恶劣、强硬的服务员，要耐心地与其沟通，不要硬碰硬，闹得不欢而散。如果没有质量问题，可以不换。结账时，如果发现收银员找错了钱，应善意地提醒并说明情况，千万不能面红耳赤地与收银员争论不休。如果解决不了还可找其领导帮忙。交过钱以后，不要忘记向为你服务的营业员道谢。

自选商场或大型超市购物，要遵守购物规定，注意轻拿轻放，不损坏或弄脏物品。如有损坏，要主动赔偿。选取后又决定不要的商品，应及时放回到货架上，尤其是那些冷冻商品。选购水果等食用商品时，不要随手乱翻、乱捏，那样会让水果过早腐烂。交款时，两人以上就应自觉排队，并注意与他人保持一定距离，以免造成他人不便。购物过程中要注意照顾老弱病残者，对外宾要文明礼让。不在商场高声喧哗、追跑打闹。自觉维护环境卫生，不随地吐痰，不乱扔果皮、包装袋等。推购物车时，要小心行走，以免撞到他人。也不要把小孩放在购物车里，以免发生危险。总之，要做一名文明的顾客。

（二）游览观光的礼仪

随着我国人民生活水平的提高以及旅游业的发展，现在有更多的家庭和更多的人加入到游览观光的队伍中来了，而且游览观光的范围大为扩大了。游览观光给人带来身心的享受，同时，对个人的品德、素质的要求也高了，其中就包括着礼仪方面的要求。

在上车时，按照惯例应当请长者、尊者、小孩首先上车，其余的人给予帮助并最后上车。到了车上，如果没有专门安排座位，那么，长者、尊者、小孩应在前排就座。但如果要求对号入座时，就必须按照事先安排好的座位就坐。

在车上要讲究公德，不妨碍别人，不吃有刺激性气味的食物，不能高声喧哗，不将胳膊腿伸得太长，诸如此类。下车时长者、尊者、小孩最后下车，其余的人先下，并在车门外等候或给予帮助。

爱护公共财物是每个人应具备的良好品德。作为一名游览者，面对优美的自然风光、历史文化底蕴深厚的文物古迹、别具一格的人文景观，除了为之自豪、赞叹外，还应履行保护旅游资源的义务。因为爱护公共财物，热爱祖国的大好河山，是游览礼仪最基本的要求。

出游时，大多数游客会随身携带一些食品或旅游用品，在吃用这些食品物品时，务必要注意环境卫生，不乱扔垃圾，不乱堆放行装等。在旅游景点野餐结束时，一定要将现场打扫干净，将剩下的物品，连同瓜皮果壳一同带走；在旅游点的隐蔽角落大小便，是非常失礼的行为；在安静、祥和的旅游气氛中，不宜大声喧哗，肆意嬉笑打闹；当导游或讲解人员解说旅游景点的来历时，要仔细倾听，不要纠缠追问、恣意刁难。

在公共场合进行拍照时，要抓紧时间尽快结束，一般每人拍摄照片的张数不宜超过三张，让人久等是非常不礼貌的行为。同时更不能浪费别人的时间进行取景或做其他和拍摄无关的事情，如果你对拍摄的角度把握不准，应先让他人拍摄，当确定好角度后再进行拍摄。不能随手涂抹，不能信手乱摸，尤其像一些宗教禁忌的地方。

另外，在观光时，不要过分强调自己的要求和情趣，以免影响他人；不要过分坚持自己的审美观点而否定他人；不要损害他人的宗教信仰及民族观念；不要不分尊卑，没大没小。在公共场所还要注意遵重知识产权，很多地方都明文规定不能拍照，不能录像，我们一定要遵守这些规定。

旅游观光中，游客来往不断，彼此间要相互照顾、互相帮助。当行至曲折幽径处或小桥、山头时，在注意自身安全的同时，还应主动帮助老幼妇孺。不要抢路、拥挤，应主动帮助遇到困难的人。休息时，不能一人独占长椅。拍照留念时，如果别人需要帮忙，应主动、热情地为其提供服务。

旅客在宾馆居住都不要在房间里大声喧哗或举行私人的聚会，以免影响其他客人。对服务员要以礼相待，对他们所提供的服务表示感谢。在饭店进餐时，要尊重服务员的劳动，对服务员应谦和有礼，当服务员忙不过来时，应耐心等待，不可敲击桌碗或喊叫。对于服务员工作上的失误，要善意提出，不可冷言冷语，加以讽刺。

（三）乘坐火车的礼仪

火车是我国甚至世界各国出差旅游的主要交通工具。随着火车的普及，人们需要掌握的礼仪规范也越来越多，需要人们认真学习。

乘坐火车时，应事前买票，持票上车。如因情况紧急来不及买票，可购一张站台票上车，需要提醒的是，上了车以后要尽快找乘务员补票，千万不能逃票，这是十分不道德的行为。在列车上发现丢失车票，要从丢失站进行补票；如果不能判明丢失站，从最近后方营业站起补票；如果不能判明是否丢失车票时，要按无票旅客处理，从列车始发站补起。等待检票要排队，等下车的旅客下来再上。上车过程中，不要相互拥挤，更不可从车窗进入，而应有序上车，相互礼让。一定要乘坐车票上所指定的车次，在本车次门口进入，不要因上错车次，给乘务员或其他乘客添麻烦。如果没有买着坐票，在中途上车找座时，不要拥挤、抢座，遇到有空位时，应礼貌地向旁边人询问，该座位是否有人，如果没有人则可就座。如果身边有空位时，不要将自己的行李放在上面，如果还有站着的乘客，应主动请其就座。

上车后，应主动与邻座打招呼，可以进行简单的自我介绍。如果对方的态度不是十分热情，礼貌地点一下头即可。与其他乘客交谈时，不要涉及个人隐私，把握好分寸；不要漫无边际地胡吹乱侃；当有人有意与你聊天时，要礼貌应答；与异性交谈时，应保持一定距离，不要过于亲密。乘车时要注意礼貌，应主动给老幼病残孕者让座。火车同样属于公共场所，因此，要求穿戴整齐。在卧铺车厢内休息时，不要像在家里一样随便，脱衣休息是十分不雅的。坐硬座的乘客，不能脱鞋脱袜，当众脱、换衣服。

乘车期间，不要东倒西歪，不要随意趴在坐席上。不要将头或身体靠在他人身上。在卧铺车上休息时，恋人、配偶最好不要在同一张铺位上休息，也不能做出过于亲昵的举动。带小孩一同乘车的大人，要管好自己的孩子，不要让孩子在车厢内随地大小便、追跑打闹、乱动他人物品或纠缠他人。

在乘火车时，不要浪费水，尤其是对于只在大站停靠的列车，途中没有补足水源的机会，浪费车上的水会让其他乘客面临没有水的困境。另外，不要长时间占用火车的卫生间。车厢内严禁吸烟。

在列车上用餐时，不要抢占座位，或以就餐为名在餐厅休息、聊天，而应节省时间，用完餐后立刻离开，给其他需要用餐的乘客让位子。在火车上就餐还应注意，不要大吃大喝、划拳、行酒令。在车厢内就餐的乘客，不要吃他人的食物，自己吃剩的东西不要随便乱扔，也不能从车窗向外抛；最好不要吃具有刺激性气味的食物。

旅客应相互帮助。别人的行李掉了，应主动帮其拾起；有人晕车或生病时，应多加体谅；对待别人的帮助，要表示谢意。在到达目的地前，就应做好下车准备，以免到站后手忙脚乱。下车前，应与邻人道别，还应向乘务员道谢。下车时，应自觉遵守下车秩序，不要硬挤。

（四）乘坐公共汽车的礼仪

汽车是人们日常生活中最便捷、最快速的交通工具之一。乘车时要遵守乘车礼仪，做个懂文明、讲礼貌的好乘客。

在车站或候车点候车时，应排队顺序上车。车来后，不要争先恐后，乱挤乱撞；上车后，自觉买票或刷卡。不要拥堵车门，应该尽量往里走。发现有老弱病残者或女士上车时，要主动让其先上车。进入车厢后，不要争抢座位。要主动把座位让给老弱病残孕以及带小孩的乘客。如果别人给自己让座，应说声"谢谢"。若不小心踩到或碰到他人时，应及时、诚恳地向对方道歉，如果对方不接受你的道歉，也不要与之发生冲突。被踩碰的一方，不要得理不饶人，应表现得大度一些，接受他人道歉。

乘车时，千万不要在车上高声说笑，以免影响别人听站名。在车上若想打喷嚏时，应该用手帕或纸巾捂住口，防止唾沫四溅。乘车时，要保持衣着整齐，尤其是夏季，不要穿过分随便、太短太露的衣服，更不能赤膊赤足。雨天乘车应处处为他人着想。上车后要脱下雨衣，以免雨水沾湿别人，如果拿了雨伞，要记得把雨伞的尖顶部分朝下，防止戳伤别人。若拿着腥湿的物品，应先把它们装进塑料袋再上车，以免弄脏他人的衣服。行车期间不要与司机交谈，不携带易燃易爆危险品，不在车厢内吸烟，不吃带果皮壳的食物，不随地乱扔废弃物，不要将身体伸出车外。

（五）乘坐轿车的礼仪

自轿车发明以来，车内座位就根据安全、舒适、方便等因素，被人们规定了尊卑、主次之座位。乘坐轿车，通常是讲究快节奏、高速度的人士在"行"的问题上的首要选择。乘车之时虽然短暂，但仍有保持风度、以礼待人的必要。乘坐轿车时，应当牢记的礼仪问题主要涉及座次、上下车顺序、举止等三个方面。

1. 轿车上的安全座次

从客观上讲，在轿车上，后排座比前排座要安全得多。最不安全的座位，当数前排右座。最安全的座位，则当推后排左座（驾驶座之后），或是后排中座。当主人亲自开车时，之所以以副驾驶座为上座，既是为了表示对主人的尊重，也是为了显示与之同舟共济。由专人驾车时，副驾驶座一般也叫随员座，通常坐于此处者多为随员、译员、警卫，等等。一般不应让女士坐于专职司机驾驶的轿车的前排座，孩子与尊长也不宜在此座就座。在许多城市，出租车的副驾驶座经常不允许乘客就座。这主要是出于安全考虑，为了防范歹徒劫车。

2. 上下车的礼仪

（1）主人亲自驾车：主人驾驶轿车时，如有可能，均应后上车，先下车，以便照顾客人上下车。

（2）同坐于后一排：乘坐由专职司机驾驶的轿车，并与其他人同坐于后一排时，应请尊长、女士、来宾从右侧车门先上车，自己再从车后绕到左侧车门后上车。下车时，则应自己先从左侧下车，再从车后绕过来帮助对方。若车停于闹市，左侧车门不宜开启，则于右门上车时，应当里座先上，外座后上。下车时，则应外座先下，里座后下。总之，以方便易行为宜。

（3）分坐于前后排：乘坐由专职司机驾驶的轿车时，坐于前排者，大都应后上车，先下车，以便照顾坐于后排者。

（4）折叠座位的轿车：为了上下车方便，坐在折叠座位上的人，应当最后上车，最先下车。这是广为沿用的做法。

（5）乘坐多排座轿车：通常应以距离车门的远近为序。上车时，距车门最远者先上，其他人随后由远而近依次而上。下车时，距车门最近者先下，其他随后由近而远依次而下。

（6）乘坐三排九座车：一般应是低位者先上车，后下车。高位者后上车，先下车。

3. 举止

与其它人一同乘坐轿车时，即应将轿车视为一处公共场所。在这个

移动的公共场所里，同样有必要对个人的行为举止多加约束。具体来说，应当注意以下问题：

（1）不要争抢座位

上下轿车时，要井然有序，相互礼让。不要推推搡搡，拉拉扯扯，尤其是不要争抢座位，更不要为自己的同行之人抢占座位。

（2）不要动作不雅

在轿车上应注意举止，切勿与异性演出"爱情故事"，或是东倒西歪。穿短裙的女士上下车最好采用背入式或正出式，即上车时双腿并拢，背对车门坐下后，再收入双腿；下车时正面面对车门，双脚着地后，再移身车外。这样做的好处，是不会"走光"。若跨上跨下，爬上爬下，则姿态将极不雅观。

（3）不要不讲卫生

不要在车上吸烟，或是连吃带喝，随手乱扔。不要往车外丢东西、吐痰或擤鼻涕。不要在车上脱鞋、脱袜、换衣服，或是用脚蹬踩座位，更不要将手或腿、脚伸出车窗之外。

（4）不要不顾安全

不要与驾车者长谈，以防其走神。不要让驾车者听移动电话或看书刊。协助尊长、女士、来宾上车时，可为之开门、关门、封顶。在开、关车门时，不要弄出声响，夹伤人。在封顶时，应该一手拉开车门，一手挡住车门门框上端，以防止其碰人。当自己上下车、开关门时，要先看后行，切勿疏忽大意，出手伤人。

（五）乘坐飞机的礼仪

在所有正规的交通工具之中，飞机最为舒适，其档次也最高，已经成为最受欢迎的交通工具之一，但在乘坐飞机时，必须要认真遵守乘机礼仪。

1. 登机的时间

一般情况下，国内航班需提前半个小时到达机场，国际航班则要提前一个小时到达，以便留出时间托运行李、检查机票、身份证和其他旅行证件。因此乘坐飞机时，还需提前到达机场，为登机做好充分的准备。

2. 上机时不得违规携带有碍飞行安全的物品。通常规定：任何乘客均不得携带枪支、弹药、刀具以及其他武器，不得携带一切易燃、易爆、剧毒、放射性物质等危险物品。

3. 登机时应当认真配合例行的安全检查。在进行安全检查时，每位乘客都要通过安全门，而其随身携带的行李则需要通过监测器。如果有必要，对乘客或行李使用探测仪进行检查，或手工检查。不应当拒绝合作，或无端进行指责。

4. 飞行时务必要遵守有关安全乘机的各项规定。当飞机飞行期间，一定要熟知并遵守各项有关安全乘机的规定。当起飞或降落时，一定要自觉地系好自己的安全带，并且收自己所使用的面前的小桌板，同时将自己的座椅调直。当飞机受到高空气流的影响而发生颠簸、抖动时，也要将安全带系好，而切勿自行站立、走动。在飞行期间，移动电话、手提电脑、激光唱机、微型电视机、调频收音机、电子玩具、电子游戏机等电子设备，均严禁使用。违反者要受到法律制裁。

5. 乘坐飞机时需要对安全设备有一定程度的了解。在飞机起飞前，所有的客机均会由客舱乘务员或通过播放电视录像片，向全体乘客介绍氧气面罩、救生衣的位置及正确的使用方法，以及机上紧急出口所在的位置及疏散、撤离飞机的办法。对此一定要洗耳恭听，认真阅读，并且牢记在心。切勿乱摸、乱动机上的安全用品。偷拿安全用品或私开安全门，不仅有可能犯法，而且还有可能危及自己和其他乘客的生命安全。在从严要求自己方面，则应当注意处处以礼律己，处处以礼待人。上下飞机时，要注意依次而行。在机上放置自己随身携带的行李时，与其他乘客要互谅互让。在自己的座位上就座时，要维护自尊。不要当众脱衣、

脱鞋，尤其是不要把腿、脚乱伸放。当自己休息时，不要使身体触及他人，或是将座椅调得过低，从而有碍于人。与他人交谈时，说笑声切勿过高。不要在机上吸烟，或者乱吐东西。呕吐时，务必要使用专用的清洁袋。对待客舱服务员和机场工作人员，要表示理解与尊重。不要蓄意滋事，或向其提出过高要求。跟身边的乘客可以打招呼、或是稍作交谈，但不应影响到对方的休息。不要盯视、窥视素不相识的乘客，也不要与其谈论令人不安的劫机、撞机、坠机事件。

（六）乘船的礼仪

轮船上的舱位一般分为头等舱、一等舱、二等舱、三等舱、四等舱等，出行前大多提前售票，根据舱位的不同，票价也有差异，所以，在上船寻位时应对号入座，一人一座或一人一铺。如果没有买到有座号、铺号的船票，也就是散席船票，上船之后要听从船员的安排，在指定的地方休息，不要抢坐他人座位或铺位，这样做是不礼貌的。

上船时，要按排队的先后次序进入，尽可能早到一些，留出空余时间。与老幼病残孕者一同上船时，应礼貌地给其让路，必要时还应上前搀扶。上船过程中，不要相互推挤，以免发生危险。出于安全的考虑，应遵守乘船规定，不得随身携带易燃、易爆危险品，不携带动物。上船前积极配合安全检查人员，不要加以非议或拒绝。一般情况下，乘船时会对行李的重量有所要求，要严格遵守乘船规定，不要使行李超出规定重量，以免发生危险。

乘客们可在甲板上散步、观景，但不可闯入别人的房间，更不可游逛到"旅客止步"的场所。船长是客轮的首长，没有要事不要去打扰。服务人员是客轮上与旅客接触最多的工作人员，应对他们的服务表示尊重。

在对方没有邀请自己的情况下，不要私自探访别人的客舱。在凌晨、正午、深夜等休息时间，也不要探访其他客舱的朋友。

乘船出行途中，如果遇到难以想象的天灾人祸，应做到镇定自如，不要惊慌失措、乱跑乱闯、急不择路，这样对顺利脱险没有任何好处，反而影响逃脱的速度，打乱船内秩序，造成混乱。如果迫不得已离船，应听从船员指挥，按顺序下船并乘坐对方安排的交通工具。此时，应该与他人同心同德、齐心协力。与同船人共进退，共渡难关，一起和灾难作斗争，只有这样才有可能获得平安。

在即将下船时，应提前做好准备，收拾好行李，并主动、热情地与周围乘客道别，等待下船时，要相互礼让，按照顺序依次而下。与老幼病残孕者一起下船时，要礼貌让路，必要时可上前搀扶。下船过程中，要礼貌行走，不要你拥我挤、乱蹦乱跳，以免撞倒他人，发生不必要的危险。

（七）乘坐地铁的礼仪

地铁作为一种快捷的现代交通工具给我们出行带来极大的方便，不过我们在享受地铁带来的方便的同时，也应遵守乘坐地铁的礼仪及规定。

进入地铁站时，要正确使用自动扶梯，乘自动扶梯时，应靠右站稳，照顾好老人和小孩，不要在自动扶梯上追跑打闹或多人并排站在同一台阶上。按顺序排队买票，持票上车，不要损坏、丢失车票，这样既麻烦了自己又麻烦了别人。为了保持乘车秩序，同时也是为了节省时间，要排队候车。同时按照地面指示线排队，不要拥堵、挡道，以免影响下车的乘客。不要在站台边缘与安全线之间行走、坐卧、放置物品。如果遇到老弱病残孕和带小孩的乘客，应礼让他们，让他们排到自己的前面。等车时绝对不可以随意跳下、进入地铁轨道、涵洞。为了保证安全的需要，地铁列车进站时，等车停稳妥后，按照先下后上的顺序，有序上车。上下车时，要注意倾听开、关门时的提示警铃，不要抢上抢下，以免夹伤。

乘地铁时，应遵守地铁内的规定，不要携带易燃、易爆危险品，以免发生危险。车厢内不要吸烟，不要食用刺激性气味强的食品和带果皮壳的食品，禁止随地吐痰、禁止乱扔废弃物等，以免影响他人。不要携带宠物、家禽，以及有可能威胁他人人身安全或影响地铁设施安全的物品。更不要紧靠车门或用手抠门缝，以免发生意外事故。

为了使每位乘客舒适、轻松地出行，在乘坐地铁时，为保证安全，乘客应做到互相礼让，不要拥挤。不要把脚放在座位上妨碍其他乘客就座。乘车时遇到老幼病残孕乘客应主动搀扶并让座。爱护车厢内的环境卫生和公共设施。不要误用车厢内的紧急停车手柄，不要随意玩、按车厢内的警报器，以免造成混乱。

坐地铁的时候，由于地铁的座位都是相对的，因此如果女性的坐姿稍不注意就很失态。女性不要叉腿坐，男性坐地铁时也要特别注意身体不可叉开两腿后仰，或歪向一侧，也不要把两腿直伸开去反复不断地抖动。这些都是缺乏教养的表现。

下车时要提前到车门口等候，尤其是坐在里面的乘客，不要等车停了再往车门门口走，人很多的时候，容易下不来车。如果不小心将物品掉到地铁轨道上，不要跳下轨道去取，而应及时通知地铁内的工作人员，请他们帮忙解决。下车后，在地铁内应减少不必要的停留。禁止攀爬、跨越地铁护栏、围栏、栏杆等。爱护地铁车站内的自动售票机、出入口闸机。有秩序地从通道走出。

七、公共场合理应持有的修养

（一）餐馆用餐的礼仪

由于工作繁忙，为了方便，许多人喜欢去餐馆用餐。餐馆属于公共场所，要求人们注意自己的公众形象，注意餐馆礼仪。

到餐馆去用餐需要注意自己的形象，穿戴整齐、举止大方，不要袒胸露背地进入餐厅，当然，也不是要求人们在就餐时西装革履。

进入餐馆后，如果预先在餐厅订好了位子，到达餐厅时，可向服务人员说明情况，并请他将你引入位子。不要在人行道上停留过久，以免影响他人。如果没有预订位置，要请服务人员帮助安排。倘若餐厅的人很多，一时间没有空位置，应耐心等待，确实不能久等的，可以请服务人员帮忙解决，解决不了时，宁愿换一家餐厅也不能和服务人员或就餐人员发生争执。

作为消费者应尊重服务人员的人格，以平和、客气的态度对待他们，千万不要对其呼来唤去、提出过分要求或说些不堪入耳的话。如果出现问题，应当平心静气地说明情况。实在讲不通时，应请他们的领导来协调解决。

入座时要礼让，不要旁若无人，自己一屁股先坐下，也不要哄抢、多占位置。与异性共同进餐，女性应先就座。若与年长者共同进餐，则应谦让。随身携带的物品可放在桌上，如果旁边有空椅子，也可将物品放在椅子上，当有人没有位置时，应主动将物品拿起，给别人让位子。倘若在餐馆中遇到熟人，打招呼是必要的，但不要大呼小叫、拍拍打打。

如果想与对方交谈，可走到他的身边，轻声交谈。

就餐过程中，交谈的声音不要过高，没必要在餐桌上耳语，但你必须注意到餐厅里其他顾客，他们有权享受安静的用餐环境。调整你的语调以适应周围的环境，保持谈话的私密性。如果你的食物已经上了，但你却不喜欢，请记住饭菜也许不是服务生做的。尽可以让服务生拿下去换些别的，但别急着争辩。如果确实是食物的问题，记得在临走时提醒餐馆经理。

在公共场合要饮酒适量，不要因为饮酒过度而闹事，这样既会破坏餐馆的就餐气氛，又影响自身形象，给他人落下话柄。在喝饮料时要啜饮，啜饮前应先把口中食物嚼完咽下，并用餐巾擦拭嘴角，以免吸饮时在杯子上留下残渣。进餐时应闭嘴静静咀嚼，勿张大嘴说话，口中不要塞满食物。口内的鱼刺或其他骨刺可以用拇指与食指自合拢的唇间取出，果核则由口内吐出，吐在手掌上，然后放在盘子里。咖啡不要过度搅拌，汤菜及饮品不要溅到四周。喝汤时，先试温度，不可发出"嘶嘶"的声音。

如果有东西掉在食物上时，可用筷子或刀叉将其挑出放在盘边，并尽可能不要让人察觉。尽可能避免在众人面前剔牙，若实在想清理一下牙缝，不妨起身到洗手间漱口。假使你要打喷嚏或擦鼻涕的话，应该立刻用餐巾按住口、鼻，同时面向侧面，免得引起人家注意。

用餐结束后，要及时结账，不要坐在那没完没了地聊天，应赶快离开，不要影响后来的人就餐。离开时不要忘记对为你服务过的人员道谢。在他人旁边经过时，脚步要轻、保持肃静。

（二）图书馆的礼仪

图书馆是公共的学习场所，到图书馆借书或阅读的人，应共同维护公共秩序，为图书馆营造一个良好的学习氛围。

进入图书馆，必须穿戴整齐、干净、大方、得体，不要穿拖鞋、背心、短裤进入。不要带过多的私人物品进入，所带物品要按规定摆放或寄存。进入图书馆时要维持公共卫生和公共秩序，不要抢路、拥挤，要按次序进入。手机要处于关机或振动状态，不使其发出声响。走路时也要尽量少发出声音。不可在图书馆无事闲逛、追逐打闹、吃东西、嚼口香糖，也不要在任何地方留下垃圾。不吸烟、不随地吐痰。

保持良好的行为举止，不用任何东西占座，不把自己的包放在旁边暂时没有人坐的座位上，也不要在座位上休息或睡觉。就座时，移动椅子不要发出声音。看书以前最好能洗一洗手，以保持书的整洁。不要在桌椅上胡乱涂划雕刻。爱惜图书，图书要轻拿、轻翻、轻放。爱惜图书，不在书上注记或折页。在书架上找书时，要轻拿轻放。翻书时沾唾沫，这是十分不文明的行为。取看图书时应当小心谨慎，不要将旁边的书籍带落。如果对所取图书并不满意，应当及时放回原处，不要将之遗落在一边。不能因自己需要某种资料而损坏图书，私自剪裁图书。遇到有价值的资料，应与管理人员联系。书架图书应逐册取阅，不要同时占有多份。看完的书籍按照要求放在图书馆规定的位置。离开图书馆时把自己的位子清理干净，将座椅向书桌靠拢。在阅览室最好不与别人交谈。如果需要，当保持低音调，轻声交谈。

借书时应当排队等候，不要插队。不使用别人的借书证借书，也不要将自己的证件借给别人使用。不要在图书馆关门时仍然逗留徘徊。

（三）看演出时的礼仪

演出的气氛随着观众情绪的起伏而变化，给人们带来满足和享受，可是，过于激动的情绪容易造成现场混乱，所以，人们在观看演出时，还应控制自身情绪，注重礼仪规范。

观看演出时的着装要求整洁，不宜穿背心、拖鞋等。如遇有特殊要求的，应自觉遵守。

看演出前要排队买票，凭票进场，一般提早 15 分钟进场，对号入座。如果迟到，应先就近入座，或在外厅等候，等到幕间休息时再入场；如果入座时打扰了他人，应表示歉意。如果戴着帽子应摘下，以免影响后排观众。在演出时不要来回走动。

观看演出时，要尽可能保持安静，不大声说话或交头接耳；不随便走动；将手机关闭或调成静音状态；不吃带皮带壳和其他会发出声响的食物。

在看演出时，喝倒彩是最为不雅的行为。因为在这样的场合下，发出任何声音干扰其他人欣赏都是不礼貌的，即使是喝彩声也是被禁止的。如果对节目不满意，也不要与同伴相互低语，应在演出结束退场后再进行评价。在观看演唱会时，不要把垃圾留在座位上，应扔到指定的垃圾桶内。也可以随身带上一个小袋子，等到演出结束后把自己的节目单、喝水的纸杯、垫座位的报纸等各种垃圾装进袋子里带出场外，再扔到垃圾箱里。

一般不应中途退场。演出全部结束后，起立鼓掌；若演员出场谢幕，应再次鼓掌；谢幕结束后顺序退场。如遇嘉宾上台接见演员，应在接见仪式结束后再退场。

（四）观看球赛的礼仪

观看球赛虽说是休闲项目，但也应注意礼仪。

赛场衣着礼仪一般不会有规定服装的要求，但并不是说服装就可以任意选了，有教养的观众总是会出于礼仪自觉地做到服装整洁、大方。

入场前先排队购票，有序入场。迟到时，应迅速找到自己的位子，不要在人行道上停留太久，以免影响其他观众。入座后，要遵守赛场秩序，不抽烟、不吃带皮带核的食物，不乱扔废弃物。

观看球赛时，应控制好自己的情绪。不要因某队的一时胜负而过于激动，从而引发纷争。道德修养较高的人，在激动的时刻，能很好地控制自己。叫好加油时，不要发出刺耳的声音，以免影响他人和运动员的情绪。

在大型国际比赛赛场上，观众的表现不光是个人问题，还影响着国家形象。我们应当表现出自己的风度，在球场上讲究礼仪规范。比赛结束后，无论自己一方是胜是负都应以热烈的掌声向运动员表示感谢。倘若自己一方赢得了比赛，千万不要得意忘形。如果败了，不要谩骂球员、教练、裁判。比赛结束退场时，要遵守秩序，不要争先恐后；在人流拥挤处随着人流缓缓而出。出场后不要围观运动员，运动员在身边经过时，出于礼貌应为其让路，也可以向他们招手致意。

（五）看电影时的礼仪

电影院属于公共场所，出入公共场所需要讲究一些礼仪。

到影剧院以前，应穿上整洁、庄重的服装，女士可化淡妆，稍微喷一些香水，切忌香水喷得太多，以免影响他人看电影的心情。

买票时要排队，不要插队，最好不要请人代买。应提前到场，对号入座，如果迟到了，可以请服务员引导入座，行走时应放轻脚步，快速入座，入座时身体要下俯，防止遮挡他人视线。看电影时坐错位子是难免的。如果发生这种情况，要轻声真诚地向他人道歉。他人误认为你坐了他的位子时，应和气地请对方仔细查看座号。遇到熟人，不要大声与其交谈，轻轻点一下头或打一个手势就可以了。

看电影时应遵守电影院的规章制度，不吸烟、不吃带皮带核的东西、不随地吐痰、不乱扔废弃物、不高谈阔论、身体不左摇右晃、两腿不故意抖动、不随便脱鞋等。对看过的电影，不要指手画脚地为其他人讲解；热恋中的青年，应注意行为举止，不做过分亲昵的动作，以免有碍他人。中途离座时，要低头、弯腰、快速退场。演出结束时，要按照顺序退场，以免造成全场混乱。

（六）游乐园游玩应注意的礼仪

游乐园作为公共场所，往往是游人扎堆的地方，热门游乐项目往往会排很长的队伍等候进场游玩。此时，应当自觉按照先来后到排队等候，不要插队加塞，以免发生拥挤，造成混乱。游乐园里的设施一般是以动态项目为主，庞大机器在运转过程中，如果游人不遵守秩序抢上抢下，很容易造成身体伤害。因此，游人一定要注意安全，听从游乐园工作人员的指挥和疏导。遇恶劣天气或游艺、游乐设施机械故障时，积极配合游乐园工作人员采取的应急、应变措施。如果游客因为自己对游乐项自的玩法不了解，有不安全的行为，要接受工作人员的提示和纠正。

八、E 时代的沟通之道

Email，或称电子邮件，是 21 世纪最方便的工具，同时也是最容易给对方带来不好印象的工具。

虽然电子邮件是两个人之间的沟通，但我们在写邮件的时候，也要意识到这封邮件将来是有可能被公开的。

如果不懂使用礼仪，会让人反感和讨厌，使自己的形象受到损害。

电子邮件在给人们带来方便的同时，也带来了职场礼仪方面的新问题。我们都应当讲究有关电子邮件的礼节，别让电子邮件出笑话。

1. 标题要提纲挈领，切忌使用含义不清、胡乱写的标题，例如："嘿!"或是"收着!"

添加邮件主题是电子邮件和信笺的主要不同之处，在主题栏里用短短的几个字概括出整个邮件的内容，便于收件人判别邮件的轻重缓急，分别处理。尤其是回复的信件，要重新添加、更换邮件主题是要格外注意的环节，最好写上来自XX公司的邮件，年、月、日以便对方一目了然又便于保留。

2.电子邮件的文体格式应该类似于书面交谈式的风格，开头要有问候语，但问候语的选择比较自由，像"你好"、"Hi"，或者仅仅是一个简单的称呼，结尾也可随意一些，比如"以后再谈"、"祝你愉快"等；也可什么都不写，直接注上自己的名字。但是，如果你写的是一封较为正式的邮件，还是要用和正式的信笺一样的文体。开头要用"尊敬的"或者是"先生/女士，您好!"结尾要有祝福语，并使用"此致/敬礼!"这样的格式。

3.内容简明扼要，针对需要回复及转寄的电子邮件，要小心写在电子邮件里的每一个字，每一句话。因为现在法律规定电子邮件也可以作为法律证据，是合法的，所以发电子邮件时要小心，如果对公司不利的，千万不要写上，如报价等。发邮件时一定要慎重，还要定期重新审查你发过的电子邮件，评估其对商业往来所产生的影响。

4.一定要清理回复的内容。在美国加州有一位传播学专家摩根女士曾举例说：我最近收到一份电子邮件，其中包括了辗转收送的12个人之姓名，我实在没有必要知道这些讯息。有一个妙方就是寄信时采匿名附件收信者取代附件收信者方式，或是在转寄之前删除一切无关紧要或重复的内容，例如：原件中摘要部分之主题、地址及日期等。

注意回答问题的技巧。当回件答复问题的时候，最好只把相关的问题抄到回件，然后附上答案。不要用自动应答键，那样会把来件所有内容都包括到回件中；但也不要仅以"是的"二字回复，那样太生硬了，而且让读的人摸不着头脑。对方给你发来一大段邮件，你却只回复"是的"、"对"、"谢谢"、"已知道"等字眼，这是非常不礼貌的。怎么着也要凑够10个字，显示出你的尊重。

5. 合宜地称呼收件者，并且在信尾签名。虽然电子邮件本身已标明了来自哪方，寄与何人，但在邮件中注明收信者及寄件者大名乃是必须的礼节，包括在信件开头尊称收信者的姓名，在信尾也注明寄件者的姓名以及通讯地址、电话，以方便收信者未来与你的联系。越是在大型的公司，你越是要注意在自己的邮件地址中注上自己的姓名，同时在邮件的结尾添加个人签名栏。人们通常会把邮件转发给过多的人，打开邮件箱你可能发现有一半的邮件是与你无关的，删除它们费时费力，所以在转发前要做一下整理，把邮件的数量控制在最小。条件允许的话要每天检查自己的邮箱，及早回复邮件。重要邮件发出后要电话确认。另外，重要的机密和敏感的话题不要使用电子邮件，因为它不能保证严守机密。

6. 结尾签名。每封邮件在结尾都应签名，这样对方可以清楚的知道发件人信息。虽然你的朋友可能从发件人中认出你，但不要为你的朋友设计这样的工作。

7. 要区分收件人、抄送人、秘送人。

（1）收件人是要受理这封邮件所涉及的主要问题的，理应对邮件予以回复响应。

（2）而抄送人则只是需要知道这回事，抄送人没有义务对邮件予以响应，当然如果抄送人有建议，当然可以回 Email。

（3）而秘送人是秘送，即收信人是不知道你发给了秘送的人了的。这个可能用在非正规场合。

（4）收件人和抄送人中的各收件人的排列应遵循一定的规则。比如按部门排列，按职位等级从高到低或从低到高都可以。适当的规则有助于提升你的形象！

（5）只给需要信息的人发送邮件，不要占用他人的资源。

（6）转发邮件要突出信息，还应对转发邮件的内容进行修改和整理，以突出信息。

8. 主动控制邮件的来往

为避免无谓的回复，浪费资源，可在文中指定部分收件人给出回复，或在文末添上以下语句："全部办妥"、"无需行动"、"仅供参考，无需回复"。

第三堂课

社会交往，让你有礼走遍天下

社交礼仪是指在人际交往、社会交往和国际交往活动中，用于表示尊重、亲善和友好的首选行为规范和惯用形式。社交礼仪具有广泛的内涵，包含着会面、邀请、接待、交谈、拜访、赠受、舞会等社交方面。掌握和运用社交礼仪知识，能够大大提升自己的社交魅力。

一、出门在外，别忘了带上礼仪

（一）问候礼节礼仪

问候就是在与他人相见时，以专用的语言或动作向他人询安问好，表示善意的一种常规的致意形式。在社交活动中需要问候对方时，应注意以下三个问题：

1. 规范问候内容

问候的内容是丰富多彩的，可因人、因时、因事而有所区别。如每天不同时间问候客人："早上好！""中午好！""下午好！""晚上好！"和"晚安！"与宾客见面时应主动说："您好，欢迎您到来！""您好，欢迎光临！""您好，见到您很高兴！"等等；与多位宾客会面时，可统一对其问候，不再一一具体到每个人，例如可说"大家好！""各位早上好！"遇到生日、节日等喜庆日子，应说"祝您生日快乐！""祝您节日快乐！""新年好！"等等；向客人道别或给宾客送行时，一般问候语是："祝您一路平安！""谢谢光临，欢迎再来！"

2. 讲究问候顺序

社交活动中会面问候的先后顺序是颇有讲究的：主人应先问候客人；职位低者先问候职位高者；晚辈先问候长辈；男士先问候女士。在向多人问候时，按惯例可以"由近而远"或"由尊而卑"依次进行，若对方首先向自己进行问候，则应立刻回应。

3. 注意问候态度

问候客人态度要热情、友好、真诚，做到"眼到"、"口到"、"意到"。问候时一定要正视对方的双眼，来表示自己全神贯注；声音清晰响亮，表现内心真诚；面带微笑，显示衷心欢迎。

问候语里蕴涵着对对方的尊敬之意和关心、关怀之情，适时恰当的问候能为人与人之间的友好相处搭起一座情感的桥梁。

（二）握手礼仪

握手是人际交往中常见的一种礼仪。握手作为一种社交礼仪是有一定讲究的。行握手礼时，一般应与受礼者有一步之远，起身两脚立正，上身略微前倾，伸出右手，四指并拢，拇指张开，掌心向内，手的高度大致与对方腰部上方持平，注视对方，面带微笑，专心致志，深情一握，微微上下摆动几下，以示真诚和热情，同时讲问候语和敬意语。

同时应该注意以下礼节。

1. 握手的时机。会面、道别皆握手，此时无声胜有声。但何时握手，却是一个微妙的问题，它涉及双方的关系、现场的气氛和交往的发展。所以，交往中应该适时把握时机，热情握手。

2. 握手的次序。握手的次序取决于不同的场合。一般来说，在公务场合握手的次序主要取决于职位、身份；在社交休闲场合主要取决于年龄、性别、婚否。握手遵循先后顺序原则才符合礼仪规范。

3. 握手时间、力度。握手力度要因人而异，把握分寸，既不能有气无力，也不可过分用力，以不轻不重、适度为好。一般而言，与亲朋故旧握手时，力度可稍大些；与初识、异性握手时，力度要稍小些，也不能握得太紧。若握得太轻，会使对方感到你傲慢或缺乏诚意；若握得太紧，用力过大，会使对方觉得你粗鲁、轻佻、不庄重。

握手时间的长短应根据对方的身份和关系来定。初次见面者，握手时间一般控制在2～5秒钟以内，尤其与异性握手时间不宜过长，否则是失礼的表现。

握手，是见面时最常见的礼仪。因为不懂握手的规则而遭遇尴尬的场面，是谁也不愿意遇到的。行握手礼是一个并不复杂却十分微妙的问题。作为一个细节性的礼仪动作，做得好，它好像没有什么显著的积极效果；做得不好，它却能突兀地显示出负面效果。

（三）鞠躬的礼仪

行鞠躬礼时必须用右手握住帽前檐中央，将帽取下，双手垂放，双脚立正，双目凝视受礼者，然后上身弯腰前倾。男士在鞠躬时，双手应放在大腿两侧的裤线稍前的地方。女士则应将双手放在身前腹部处轻轻搭在一起，也可放在正前方。行鞠躬礼时，头和颈部要处于自然状态，以腰为轴上身前倾，视线随着鞠躬动作自然下移，礼后起身迅速还原。另外，行礼时要表情严肃，忌手中拎东西，施礼后与对方交谈时，不必马上戴上帽子。

一般来说，行鞠躬礼时，下弯的幅度越大和次数越多，即表示敬重的程度越大，但也要注意场合，根据具体情况而定。一般问候、打招呼时应施 15°左右的鞠躬礼，迎客与送客时分别行 30°与 45°的鞠躬礼，喜庆场合行 40°左右的鞠躬礼，这些场合一般只需要行礼一次。唯在追悼会时才采用较大幅度的三鞠躬礼。

当别人向你行鞠躬礼时，同辈之间无论男士、女士双方都应以鞠躬还礼，而长辈对晚辈，上级对下级，女士对男士，还礼可以不鞠躬，而用欠身、点头、微笑示意以示还礼。

行鞠躬礼时，最重要的是心诚，即由衷地敬重对方才能得体。鞠躬的要领是"礼三息"，即：第一，吸一口气后弯下上半身（或低头）；第二，在吐气时间内完成鞠躬礼；第三，在吸气中抬起上半身和头，恢复行礼前的姿态。

鞠躬的礼节源自中国，但现在作为日常见面礼节在中国已不多见，如今的鞠躬多出现庄严肃穆、喜庆欢乐的仪式场合，或用在向他人表示感谢、领奖、演讲结束、演员谢幕，以及婚礼、悼念等特殊场合。

（四）脱帽的礼仪

在国际交往中，每逢正式场合以及一些社交场合，人们往往会向自己的交往对象行脱帽礼。所谓脱帽礼，是指以摘下本人所戴帽子的方式，来向交往对象致意。

行脱帽礼时，戴制服帽者，通常应双手摘下帽子，然后以右手执之，端在身前。戴便帽者，则既可完全摘下帽子，又可以右手微微一抬帽檐代之。不过越是正规之时，越是要求完全彻底地摘下帽子。

通常情况下，男士与人见面时，应摘下帽子或举一举帽子，并向对方致意或问好；若与同一个人在同一场合多次相遇时则不必反复脱帽。在进入他人居所时，客人必须脱帽。与人交谈、握手或行其他会面礼时必须脱帽。在升降国旗、演奏国歌等庄重、正规场合，应自觉脱帽。

本着"女士优先"的精神，一般准许女士在社交场合内不必摘下帽子，而男士则不享有此项特殊待遇。

（五）拥抱礼仪

在西方，特别是在欧美国家，拥抱礼是一种十分常见的见面礼和道别礼。多用于官方或民间迎送宾客或表示慰问、祝贺、致谢等场合。

拥抱礼视场合和关系的不同，可分为热情拥抱和礼节性拥抱两种。但无论是哪种拥抱礼都要注意掌握规范的姿势：两人正面对立，右手环抚于对方的左后肩，左手扶住对方右腰后侧。首先各向对方左侧拥抱，然后各向对方右侧拥抱，最后再一次各向对方左侧拥抱，礼毕。拥抱时，还可以用右手掌拍打对方左臂的右侧，以示亲热。

抱礼在我国社交礼仪中尚不多用，不过在亲密朋友相互表示祝贺、慰问、道别时也有采用拥抱礼。

（六）吻礼

吻礼一般分亲吻礼和吻手礼两种。

1. 亲吻礼

行此礼时，往往与一定程度的拥抱相结合。不同身份的人，相互亲吻的部位也有所不同。一般而言，夫妻、恋人或情人之间，宜吻唇；长辈与晚辈之间，宜吻脸或额；平辈之间，宜贴面。在公开场合，关系亲密的女子之间可吻脸，男女之间可贴面，晚辈对尊长可吻额，男子对尊贵的女子可吻其手指或手背。非洲某些部族的居民，常以亲吻酋长的脚或酋长走过的地方为荣。在古罗马与古波斯等国，同阶级的人可以吻唇，不同阶级的人只能吻面。

西方现代的亲吻礼，在欧美许多国家广为盛行。美国尤其盛行此礼。法国人不仅在男女间，而且在男子间也多行此礼。法国男子亲吻时，常常行两次，即左右脸颊各吻一次。比利时人的亲吻比较热烈，往往反复多次。

遇到喜事或悲伤时，一般也行亲吻礼，以示真诚祝贺或慰问。行贴面亲吻礼时，应先贴一次右侧，再贴一次左侧。

2. 吻手礼

吻手礼的受礼者只能是已婚妇女。男士对尊贵的女士表示尊敬时，可亲吻女士的手背或手指，但手腕及其以上部位是行礼时的禁区。在行吻手礼时，男士应走到女士面前，立正垂手致意。女士若将右臂微微抬起，则暗示男士可行吻手礼，这时男士以右手或双手轻轻捧起女士的右手，并俯身弯腰使自己的嘴唇象征性的去触及女士的手背或手指。行亲吻礼时一定要稳重、自然，落落大方，但不能发出"吮"的声音，吻后抬头微笑相视，再把手放下。如果女士没将右臂抬起，则不行此礼。行吻手礼时，若女士身份地位较高，男士要弯腰作半跪式，再抬手吻之。

吻礼多见于欧美和阿拉伯国家，是人们表达爱情、友情、亲情的一种见面礼。

（七）合十礼、拱手礼、点头礼

合十礼

行合十礼时，双掌十指在胸前相对拼合，五指并拢向上，掌尖与鼻尖基本齐高，手掌向外倾斜，双腿立定，笔直站立，上身微欠低头。行礼时，合十的双手举得越高，越体现出对对方的尊重，但原则上不可高于额头。

行合十礼时，可以口诵祝词或问候对方，也可以面带微笑，但不可手舞足蹈，或反复点头。在交往中，当对方用合十礼行礼时，则应以合十礼还礼。

拱手礼

拱手礼是我国民间传统的会面礼。目前主要在团拜、向长辈祝寿、向亲朋好友喜庆祝贺、向他人表示深切感、与海外华人初次见面表示久仰大名等场合采用此礼。

行拱手礼时应起身站立，上身挺直，双臂前伸，双手在胸前高举抱拳（左手包在右手之外），自上而下或由内而外，有节奏地晃动两三下。

点头礼

点头礼一般是同级或平辈间在以下一些场合运用：路遇熟人，又不便交谈时；在会场、剧院、歌厅、舞厅等不宜交谈之处；在同一场合多次见面时；遇上多人而又无法一一问候时。行点头礼时，面带微笑轻轻点一下头即可。行点头礼时应该不戴帽子。行点头礼虽然动作很简单，但无限深情尽在不言中，其作用是不可忽视的。

不同的民族有不同的见面礼节，我们在社会交往中要根据不同的对象选择不同的见面礼节，千万不可乱用，以免弄出尴尬的事情。

（八）他人介绍礼仪规范

作为介绍者在为双方介绍时，要注意以下礼节：

1. 遵守"尊者优先知情"的规则，按顺序逐一介绍。

2. 要讲究介绍的礼仪，为人们介绍时，最好先说明一下："请允许我来介绍一下……""很荣幸向大家介绍……"之类的介绍词，切勿上去开口就讲，让人感到突如其来，措手不及。

3. 要根据社交的场合、目的的不同，采用恰当的介绍方法。比如，是简介式的还是复杂式的；是强调式的还是平叙式的；是引见式的还是推荐式的，等等，不可千篇一律。

4. 介绍的程度应是双方对称的，不可厚此薄彼，否则是失礼的。

5. 要掌握分寸，实事求是，特别是涉及的职务、职称、头衔等一些最基本的信息，一定要真实、准确。

6. 介绍别人时，仪表要端庄，表情应自然，手势动作要文雅，除拇指外四指合拢，伸出手掌用指尖所指的方向示意，而不能直接伸出食指、用一个指头进行指示，且眼神要随着手势转向被介绍人，并向另一方点头微笑。

7. 介绍时不能背着任何一方，跟谁讲话，眼睛就要注视谁。

8. 介绍他人时不要使用易生歧义的简称，也不要使用捉弄人的话语。

介绍是人们在社交活动中最常见的礼节，是人们在社会活动中相互结识的最基本形式。介绍的作用在于它能缩短人与人之间的距离；加快人与人之间的彼此了解；可以消除不必要的误会；在素不相识的人与人之间起沟通的作用。

（九）自我介绍的礼仪规范

自我介绍，即将本人介绍给他人。从礼仪上讲，作自我介绍时应注意下述问题：

1. 要抓住时机，在适当的场合进行自我介绍，对方有空闲，而且情绪较好，又有兴趣时，这样就不会打扰对方。

2. 态度一定要自然、友善、亲切、随和，镇定自信、落落大方、彬彬有礼，又不能虚张声势，轻浮夸张，以表示自己渴望认识对方的真诚情感。

3. 自我介绍时还要简洁，言简意赅尽可能地节省时间，以半分钟左右为佳。不宜超过一分钟，而且愈短愈好。为了节省时间，作自我介绍时，还可利用名片、介绍信加以辅助。

4. 自我介绍的内容包括三项基本要素：本人的姓名、供职的单位以及具体部门、担任的职务和所从事的具体工作。这三项要素，在自我介绍时，应一气连续报出，这样既有助于给人以完整的印象，又可以节省时间，不说废话。自我介绍要真实诚恳，实事求是，不可自吹自擂，夸大其辞。

5. 进行自我介绍，应先向对方点头致意，得到回应后再向对方介绍自己。如果有介绍人在场，自我介绍则被视为不礼貌的。

在人际交往中如能正确地利用自我介绍，不仅可以扩大自己的交际范围，广交朋友，而且有助于自我展示、自我宣传，在交往中消除误会，减少麻烦。

（十）名片礼仪

1. 递送名片的礼仪

在社交场合，如果递送名片，必须在场的每一个人都要送到，不能只送这个而不送那个。

在社交活动中，遇到下列情况时，需要将自己的名片递给对方，或与对方交换名片：第一，表示自己重视对方；第二，被介绍给对方；第三，对方提议交换名片；第四，对方向自己索取名片；第五，初次登门拜访对方；第六，通知对方自己变更情况；第七，打算获得对方的名片。

递送名片时，态度要谦恭、诚恳，举止要文明、礼貌。一般情况应起身站立，走向对方，用双手的大拇指和食指拿住名片上端的两个角，名片正面朝向对方，双手递上，眼睛注视对方，并真诚地说"请多指教"、"请多关照"、"请多联系"。递送名片，切不可用左手，也不能用手指夹着名片递给别人。

名片递送有着一定的顺序。当同时与多人交换名片时，要注意"先尊后卑"和"由近而远"的顺序依次递送。切不可挑三拣四，采用"跳跃式"的方法，特别忌讳向同一个人重复递送名片。

2. 接受名片的礼仪

接受名片时态度要恭敬，举止要得体。当他人把名片递送过来时，要立即停止手中的工作，应尽快挺身起立，微笑着注视着对方，并双手或以右手捧接。接过名片后可以说"谢谢"，随后有一个阅读名片的过程，阅读时可将对方的姓名、职衔念出声来，并注视着对方，使其产生一种受重视的满足感。其后，回敬一张本人的名片，如身上未带名片，应向对方表示歉意。在对方离去之前，或话题尚未结束时，不必急于将对方的名片收藏起来。

名片作为一种社会交际工具，早在我国西汉时期就已经开始流行了。当今，交换名片更是社交场合中一种重要的自我介绍方式。为了更好地发挥名片在社交中的作用，应该特别注意递送和接受名片的礼仪。

（十一）称呼礼仪

1. 生活中的称呼礼仪

（1）对亲属的称呼礼仪

对亲属的称呼可根据不同的情况采取敬称或谦称，但必须合乎常规，合乎礼仪。

对本人的亲属可采用谦称。对辈分或年龄高于自己的亲属，称呼时可在其称呼前加"家"字，如"家父"、"家兄"等。对辈分或年龄低于自己的亲属可直呼其名，或使用其爱称。在家庭内直接称呼时，不必加"家"。

对他人的亲属应采用敬称。对其长辈可在其称呼前加"尊"字，如"尊母"、"尊兄"等。对其平辈或晚辈，可在称呼前加"贤"字，如"贤兄"、"贤妹"、"贤侄"等。

（2）对朋友、熟人的称呼礼仪

对长辈和平辈称呼时，应用"您"来称呼，以表示对对方的尊敬之意。

对德高望重的年长者和资深人士进行称呼时，可在其姓名后加"公"或"老"字，如"李公"、"王老"等。

对有身份者和年长者，可用"先生"相称，在"先生"之前加上被称呼者的姓氏，如"郑先生"、"唐先生"等。

对邻居、至交可以用类似有血缘关系的称呼来称谓，以示亲切。如"大爷"、"伯伯"、"阿姨"、"大姐"等。

平辈之间，熟人之间，可以直接以姓名来称呼对方。为了表示亲切，可以在被称呼者的姓氏前加上"老"、"大"、"小"字，而不直呼其名，如"老柳"、"大罗"、"小张"等。

2. 工作中的称呼礼仪

（1）称呼方式

工作中的称呼方式主要有以下几种：

①职务性称呼。职务性称呼具体有三种情况：一是仅称呼其职务；二是在职务前加其姓氏；三是在职务中加其姓名。

②职称性称呼。职称性称呼具体也有三种情况：一是仅用职称称呼；二是在职称前加上姓氏；三是在职称前加上姓名。

③学衔性称呼。学衔性称呼具体有四种情况：一是仅称学衔；二是在学衔前加上姓氏；三是在学衔前加上姓名；四是根据社交场合的具体需要，将学衔具体化进行称呼，如"经济学博士李华"、"管理学硕士张进"等。

④行业性称呼。行业性称呼具体有两种情况：一是用其职业进行称呼，如"王老师"、"贾律师"、"郑医生"等；二是对商业、服务行业的人员按约定俗成的称呼，如"小姐"、"女士"、"先生"等。

（2）应注意的问题

在交往中称呼他人时要注意避免以下几个问题：

①避免使用错误的称呼。如将未婚女性称为"夫人"等。

②不要使用过时的称呼。如用"长官"、"大人"等称呼政府官员等。

③避免使用地域性称呼造成误会。如山东人喜欢称人"伙计"，南方一些地方喜欢将小孩子称为"小鬼"，湖南人喜欢将妻子称为"堂客"等，这些对不同地区的人来说容易造成误会。

④不要使用不当行业称呼。一些特定行业的称呼在其他行业使用，不但不能表示亲近，反而会令人产生反感。

⑤避免使用庸俗低级的称呼。如正式场合，不能使用"兄弟"、"哥们儿"、"姐们儿"等一类的称呼。

⑥不要使用绰号称呼。使用绰号称呼对别人不礼貌，不尊重。

⑦不要使用侮辱性、歧视性的称呼。

称呼是人们在社会交往中所采用的彼此之间的称谓语。选择准确、敬重的称呼，既能体现对对方的尊重，又能反映自身的修养，因此在社交活动中要十分注意称呼礼仪。

（十二）拜访礼仪

1. 遵时守约。要按事先约定的时间如期赴约，不要迟到。万一因故不能准时到达，务必及时通知对方，并在到达时郑重向对方致歉。

2. 礼貌登门。登门拜访要注意进门、问候、服饰、入座等礼仪。

3. 做客有礼。无论是到办公室还是寓所拜访，一定要做到彬彬有礼，衣冠整洁，谈吐得体。进入室内，应该先敲门或按门铃，待到有回音或有人开门相让，才可以进门，入室前，有鞋垫要先在鞋垫上擦净鞋底，不要把脏物带进室内。带有帽子或墨镜，进入室内应该脱下帽子和墨镜。当主人上茶时，应欠身双手相接，并致谢。喝茶应慢慢品饮，不要一饮而尽。不要随便抽烟并把烟灰，纸屑等污物随意扔在地上或茶几上。不要翻动别人的书信和工艺品。

4. 交谈技巧。入座寒暄后，要主动开始谈话，珍惜会见的时间。在交谈过程中，谈吐要清晰，用词要准确，既要表达自己的观点，又要认真倾听对方谈话的内容，观察对方情绪变化，并注意对应，不要急于出示你随身所带的资料，只有在对方感兴趣时才可出示。谈话要精练，注意把握好时间。如对方谈兴正浓，交谈时间可适当长些，反之则短些。在谈话时要诚实，坦率，有节制，始终要保持相应的热情。如果对方资历比你浅，学识比较低，你要格外留心自我优越感的外露。为了避免对方自愧不如，在介绍自己时应谨慎一些，交谈中切忌出现说教口气。

5. 适时告辞。拜访一般不宜久留，谈完该谈的事，叙完该叙的情，就应及时起身告辞。特别如果遇到以下几种情况，应及时告辞，以免妨碍他人办事。一是对方话不投机，或是与你谈话时主人反应冷淡；二是主人有反复看钟表的动作；三是主人心不在焉，或时有长吁短叹，有急事心情烦躁；四是主人将双肘抬起，双手支于椅子的扶手时；五是被拜访者把谈话做了小结，并说出以后再继续交流的话；六是快到就餐时间或休息时间。

拜访是公关活动中的一种重要形式，也是社交的一种重要手段。人与人之间、社会组织之间、个人与组织之间都是必不可少的。那么怎样让拜访做得更得体、更具效果，是必须考虑的事情。

（十三）接待礼仪

1. 精心准备

无论是单位接待还是个人接待，都要记清来访者的基本情况和到访的日期以及具体的时间，制定迎送来宾的具体计划，精心挑选迎送来宾的接待人员，并根据接待规格、接待规范，事先做好场地、接站、食宿和交通工具等准备工作；按照客人年龄、性别、爱好备好茶水、果品和点心等待客的必备物品；做好个人仪容仪表方面的准备工作，创造一个舒适的待客环境，营造一个良好的会面氛围，使客人有"宾至如归"的亲切感。

2. 热情迎客

俗话说："出门看天气，进门看脸色。"所以，主人对任何客人态度要亲切，不管对方是什么样的人，都应一视同仁。对于来访的客人，主人可根据情况亲自或派人提前到大门口、楼下、办公室或住所门外等处等候迎接，迟到是很不礼貌的。对远道而来的客人，可告知对方后主动到车站、码头、机场迎接。接到客人时，应致以问候和欢迎，同时作自我介绍。

客人到来时要立即请客人入室，室内的人都应起身相迎，切不可端坐不动。主人要热情相迎，亲切招呼，主动地同客人握手问候，表示欢迎，对所有的客人都要一一招呼，热情相待。如客人带有重物，主人应主动接过来，对年长者或身体不太好的客人应上前搀扶。主人要主动帮客人脱下外衣、帽子，并放在适当的位置。如有同事、亲朋在场，主人也要一一介绍。然后安排引导客人就座，要把最佳的"上座"位置让给客人坐。

3. 周到待客

客人入座后，应及时给客人敬茶、敬烟，呈上果品、点心等。茶水与果品应双手送上，烟要亲自为客人点火。茶具要洁净，茶水浓度要适中，茶水量以八分满为宜。敬茶应从客人的左边上茶，右手递上，按级别或长幼依次敬上。

交谈时要以客人为中心，紧扣主题，并注意谈话的态度和语气，要认真聆听客人的谈话，并适时地以点头或微笑做出反应，对客人的谈话要表示出浓厚的兴趣。切不可无精打采，心不在焉，或频频看表，或打哈欠，或边谈话边看电视，以免对方误解为你在逐客。

4. 礼貌送客

既要热情迎客，更要礼貌送客。送客重在送出一份友情，送客礼貌到位，能进一步提高整个接待工作的效果。

无论接待什么样的客人，当客人提出告辞时，主人应婉言相留，表示希望客人再坐一会儿；如客人执意要走，要尊重客人的意见，不要强行挽留，以免客人为难。客人起身告辞并主动与主人握手道别时，主人要送客到大门口或楼下，分手时应热情地招呼客人"慢走"、"走好"、"再见"、"欢迎再来"等。送别时要行注目礼，并挥手致意，目送客人远去，等客人的身影消失后再返回。

如果是远方来的客人，最好把客人送到机场、车站或码头，并为客人准备一些旅行中吃的食品。送客到机场，最好要等客人通过安检后再返回。送客到车站或码头，要等火车启动、轮船驶离，方可离开，要使客人产生强烈的恋恋不舍的心情。如果有事不能等候，应向客人解释原因，表示歉意。如果客人"坚决"谢绝主人相送，则可遵客意，不必"强行送客"。

接待和拜访一样，同样可以提高工作效率、交流感情、沟通信息的作用，是个人和单位经常运用的社会交往方式。在接客、待客、送客的过程中，怎样才能礼貌周到地接待来客，又不会因此影响到工作呢？这就需要根据来客身份，并讲究一定的礼仪规范。

二、来而不往非礼也

（一）送礼的时机与方式

礼物一般应当面赠送。但有时参加婚礼，也可事先送去。礼贺节日、赠送年礼，可派人送上门或邮寄。这时应随礼品附上送礼人的名片。也可手写贺词，装在大小相当的信封中，信封上注明受礼人的姓名，贴在礼品包装皮的上方。

通常情况下，不要当众只给一群人中的某一个人赠礼。那样做不但会使受礼人会有受贿和受愚弄之感，还可能让没有受礼的人有受冷落和受轻视之感。

给关系密切的人送礼也不宜在公开场合进行，以避免给公众留下你们关系密切完全是靠物质的东西支撑的感觉。只有礼轻情义重的特殊礼物，表达特殊情感的礼物，才适宜在大庭广众面前赠送。因为这时公众已变成你们真挚友情的见证人。如一本特别的书，一份特别的纪念品等。

有些人费尽心思的挑好了礼品，但又不知道怎么去送给对方，怎么送合适，怎么送得体，其实非常简单，以下送礼方式不妨作为参考。

1. 邮寄赠送。礼品一般都要附一份礼笺。在礼笺上，既要署名，又要用规范的语句说明赠送礼品的缘由。

2. 托人赠送。即委托第三者代替自己将礼品送达受赠对象手中。当本人不宜当面赠送礼品时，采用这种形式可以显示自己对此十分重视，或者可以避免对方的某些拘谨和尴尬。不过，所托之人在转交礼品时，一定要以恰当的理由来向受赠对象解释送礼人何以不能当面赠送礼品。礼品上最好也附有一份礼笺。

3. 当面赠送。这是一种最为常见的赠送礼品形式。其好处是，可以在赠送礼品时随机应变，或畅叙情义，或介绍礼品的寓意，或演示礼品的用法，有助于充分发挥赠礼的作用。

（二）送礼的选择

1. 要有特色。首先，送礼之前，应对受礼人的爱好、习惯了如指掌，千万不要不知对象，盲目送礼，否则起不到礼物应有的作用。其次，也可选择一些具有一定纪念意义的、有一定艺术性和趣味性的礼品，如，给喜欢集邮的人送上一套珍贵的邮票，给喜欢音乐的朋友送上几张 CD 唱片等，都是富有情趣又值得纪念的珍贵礼品，往往能带给对方意外的惊喜。

2. 不可太贵重。俗话说："礼轻情谊重。"送礼未必要贵重，太贵重的礼物会增加受礼人的心理负担，而且还有"重礼之下必有所求"之嫌。

3. 精心包装。送给他人的礼品，一定要精心包装。即用专门的纸张包裹礼品，或是把礼品装入特制的盒子、瓶子之内。进行包装时，要讲究材料、包封、图像及捆扎、包裹的具体方式。在信奉基督教的国家中，应避免把丝带结成十字交叉状。

因人因事因地送礼，是社交礼仪的规范之一，对于礼品的选择，也有一定的要求，要慎之又慎才好。

（三）送礼的禁忌

1. 送太贵重的东西给不熟悉的朋友：对方会觉得还不了这个人情，甚至怀疑你别有所图。

2. 送十分私密的礼物给不太熟的朋友：对交情不够深的朋友，最好不要送一些有"暗示性"的礼物，如贴身衣物、领带。前者，适用于亲密关系的朋友；后者则会让人误以为你想"套牢"他哩！

3. 送给公务员朋友、老师的礼，最好不要太贵重，或者，送礼时最好直接送到对方居所，不要在工作场所赠礼，以免有"贿赂他人"之嫌。

4. 切莫送一些会刺激别人感受或禁忌的东西。例如，送给一位基督徒一尊佛像，就算那是一件古玩也是不妥的；送给老一辈的长者钟（与终谐音）也在禁忌之列。不过新一辈的人对于送"钟"、"伞"这类的忌讳不大，若真想避免这类不吉利的谐音字，可以在送礼时，向受礼者要一块钱，表示这份礼是他用一块钱"买"的，避去"送钟"、"送伞"的意思。

在经济日益发达的今天，人与人之间的距离逐渐缩短，接触面越来越广，彼此送礼的机会也随之增加。但送礼也有大学问，送礼要送得双方皆高兴可不容易呢！有时候我们一份辛辛苦苦寻觅的礼物，却因为触犯他的禁忌，而让对方不悦甚至生气，真的是很冤枉！

（四）接礼的礼仪

1. 双手捧接。当他人有礼相赠时，不管自己在做什么事，都应立即中止。起身站立，面向对方，以便有所准备。在对方取出礼品预备赠送时，不应伸手去抢，询问，或者双眼盯住不放。这个时候风度很重要。

在赠送者递上礼品时，要尽可能地用双手前去"迎接"。不要一只手去接礼品，特别是不要单用左手去接礼品。在接受礼品时，勿忘面含微笑，双目注视对方的两眼。接过来的若是对方所提供的礼品单，则应立即从头至尾细读一遍。

2. 表示感谢。对礼品赞不绝口是不够的。在双手接过他人礼品的同时，还应向对方立即道谢。同时，受礼者还可以说一些动听的话或者至少是令人开心的模棱两可的话，如，可以感谢送礼人所花费的心血"你能想到我太好了""你竟然还记得我收集邮票"等。

3. 当面拆封。如果现场条件许可，时间充裕，人数不多，礼品包装考究，那么，在接过他人相赠的礼品之后，应当尽可能地当着对方的面，将礼品包装当场拆封。它表示自己看重对方。同时也很是看重获赠的礼品。在启封时，动作要井然有序，舒缓文明，不要乱扯、乱撕、乱丢包装用品。

4. 表示欣赏。拆开包装之后，要以适当的动作和语言，表示对礼品的欣赏。千万不要拿礼物开玩笑，除非那是一件恶作剧的礼物。

5. 写感谢信。在口头表达感谢之外，别忘了写封感谢信，这表明你花了一些时间，就像送礼人花费时间来挑选礼物一样。

中国人一向崇尚礼尚往来，在社交活动中有赠礼当然也有接礼之时，接礼与赠礼一样有着很多礼仪讲究。

（五）拒礼的方法

1. 直言缘由。即直截了当地向赠送者说明自己之所以难以接受礼品的原因。

2. 事后退还。有时拒绝他人所送的礼品，若是在大庭广众之前进行，往往会使受赠者有口难张，使赠送者尴尬异常。遇到这种情况，可采用事后退还法加以处理，即当时接受下来礼品，但不拆启其包装，事后尽快单独将礼品物归原主。时间一般在 24 小时之内。

3. 婉言相告。采用委婉的、不失礼貌的语言，向赠送者暗示自己难以接受对方的礼品。如，当对方向自己赠送复读机时，可告之"我已经有一台了"。

礼尚往来，本是件好事，一般情况下，不论你怎样看待送你的这件礼物，最好表示谢意并接受它。当然，送礼目的性太强的，不怀好意的礼物，我们还是要拒收的。

（六）送花的时机

1. 年节时。某些节日传统上应该送花，如，母亲节、情人节、老人节、妇女节、生日或结婚纪念日等。

2. 道喜时。向人道喜时，送花很不错，碰上亲朋好友结婚、生子、做寿、乔迁、升学、晋职、出国等喜事。可以赠送鲜花作为喜礼，恭喜对方。

3. 迎送时。当关系密切者即将远行，或者远道归来之际，向其赠送一束鲜花，可以巧妙地向对方委婉地表达自己的亲情、友情、爱情，不会令其无所适从。

4. 做客时。前往他人居所做客时，以鲜花为礼，既脱俗，又不至于让对方为难。送花也是向宴会主办人致谢的好办法，不过最好当天早上把花送到，以便让主人布置会场，不然就第二天再送，以致谢意。

5. 慰问时。当亲友、邻里、同事、同学、同乡或其家人碰到不幸、挫折时，如，失学、失业、失恋，或是遇到其他一些天灾人祸时，应前去慰问，并赠以鲜花。不过计划给病人送花时，若发现病房内花已太多，可以等病人出院回家后再把花送到他家。

6. 道歉时。冒犯别人后，不论有心或无意，可以送花致歉，此时需附一张道歉卡。

7. 示爱时。向意中人吐露心中的爱慕之意，可以以花为媒。向对方祖露心扉。

送花是一门学问，送花也是一门艺术，用花来表达的语言实在太丰富了，那么，什么时候送才是最佳时机，才能达到最好的效果呢？其中有着诸多玄机。

（七）送花的形式

1. 本人亲送。送花人可以现场说明送花的缘由与其含意，使受花人明白一片心意。这是送花的基本要求。

2. 亲友转送。一般是赠送者本人因故不能亲送而托亲友转送。

3. 雇人代送。委托鲜花店的"花仙子"或邮政局的"礼仪小姐"，代替自己给受礼人送花。这种形式正越来越受欢迎。应按有关标准支付费用。

鲜花在现代都市生活中的地位愈来愈重要，它广泛地运用于人际交往之中，种种的情怀沟通都可以用鲜花来表达。

（八）鲜花的民俗含义

1. 品种。同一品种的鲜花，在不同的风俗习惯中，含意大不相同。在跨地区、跨国家的人际交往中，如以鲜花赠人，必须了解禁忌，否则经常会犯忌。中国人喜爱黄菊，但千万不要将其送给西方人，因为在西方，黄菊代表死亡，仅供丧葬时用。中国人还喜欢荷花，可是在日本，它也代表死亡。在广东、海南、港澳地区，送人金桔、桃花，会令对方笑逐颜开。而以梅花、茉莉、牡丹花送人，则必定会招人反感。因为，在这些地区的人们爱"讨口彩"，金桔有"吉"，桃花"红火"，所以让人来者不拒；而梅花、茉莉、牡丹则音同"霉""没利""失业"，故而令人

避之不及。

2. 颜色。花的颜色多种多样，五彩缤纷，一般而言，红色表示热情，白色表示纯洁，金黄色表示富丽，绿色表示青春与朝气，蓝色表示欢乐、开朗与和平，紫色表示高贵。但在不同的地区和国家，对于鲜花的色彩也有不同的理解。如，我们喜欢象征大吉大利、兴旺发达的红花，在新人成婚时，也以红色鲜花相赠，但在西方人眼中，白色鲜花象征纯洁无瑕，将它送给新人，才是合适。如果要给中国新人送白色鲜花，那被认为不太吉利。在许多国家，送人纯红色的鲜花，意味着向对方求爱。以纯黄色的鲜花送人，则暗示决定与对方分手。

鲜花，是一种高雅的礼品，通过赠花来表达微妙的感情和心愿，确是别有一番意境，如果懂得一些送花意义及技巧会更加恰到好处：给亲友生日送花，对青年人可送玫瑰，月季，中年人可送兰花或茶花，老年人祝寿可送万年青，榕树象征长寿。

（九）礼品数字禁忌

在我国有"好事成双"之说，故逢喜事送礼一定要送"双礼"。如，送酒两瓶，送钱不能单数等。

西方人普遍忌讳"13"，没有 13 层楼，没有 13 号房间，用"12A"来代替 13 层或 13 号；影院、会场、航班、宴席桌次等均没有 13 排、13 座、13 号等；每月的 13 日也是诚惶诚恐的日子。

日本人、朝鲜人忌讳"4"字，因"4"同"死"谐音。日本人还忌讳"9"字，因为"9"的发音与"苦"相近。

海外华侨和港澳台同胞中的广东籍人，也忌"4"。

每个人可能会有一些数字方面的禁忌，因此，我们在选择礼物时一定要了解清楚，并避开上述数字，以免闹得不愉快。

（十）礼品颜色禁忌

中国人普遍忌讳黑色，认为黑色是凶灾，哀丧之色，不吉利，故礼物不能用黑色纸包装。对白色，有些场合也忌讳，认为这是悲哀、贫穷之色。中国人多偏爱红色，认为红色是大吉大利的，喜事均要用红色。

欧美人也不喜欢黑色，认为黑色是哀丧之色，遇到丧事，多以黑色为丧礼的颜色。西方人尚用白色，新娘穿白衣，送礼也用白纸包、白绸带系，表示纯洁。

印度人视白色为不受欢迎的颜色。

巴西人认为紫色表示悲伤，棕黄色为凶灾之色，若两者配在一起，定会引起凶兆。

日本人忌绿色，认为绿色是不吉祥的。

埃及人不喜欢蓝色，认为那是恶魔颜色。

土耳其人认为花色是凶兆，忌用花色装饰房间。

因此，在选择礼品时，应根据不同人的爱好，避免有禁忌颜色的礼品。

除了一些数字方面的禁忌，各国各地还会有一些颜色方面的禁忌。因此，我们在选择礼物时也是应该避开的，不然，你好心送的礼物，可能会因包装盒的颜色问题，给你带来不必要的麻烦。

（十一）物品禁忌

在我国，非常忌讳在婚礼时，送钟、送梨和送伞。因"钟"与"终"，"梨"与"离"，"伞"与"散"是谐音，很不吉利。

在我国台湾等地，手巾、粽子都是禁送之物，台湾俗语有"送巾断根"之说，非丧事一律不能送手巾；台湾的居丧之家习惯既不蒸甜食，也不包粽子。如果以粽子赠人，会被误解为把对方当做丧家，所以非常忌讳。

在美国，特别忌讳送带有你单位标志的便宜东西，但头巾和手绢除外。如果你是男士，不要送给美国女士香水、衣物和化妆品。

送礼依然要讲究"礼轻情义重"。有时，"江南无所有，馈赠一枝

梅"，往往更受对方的欢迎。因在许多国家都不时兴赠送过于贵重的礼品，以免让受礼者产生受贿之感。向人赠送礼品，绝对不能有悖对方的风俗习惯，因此，在挑选礼品时，主动回避有可能存在的与礼品品种有关的禁忌。

（十二）礼品图案禁忌

英国人忌有大象图案、山羊图案、孔雀图案的物品，他们认为大象是蠢笨的象征，山羊在英语里是不正经男子的代号，孔雀在英国是淫鸟、祸鸟。

法国人认为仙鹤是蠢汉和淫妇的代称，很不喜欢仙鹤图案。

利比亚忌讳狗的图案，认为那是"死人的象征"。

瑞士认为猫头鹰是"死人的象征"，所以相当忌讳猫头鹰的图案。

因此，在送礼时，切忌把有关这些图案的礼物送给这些国家的人。

送礼的针对性，是指挑选礼品应当因人、因事而异。因人而异，指的是选择礼品时，务必要充分了解受礼人的性格、爱好、修养与品位，尽量使礼品受到受礼人的欢迎。因事而异，则指的是在不同的情况下，向受礼人所赠送的礼品应当有所不同。但也应考虑到风俗习惯问题，主动回避有可能存在的和礼品图案有关的禁忌。

三、让你的语言更美一些

（一）交谈的口头语言礼仪

1. 语言要文明

交谈时要使用文明、优雅、理性的语言，话题的格调要高雅，内容要高尚脱俗，切不可说脏话、黑话、粗话、怪话、荤话和气话。谈话的态度要诚恳，言语要和蔼亲切，表达要得体。交谈时不要用手指指人，做手势时幅度不宜过大，更不可指手画脚。举止要文明，公共场合交谈声音要轻柔，不可旁若无人地高谈阔论，大声说笑。

2. 语言要礼貌

俗话说："良言一句三冬暖，恶语伤人六月寒。"交谈中要多用敬语、谦语、雅语，要谦虚恭敬，礼貌交谈。要善于运用一些约定俗成的礼貌用语，如"久仰"、"告辞"、"失陪"、"留步"、"指教"、"劳驾"、"拜托"等礼貌语。要注意采用恰当的尊称和措辞。谈吐要文雅得体，语言表达要得当，举止要端庄，态度要真诚和善，情感要溢露于外，用语要掌握分寸，说话时要和颜悦色，语调、语气要符合自己的身份和当时的情境，语言要清晰标准、明亮动听，语调要柔和婉转，语言要热情和蔼，语速要快慢有致。

3. 语言要准确

社交活动在交谈时，出语要顺应自然，措辞要言简意赅，切忌喋喋不休、海阔天空。此外，交谈时要讲普通话，发音要标准，吐字要清晰，语速要适中，语调要抑扬，语气要亲切柔和。

有声语言是交谈的载体。言谈是一门艺术，是交往艺术的重要组成部分。在口头语言交流中，要注意时间、场合、对象的不同，采取不同的表达方式，才能收到最佳效果。

（二）交谈的态度礼仪

1. 表情礼仪

人们交谈时所表现出来的种种表情，往往是个人心态和动机的无声反应。所以，在交谈时神态要专注，表情要自然，要目视对方，聚精会神，既要注意对方的神态表情变化，并用声音或动作作出适时的呼应，又要注意巧妙运用自己的体态语言，充分表现自己的交谈诚意和热情。

为此，交谈时应注意以下几点：第一，目光要专注，或注视对方，或凝神思考，以便与对方进行心灵上的交流和沟通，切不可眼神呆滞，也不可目光游离；第二，要面带微笑，以表达对对方的尊重、赞同、理解和欣赏的态度；第三，适当运用眉毛、嘴、眼睛在形态上的变化，表明自己对对方言谈的专注之情，表情与交谈的内容及对象要相吻合；第四，与尊长交谈应恭敬而大方，与同辈或晚辈交谈要亲切而温和，与异性交谈言行举止要文明。

2. 体语礼仪

体语即人体语言，它是以人的表情、手势、姿态等来传递信息的一种无声的伴随语言。交谈时可以借助体语进一步表达自己的交谈态度。如适度的动作既可表达敬人之意，又有利于双方的沟通和交流。但如果过分、多余的动作过多（如动作幅度过大，手舞足蹈，拉拉扯扯，拍拍打打等），则是不礼貌的。异性交谈要注意保持一定的距离，不要过分亲密或做出一些不适当的体态语言。

态度是人内心世界的真实反映。交谈时应本着以诚相待、以礼相敬、主动热情的态度，以取得对方的好感，营造融洽的交谈气氛。为此，在注意口头语言礼仪的同时，还应注意目光语、微笑语、手势语、首语等体态语言礼仪。

（三）交谈的基本技巧礼仪

1. 善于聆听

聆听是一种修养，"愚者滥言，智者善听"。真正有智慧、有思想、有内涵的人，在正规的场合，所说的话并不一定多，但要说到点子上，要善于倾听别人的讲话。

聆听对方谈话中，神态要专注，表情要自然，两眼要正视对方，态度要聚精会神，全神贯注，用心去听。切不可心不在焉，漫不经心，左顾右盼。

2.真诚赞美

赞美是一种能引起对方好感的社交方式，真诚、热情的赞美能赢得对方的欢心，可以创造出一种热情友好的交谈气氛。但要注意：第一，赞美一定要发自内心，出自真诚，源自真心，真情流露，赞美要实事求是，恰到好处；第二，赞美要注意场合，适合对方，讲究效果；第三，赞美宜有感而发，忌陈词滥调、过分夸张。

3.感情交流

在他人讲话时，应尽可能地以柔和的目光注视着对方，既要注意对方的神态表情，又要注意自己的"体态语言"，适时地用声音、动作去呼应配合对方，及时地与对方进行心灵沟通，使对方感受到无声的鼓励或赞许，以赢得好感。一般情况下，倾听者应注意以下几个问题：一是倾听对方说话时，身体应稍稍倾向于说话人，面带微笑；二是谈话者谈到要点或其观点需要得到理解和支持时，应适时点点头以示赞同；三是多人在一起交谈时，要注意用目光适当照应在场的其他人。

4.虚心请教

最高明的"听众"是懂得虚心向他人请教的人。在交谈过程中，不但要善于聆听，还要善于提问。但应注意，所提的问题应是对方所专长的，也是自己希望了解的问题，确实需要请教的问题，而不应提出对方所不专长的问题或大家都避讳的问题，也不可生硬地追问或跳跃地乱问。

5.幽默诙谐

幽默能体现说话人的气质、修养和信心，是谈话的一种润滑剂，能引发喜悦、欢快和轻松，能活跃交谈的气氛，是促进社交成功的催化剂。一个讲话诙谐、幽默的人，会很受人的欢迎。但诙谐、幽默是思想、学识、智慧在语言上的结晶，也是在长期的语言实践中锤炼而成的，所以

　　在社交活动的交谈中，应该不断地锤炼提高自己，更好地运用各种幽默诙谐交谈法。

　　交谈要注意掌握好谈话的时间，使谈话能顺其自然地结束。会给人回味无穷的感觉。所以，如果时间有限，只能作短促的交谈，应事先说明，让对方有思想准备，突然终止谈话会给人粗鲁无礼的感觉。

第四堂课

职场办公,如鱼得水玩转职场

职场办公礼仪是指人们在职业场所中应当遵循的一系列礼仪原则。它是现代社交礼仪的主体之一。在复杂多变的职场中,无论是求职者与面试者,还是上级与下级、同事之间的交往,都离不开职场礼仪。

一、开启职场成功的金钥匙

（一）面试时的服饰礼仪

1. 男生面试时的服饰礼仪

西装：西装要合身，颜色应当以主流颜色为主，如灰色或深蓝色，在价钱档次上应符合身份，否则对求职者的第一印象会大打折扣的。

衬衫：以白色或浅色为主，这样比较好配领带和西裤。面试前应熨平整，不能给人"皱巴巴"的感觉。

领带：男生参加面试时一定要在衬衣外打领带，领带以真丝的为好，上面不能有油污，不能皱巴巴，平时应准备好与西服颜色相衬的领带。

皮鞋：皮鞋以黑色为宜，且面试前一天要擦亮。不要以为越贵越好，而要以舒适大方为度。

袜子：袜子的颜色也有讲究，穿西服革履时的袜子必须是深灰色、蓝色、黑色等深色，这样在任何场合都不失礼。

头发：尽量避免在面试前一天理发，以免看上去不够自然，最好在三天前理发。男生女生都应在面试前一天洗干净头发，避免头屑留在头发或衣服上，保持仪容整洁是取得用人单位良好第一印象的前提。此外，男生要将胡须剃干净，并且在刮的时候不要刮伤皮肤，指甲应在面试前一天剪整齐。

这里要提醒一点，面试时你所穿的西服、衬衫、裤子、皮鞋、袜子都不宜给人以崭新发亮的感觉，原因是人事主管会认为你的服饰都是匆匆凑齐的，那么你的其他材料是不是也加入了过多人工雕琢的痕迹呢？

而且太多从没穿过的东西从头到脚包裹在你的身上，一定有某些东西会让你觉得别扭，从而分散你的精力，影响你的面试表现。

2. 女生面试时的服饰礼仪

（1）套装是女生求职时的首选。面试时的着装款式应简洁大方合体，职业套装是最简单，也是最合适的选择。裙子不要太长，也不要太短。春秋套装可以用花呢等较厚实的面料，夏季用真丝等轻薄的面料；色彩要表现出青春典雅的风格，表现你的品位和气质，不宜太抢眼。

（2）丝袜被称为女性的第二层皮肤。一定要穿着透明近似肤色的丝袜，切忌不要出现脱线和破损的情况。

（3）不要穿厚底鞋，最好穿式样简单，没有过多装饰的皮鞋，后跟不宜太高，颜色和套装颜色一致，切记不要穿凉鞋。

参加面试的服装要求一切为了配合求职者的身份。面试时合乎自身的形象的着装会给人以干净利落、有专业精神的印象。男生应显得干练、大方，女生应显得庄重、俏丽。懂得服装礼仪，会使求职者在众多求职者中脱颖而出。

（二）面试过程中的礼仪

面试过程中，要保持诚恳的态度。进入面试场地，求职者应始终面带微笑，不要过分紧张，对碰到的每个公司员工都应彬彬有礼。面试时，应试者应当与主考官保持目光接触，以表示对主考官的尊重。在进出面试办公室时，注意进退礼仪，一定要保持抬头挺胸的姿态和饱满的精神，不要与人交谈时频繁地耸肩，手舞足蹈，左顾右盼，坐姿歪斜，晃动双腿等，这都是不好的身体语言，总之，手势不宜过多，需要时适度配合表达。

参加面试时，除了熟记自己准备的资料外，如何把握短短一个小时左右的时机，最大限度地利用自己的长处和树立良好形象，掌握良好的交谈技巧也是实施成功面试的重要因素。面试主考官一般较欣赏谈吐优雅、表达清晰、逻辑性强的职位应试者。在整个面试过程中，注意不要紧张，表述要简洁、清晰、自信、幽默等，同时注意观察主考官的表情变化，也就是做到察言观色，尽快掌握主考官感兴趣的在哪些方面，再根据事先的准备做着重表达。

在与主考官的意见不一致时，不要据理力争，那会导致一时"嘴巴上的快活"而满盘皆输，即使你不同意他的看法，也不能直接给予反驳，要引导主考官自己做结论，这样就避免了与主考官直接发生冲突，又巧妙地表明了自己的观点，特别是在回答情景面试问题时，稍不注意，容易处理失当，过度自信而忽略了场面控制。

面试，就是当面考试，谁懂得礼仪，谁就拿到加试分，谁就容易拿到高分，谁就最先通过，谁就最先拿到第一桶金。

（三）面试时自我介绍的礼仪

在面试时，恰当的自我介绍礼节可以拉近求职者与主考官之间的距离。

1. 彬彬有礼

在作介绍前，要先对面试官打个招呼，道声谢，如："××经理，您好，谢谢您给我这么好的机会。现在，我向您作个简单的自我介绍。"介绍完毕后，要注意向面试官道谢，并向在场面试人员表示谢意。

2. 主题明确

在作自我介绍时，最忌漫无中心，东扯一句西扯一句，或者陈芝麻烂谷子事无巨细都一一详谈，让人听了不知所云。要知道，面试官是没有那么多闲工夫叫你乱扯的。一般来说，求职面试中的自我介绍宜简不宜繁，一般包括的要素有：姓名、年龄、籍贯、学历、学业情况、性格、特长、爱好、工作能力、工作经验等，对于这些不同的要素该详述还是略说，应按招聘方的要求来组织介绍材料，围绕中心说话。假如招聘单位对应聘人的工作能力和工作经验很重视，那么，求职者就得从自己的工作能力及经验出发作详细的叙述，而且整个介绍都是以这个重点为中心。

3. 莫过多夸耀

在自我介绍中，要尽量避免对自己作过多的夸张，一般不宜用"很"、"第一"、"最"等表示极端的词来赞美自己。在面试场上，对自己作过多的夸耀，意味着贬低他人，这种缺乏尊重他人的介绍方式，就是有违一般礼仪的。这样做反而会引起面试官的反感。因此谈论自己的话题，应尽可能避免一些夸大的形容词，把话讲得客观真实，尽量用实际的事例去证明你所说的，最好用真实的事例来显露你的才华给面试官。

4. 烘托气氛

面试场上的自我介绍，目的是获得职业，与自我标榜、自我吹嘘无关，但你必须得想办法强化自我介绍的气氛。牢记你的优点，忘记你的缺点，你就会变成磁石一样的吸引人。要觉得自己的声音有魅力，自己的学识丰厚，只有这种自我肯定，才能使自我介绍的气氛变得舒坦起来。

当然，最重要的是能够立即把思绪或情感变成风趣动人的言词，内外表达一致，自我介绍才算完美。

面试时，自我介绍要尽量表现出创意、直接、技巧、积极，并且尽量地找出令人欣赏的方法，不要反复使用公式化的东西：不要油头滑脑，不要胡乱编造，因为油头滑脑，随意编造既是对自己不负责，也是对他人不尊重不礼貌的表现。

（四）面试时自我介绍的禁忌

1. 忌"我"字连篇

千万不要以为"自我介绍"最容易用上的字是"我"字。老把"我"挂在嘴边的人，易使人反感，受人轻视，被认为是强迫性的自我推销。所以，要经常注意把"我"字变成"你"字："你以为如何呢？""你可能会惊讶吧！""你一定觉得好笑""你说呢？"。把"自我介绍"变成一场你与面试官之间沟通的谈话。

2. 忌不着边际

介绍时通常都使用编年史法，但编年史不宜搞成"起居录"，不要过细，从最高的学历谈起，只要主试官不问，没有必要谈小学、中学甚至大学。多说事实，避免笼统、琐碎的词句。最好在3～5分钟之内，停止"自我介绍"，话不能太多。

面试考官问的话题有长有短，不要把所有的话题都当成论文题来做，"话多必语失"，话多并不能保证你把该讲的话都讲清楚了。

3. 忌得意忘形

当主考官问到某一话题时，即使你有很多得意的话可以说也不能得意忘形，最好的办法是在谈到某个话题，先说一点，同时探索出主试官表达的真意是什么，找出隐藏于赞赏言词内部的观察之心，再继续说下去。

4. 忌故意卖弄

你必须给主试官这样一种印象，即认为你是一个对自己非常熟悉，对自己的特点具有概括能力的人，这里不要有丝毫浪漫色彩。自我介绍最好是简短、有条有理、实事求是，不要乱加补语、形容词；也不要用温谈的方式，把主要经历说出来就够了。虽然你的经历可能丰富多彩、迂回曲折，但在言论上不必表现出来。不要重复，颠三倒四。自我介绍中，一定要给面试官留下思想清晰、反应快、逻辑性强的印象。

5. 忌语言空泛

参加面试就是为了推销自己，极力宣传渲染自己的心情可以理解，不过应试者自称有协调性，主考官能就那么天真地相信吗？相反极力想表现"协调性强"的人反而容易给人一种缺乏这方面自信的感觉。

面试时一般都会不自觉地暴露自己的弱点，往往是朋友交往少的人，为不让考官看出来，用"我交际很多"之类的语言加以掩饰，结果却往

往会弄巧成拙。

面试者进行自我介绍的根本目的，是使主考官对自己有个初步了解，并尽可能产生良好的印象，以便将面试深入下去，从而最终赢得面试的成功。因此，在自我介绍的过程中，面试者应竭力避免以上情况。

（五）面试时的举止礼仪

1. 如钟坐姿显精神

坐椅子时最好坐满三分之二，上身挺直，这样显得精神抖擞；保持轻松自如的姿势，身体要略向前倾，也不要把腰挺的太直，那样显得死板，把手自然的放在双膝。

2. 眼睛是心灵的窗户

对面试官应全神贯注，目光始终聚焦面试官身上，在不言之中，展现出自信及对对方的尊重。注视的部位最好是考官的鼻眼三角区，目光平和而有神。恰当的眼神能体现出智慧、自信，以及对公司的向往和热情。

3. 微笑的表情有亲和力

微笑是自信的表现，也可以为你消除紧张，面试时要面对微笑、亲切和蔼、谦虚虔诚、有问必答，面带微笑会增进与面试官的沟通。会百分百的提高外部形象。

4. 专业化的握手

专业化的握手能创造出平等，彼此信任的和谐氛围。在面试官伸出手时，握住它。要保证自己的手臂呈90°，有力地摇两下，然后把手自然放下。手应该有感染力，目光注视对方，切记如果面试官没有把手伸出来，千万不要伸出手。

经调查显示：个人给他人留下的印象7％取决于用辞；38％取决于音质；55％取决于非语言交流，可见非语言交流重要性可想而知。

（六）面试结束时的礼仪

面试结束时，不论是被顺利录取，得到梦寐以久的工作机会，还是只得到一个模棱两可的答复："这样吧，××先生/小姐，我们还要进一步考虑你和其他候选人的情况，如果有进一步的消息，我们会及时通知你的。"我们都要注意礼貌相待，用平常心对待用人单位。况且许多跨国公司经常是经过两三轮面试之后才知道最后几个候选人是谁，还要再做最后的综合评估。竞争是相当激烈的。

如果得到这样的答复，我们应该对用人单位的人事主管抽出宝贵时间来与自己见面表示感谢，并且表示期待着有进一步与××先生/小姐面谈的机会，并表示出"希望有机会成为你的同事"，"将以在这公司工作为自豪"……这样既保持了与相关单位主管的良好关系，又表现出自己杰出的人际关系能力。当用人单位最后考虑人选时，能增加自己的分数。

与人事经理最好以握手的方式道别，离开办公室时，应该把刚才坐的椅子扶正到刚进门时的位置，再次致谢后出门。经过前台时，要主动与前台工作人员点头致意或说"谢谢你，再见"之类的话。这样，既使你的实力与你的对手们相当，却会因你在处世做人这方面，将胜人一筹。

求职面试犹如奏乐演唱，需要讲求结束之术，虽不可苛求"高潮"，但虎头蛇尾则可能前功尽弃或丢掉即将到手的机会。

二、展示恰到好处的美丽

（一）职场女性仪容礼仪

1. 头发保持干净整洁，有自然光泽，不要太多使用发胶；发型大方、高雅、得体、干练，前发不要遮眼遮脸为好。并随时捏走吸在衣服上的头发。

2. 化淡妆、施薄粉、描轻眉、唇浅红。

3. 服饰端庄，不要太薄、太透、太露。领口干净，衬衣领口不能太复杂、太花哨。工作中着齐膝一步裙或裤装，裙子不要太短、太紧太长或太宽松。衣裤或裙的表面不能有过分明显的内衣切割痕迹。

4. 可佩戴精致的小饰品，如点状耳环、细项链等，不要戴太夸张太突出的饰品。

5. 公司标志佩戴在显要位置，并把私人饰品取走移开，不能并列佩戴。

6. 衣袋中只放薄手帕或单张名片之类的物品。

7. 指甲精心修理过，造型不要太怪，也不能留太长指甲，造成工作中的不便。指甲油可用白色、粉色、肉色或透明色，不可太浓艳。

8. 鞋面洁净，款式大方简洁，没有过多装饰与色彩，鞋跟不能太高太尖，中跟为好，最好也不是系带式的那种男士鞋。

讲究仪容是当今职场的普遍要求。身为职业女性，注重仪容美已不仅是个人的喜好之事，而且是遵循职场礼仪规范之所在，其最根本的要求就是适合与得体。

（二）职业女性的着装规范

职业女性最适当的着装是西服套裙。尤以深蓝、中蓝、灰、浅灰、棕褐色、深棕、米色为佳。夏季套裙以深色保守式样为好。深色套装会使你有一种权威感、可信任感和存在感。

职业女性的办公室服饰应讲求质量，服装的面料力求高档，剪裁、做工精细。饰物应具有个性，应记住少而精是你戴首饰的原则。每件衣服应该投入更多的钱，而当收入有限时就少买几件。服装的款式线条简练，适度的翻领或 V 领。薄厚适当的毛麻面料。与套装配合的衬衫也要精致，颜色适当，不带过多的装饰，尤以男式衬衣领为佳，上边松开一个扣子，既可以翻在外衣领里面，也可放在外面。所配的包、鞋和首饰也应该合适，在风格和比例上力求使整套服装和谐，体现出穿着者的品位。

职业女性不可戴太多的饰物，不可戴吊挂式的耳环。饰物要与服装相配，不可夸张。

女士穿鞋要求款式自然，不要太夸张，不能穿运动鞋、拖鞋。

一位职业女性应该懂得服装是一种无声的语言，着装不当会影响你事业的成功。因为，服饰给人的印象是很难改变的，你的装扮应宣告你是个自信能干、严谨认真的人。

（三）职业男性的着装规范

男性夏天可穿衬衣、打领带、穿西裤。会见客人时适宜穿西装。

男性不能穿鲜艳及多花样的袜子，必须穿素色短袜，建议穿深色袜，西服要配西装袜，白色棉袜只能配球鞋或运动鞋。

鞋子不可松塌。男性最好穿深色皮鞋，不可露脚跟和脚趾。白色皮鞋是休闲鞋。棕色皮鞋最好配棕色衣服或同色系服装。

职业男性着装要注意整体效果，给人以沉稳、踏实、精明能干的感觉。要求能够主动表现自身能力和进取精神，并且现出权威感。

（四）职场人员举止礼仪

1. 仪表端庄，仪容整洁

无论是男职员还是女职员，上班时应着职业装。有些企业要求统一着装，以体现严谨、高效率的工作作风，加深客人对企业的视觉印象。有些企业虽没有统一服装，但都对上班时的服装提出明确的要求。

2. 言语友善，举止优雅

在办公室讲话时话语要谦和，声音要轻，不能在办公室、过道上大声呼唤同事和上级。无论是对同事、上级还是来访者，都应使用文明用语。在办公室里，说话不要刻薄，与同事开玩笑要适度，不能挖苦别人、恶语伤人，更不能在背后议论领导和同事。

体态优雅的公司职员行为举止应稳重、自然、大方、有风度。走路时身体挺直，步速适中、稳重、抬头挺胸，给人以正直、积极、自信的好印象。不要风风火火、慌慌张张，让人感到你缺乏工作能力。坐姿要优美，腰挺直，头正，不要趴在桌子上，歪靠在椅子上。有人来访时，应点头或鞠躬致意，不能不理不睬。工作期间不能吃东西、剪指甲、唱歌、化妆，与同事追追打打有失体面。谈话时手势要适度，不要手舞足蹈，过于做作。

3. 恪守职责，高效稳妥

公司职员应树立敬业爱岗的精神，努力使自己干一行，爱一行，钻一行，以饱满的工作热情，高度的工作责任心，开创性地干好自己的工作。

一个企业待人接物的礼仪水平，是从每个职工的言行举止中体现出来的。因此，每个员工都应牢记，自己的言行代表着企业的形象。

（五）领导应具备的礼仪

1. 提高个人修养

一个优秀领导者不会居功自傲，成就是属于团体的。不要因现有地位和成就而沾沾自喜，以为高人一等。相反，你要把部门的成绩归功于大家的努力，这样做会让你得到下属员工的爱戴和尊敬。要勇于为团体承担责任，当事情出了差错时，不要在高层领导面前推诿责任。对下属员工要平易近人，领导者得不到下属配合，就不能有效完成部门任务。平易近人能得到下属的支持。

要信守承诺，说到就一定要做到。别人来电，务必在 24 小时内回话，或至少找人代为处理。

有来宾走进办公室时，不论长辈或同辈，都应起立相迎以示尊重。学会向他人介绍引见，把男士介绍给女士，把辈份、地位低的介绍给辈分高和地位高的人。

2. 团队精神，从领导做起

一个团队是否有团队精神，要从领导做起。领导者必须：

（1）所有时间内都须维持良好而亲切的态度，敞开大门面对自己所有的部属，欢迎他们，并显示出对他们的尊重。

（2）把好处与那些做出贡献的人分享，并让他们知道自己对组织是有所贡献的。

（3）如果下属必须连夜加班时，要尽可能的注意他们的安全问题。

（4）当下属说明他们其中一人生病，或过于忧虑、压力太大，或是心中有所疑惑等事情时，必须流露出高度的关怀之意。

（5）有了好消息得让所有相关的同仁知晓。

若有了成就，上级也要对每位相关的部属表达肯定及感激之意，而不是贪得无厌地把所有的功劳归到自己一个人身上。

（6）阻止谣言或风言风语的传播。

不要搞流言蜚语、搬弄是非。

（7）在做出决定前可向人请教一番，尤其是当这些决策和他们有关时更应如此。

（8）耐心聆听别人所说的话，千万别让对方感觉他们说话的时机不对。

（9）鼓励大家在一起工作。

即使是自己一个人工作，也要像在团队里工作一样，得随时注意自己的行为举止。

3. 用行动体贴下属

如果你是一位领导者，那么就别让体贴下属成为一句空话，而是用行动确保每一位下属都拥有良好的工作环境和办公设备。

随着公务交往和个人交往的日益频繁，文明礼仪知识和文明行为的养成成为职场领导必备的重要基础和重要条件。

（六）职员应具备的礼仪

1. 准时上下班

上班时间，就是开始工作的时间。从进门到坐到自己的座位上，至少需要几分钟时间，因此，应在开始工作前10分钟到达公司。上班是否准时，反映你对工作是否敬业。

到了下班时间，如果已经做完了工作，就可以向周围的同事打声招呼，再行离去。下班之前，应将办公桌上的文具和文件等放整齐，将椅子放回原位。

2. 服饰规范整洁

工作时间，就算不穿正装，也要穿戴得整齐些。男女两性在穿着方面有如下差异：

（1）穿着邋遢的男性上班总会给人一种粗心大意、不规矩的印象，同时也会认为这种男士需要照顾。而穿着邋遢的女性上班则会给人一种不端庄的印象。

（2）一个男士若是穿着太潇洒或说过分火辣辣的话，则会被认为是个有野心且略显轻浮的人。一个女人如果穿着太漂亮，会让人觉得她在事业或性方面"野心勃勃"。

女职员不能在写字楼内化妆，尤其是有异性同事时。不能在办公桌上摆满化妆品。如果办公室设有女衣帽间，就可兼做化妆间。没有条件的，可用洗手间代替。

3. 敢于承担责任

勇于承担风险，不推诿给同事，这是一种良好的态度。如果有轻微的事被弄错了，上司追问起来，哪怕大家都有点责任，你就直截了当地给上司解释明白，自己先向他道歉，承认就算了，当然你可能挨一顿骂，可是却会在办公室中赢得美名。

4. 不让私事占用上班时间

私人事情不要带到办公室去。每个人都要谨记，公司给你薪金，目的就是需要你做好本职工作，所以你应该尽责地做你分内的事情。

有许多公司严格地执行一些规矩，例如，办公时不能接听私人电话，不能随便跑出去买香烟，规定用午膳时间，上班下班要准时等。

5. 使用礼貌用语

在办公室中禁止使用不严肃的话语。刚参加工作的职员，由于处在下级的地位，无论对谁都要注意用尊敬的语气说话。

一个大公司，它的组织和军队相似，发号施令有关联性，如果遇到麻烦事，要找你的顶头上司，切勿擅自越过顶头上司去见一个更高级的上司。即使对你的顶头上司有意见，而你又偶然犯过失时，你也先要获得他的同意才可向更高一级申诉。

（七）职场女性礼仪十戒

1. 打情骂俏。无论是通过电话对话或是与相恋同事在办公室公然谈情，莺声笑语都会影响旁边的同事工作。即使你的工作再出色，在形象方面也会大打折扣。

2. 煲电话粥。在办公时间打工作以外的电话本来无可厚非，但切忌得意忘形，疏忽周围环境。

3. 取公为私。公司的文具，往往成为顺手牵羊的目标，虽都不是什么贵重物品，但如果个个如是，后果便不堪设想。

4. 多角恋情。异性相恋本是人之常情，但必须小心处理，若出现多角恋等错综复杂情况，工作、心情往往大受影响，更可能会面对某些危机。

5. 衣着夸张。低胸衣、迷你裙、夸张的饰物除影响周围同事工作的专心程度，更令人怀疑你的工作能力。

6. 浓妆艳抹。在工作的环境，淡素的妆容最为适宜，若太浓的妆或在工作时间经常补妆，有欠礼貌并妨碍工作。

7. 说三道四。切勿在办公时间公然搬弄是非，给人不良印象。

8. 谎话连篇。一般老板对于不诚实的职员都会心存芥蒂，又如何委以重任呢？

9. 迟到早退。一个上班也经常不准时的人，很难令人相信她能准时交差！

10. 借口请假。此举往往令上司反感。

女性在办公室的举止，在一定程度上能反映出一个人的素养。那么，要给人以内外端庄的印象，注重小节是必不可少的。

三、别让不好的习惯毁了你

（一）使用会议室礼仪

使用会议室前要先预约。为了使各项工作顺利进行，应该尽量避免在使用公用办公设备时与别人发生冲突，使用会议室，应该事先与管理人员进行预约。

保持会议室的整洁干净。不管你是用于什么事务，应该注意会议室的干净和整齐，不要把会议资料留在会议室，走之前要进行清理。保持会议室有一个好的卫生环境。

使用完毕后按时交还，如需要应锁好门及时交还会议室钥匙。

在公司内部，会议室一般由办公室统一管理，统一安排使用，因此你如果要使用会议室，就必须提前知会办公室，经许可后方可使用。

（二）使用电脑的礼仪

学会正确使用，如果不会使用要请别人帮助。但要看一看别人是否有空。

注意保养电脑，每次使用之前，若有时间，可将电脑杀毒，使大家都有一个安全的使用环境。

注意文件的保密，不要偷看别人的东西。不要占用他人的存储空间或软盘。

不要在工作期间玩电脑游戏。

电脑是我们工作的重要工具，使用电脑，也不只是开机、关机、上网那么简单，电脑礼仪也会体现一个人的素质和教养。

（三）使用复印机的礼仪

一般来说。遵循先来后到的原则，但是如果后来的人印的数量比较少，可让他先印。当先来的人已花费了不少时间做准备工作，那后来者就等一会儿再来。

在公司里一般不要复印私人的资料。

如果碰到需要更换碳粉或处理卡纸等问题，不知道怎样处理，就请别人来帮忙，不要悄悄走掉，把问题留给下一个同事，让人觉得你不为别人着想，遇到困难和责任不敢承担。

使用完毕后，不要忘记将你的原件拿走，否则容易丢失原稿，或走漏信息，给你自己带来不便。使用完后，要将复印机设定在节能待机状态。

复印机是公司里使用频率较高的公共设备，容易在使用时间上发生冲突。因此，每个职员都要有礼有节，互敬互让。

 ## 四、工作餐要怎样吃

（一）餐厅用餐的礼仪

1. 要注意进餐礼仪。吃相难看会影响你的整体形象。

2. 利用这个机会多与人交往。找不同的人进行交谈，与同事打成一片，同时锻炼你的人际交往能力与沟通能力。在餐厅用餐时一般不要谈公事，不要议论他人，更不要在这样的时候谈你的不幸生活。用餐完毕应归还托盘，扔掉垃圾，需要的话把椅子放回桌子下面。

在餐厅用餐也要举止得当，遵循一套基本的就餐礼节，这样你在餐馆用餐就是件愉悦而轻松的事。

（二）使用洗手间的礼仪

要讲公共卫生，保持洗手间清洁，马桶或小便池用后要冲水。要将马桶垫圈放下来，并保持垫圈表面清洁，用过把干净的卫生纸放回原处；用过的卫生纸扔入垃圾桶里。从洗手间出来不要忘了洗手。

在洗手间还要注意言谈礼仪，洗手间是公共空间，开会中间或会后，一起处理棘手问题或办事回来，都可能言犹未尽，在洗手间中继续交谈。在卫生间里不要议论公事或议论别人，因为防止"隔墙有耳"，若被当事人或有关人员听到你在厕所里议论他，就会增添麻烦，严重者还有泄密问题。

洗手间是我们日常使用极为频繁的地方，也由于公共场所的洗手间是众人共享的，所以在使用时就必须格外小心，以免影响了他人的使用及情绪。

（三）办公桌用餐的礼仪

不要在午餐前后忙着工作，尤其是不要边吃东西边工作，因为嘴里嚼着东西的时候说话是不礼貌的。另外，让别人看着自己在办公室忙着吃饭的样子也不太好。

要注意吃完午餐后的卫生清理工作。桌面宜擦拭干净，不要的剩饭剩菜留在办公桌上，那样既不雅观也不好闻，所以，要将一次性饭盒和吃剩的食物扔掉，如果用自带饭盆要洗干净，千万别放到办公室里，以免影响办公室的气味和办公环境。

谚语说"吃饭皇帝大"，所以尽量不要在同事吃饭时打扰他们，或要他们进行工作。尽量少吃发出很大声音的食物，像爆米花之类的食品；发出强烈味道的食物，如蒜、大葱等也要少吃。

尽管在办公室里用餐应该轻松自在，但是有时应该注意其他人的感受，一些礼仪必须遵守。

五、办公室不是你的私人领地

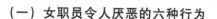

（一）女职员令人厌恶的六种行为

1. 倚仗关系霸气十足。女性很可能受到男性权势人物的宠信，她们中的有些人，就倚仗关系，要求特殊待遇，还高高在上，霸气十足，颐指气使，不守规章，久而久之令人讨厌，四面树敌。

2. 片面强调"女士优待"。有的女性工作起来过于娇贵，不肯吃苦，男士偶尔为之帮忙一下尚可，若长期照顾办公室的女性，相信男士会深感负累。因此，作为一名职业女性，做好自己分内的事，自主自立，独当一面，做出成绩，才能赢得男性同事的尊重，才能胜任工作。

3. 不修边幅，或打扮另类。爱美是女人的天性，如果一个女人不爱美了，那是很让人恐怖的。反之，一位女职员爱美过甚，整天另类打扮，也与办公环境是不相宜的。

4. 举止态度随便。办公室的工作，迎来送往较多，在待人接物时，不要高傲自大、自以为是、目中无人、夸夸其谈。但也不必缺乏自信、害羞腼腆、唯唯诺诺、手足无措，应亲切友善，态度自然，彬彬有礼。还应注意自己言行不要过于随便，如，坐在办公桌上会客，煲"电话粥"，闲聊"八卦"新闻等，这样不但影响工作效率，还会给人留下不好的印象。

5. 长舌。闲时聊天，津津乐道他人隐私，散布小道消息，难免给人一种品格低下的感觉。

6. 杂乱无章。办公室毕竟不是你的私人卧室，特别是自己的工作位置要保持光亮整洁，文件要摆放得井井有条，不要在办公桌上摆放化妆品、镜子、零食或摆满鲜花、布娃娃等饰物。这样才能赢得他人的好感，更好地完成工作。

现代社会讲究的是男女平等，互相协作，在职场中也不例外，女职员不能因为自己是女人而处处想着"女士优先"，长久下去，必然引起众同事的厌烦。

（二）男职员令人厌恶的十种行为

1. 邋遢。仔细观察，经常会看到一些男同事在专注某件事情时，情不自禁地干起很私人的事情来，如，抠鼻子、挖耳屎。

2. 无口德。有些男职员常常说话不留口德，有事没事就爱在同事面前大谈上司的"丑闻"，或热衷于打探某某要升职、某某要挨批的消息，到处煽风点火。消息来源是否可靠先不说，即使自己没有任何恶意，一个看上去太灵通的人，多少令人觉得有些神秘莫测，也永远不会有同事敢真心以待。

3. 装有钱。有些人说起自己来，自高自大、自以为是。开口常说，如果我是比尔·盖茨，就慷慨地送给这个一辆跑车、那个一栋别墅，其实他能挣几个钱大家都很清楚。

4. 装贵族。香水擦得太浓，穿着很艳丽，装白马王子；常常标榜只抽什么烟，只喝什么饮料，从来就不干什么，从来就不去什么地方，等等。

5. 婆婆妈妈。整天就知道分析女同事的衣着打扮、三围大小，没事就跟女同事套近乎，姐姐妹妹的就他嘴甜，还腻乎乎地爱往女同事身上搭，连自己有口臭都不知道。一旦不理他们，他们便以在背后评头论足来报复，对外宣称"她倒追我"、"她约我吃晚饭"之类。

6. 小气。下班了，几个同事相约找个地方撮一顿，或者去酒吧坐坐。结账的时候，总有些男人一点都没有掏钱包的意思。非但如此，饭后还要蹭人车坐，明明不顺路，却不带一丝愧疚。若是哪天有人想搭他的顺风车，他则说吃得太饱要消化消化，建议大家都坐公共汽车回去。

7. 抱怨狂。成天抱怨，总是生活在愁云惨雾中，凡事永远向坏处看。抱怨狂不可恨，但很讨厌，尤其是当你心情极佳时，着实煞风景。

8. 欺生。凡是新来的人都要排挤一下，以显示自己在这个环境中的主要地位。一会让你替他买盒饭，一会儿又让你帮他冲咖啡。占了便宜便沾沾自喜，稍有不服，还得挨他们倚老卖老的一番教训。

9. 黄色。去这种人的电脑里查查，"历史记录"里准保有黄色网页。尤其喜欢跟女同事讲黄段子，一讲起来眼睛就贼亮贼亮，还净拣新同事欺负，越腼腆的同事，越会成为他的骚扰对象。

10. 豪爽过头。豪爽的另一面是脾气暴躁。心情好时和大家分享他的罗曼史；心情不好时，轻则在电话里互相对骂，重则砸烂贵重物品。吼声在办公室里回荡。

职场上，与人交往是一门大学问，稍不留神就有可能给他人留下坏印象。所以我们必须处处严格要求自己，不该做的动作一定不要做，不该说的话题一定不要说，以免引起他人的厌恶。

（三）与上司工作配合的礼仪

1. 领会上司的意图。上司的意图很多就蕴含在文件、批示或口头指示之中，要靠部属去理解、体会。而正确领会和贯彻上司的意图，是一个合格部属的基本要求。假如说话、办事违背上司意图，就有可能"费力不讨好"，把事情弄糟。一般来说，上司喜欢交代一两遍就能明白自己意图的下属。因此作为下属，千万要用心理解、勤于总结，争取一次听清，切忌不懂装懂，或者凭空想象，违背领导意图。

2. 完整地接受上司指派的工作。接受上司指派的任务时，不能只是一味地点头，一定要问明白，"在什么时候之前完成"等问题，以确认期限，尤其是重要事项。上司因忙碌或疏忽，有时可能会漏掉某个重要的事项，你应当场问清楚。

3. 及时向上司汇报工作进展。在任何情形下，从上司那里接受到任务之后，无论多么简单的事，都必须做到一结束就立即报告。如果是长期的工作，应该主动在中途报告进展情况，让公司随时掌握进度，上司则会比较放心。

4. 为上司分忧。部属对上司的失误，应及时提醒、善意参谋，不能在一旁袖手旁观。所有的上司都喜欢在工作方面协助上司把事情办好的部属。即便聪明才智得到上司的赏识，也不能在上司面前故意显示自己，否则就有做作之嫌。

5. 只听不传。在上司身边工作，部属的工作范围有时会涉及很多方面。在面对若干个上司的情况下，必须协调和处理好上下左右的关系，其中一条重要的原则，就是有碍于领导之间团结的话，只能听，不能言传。严守秘密，不该说的绝对不说，部属要从维护上司形象出发，学习上司的长处，淡化与工作无关的信息。这样做，必然会赢得上司的信任和支持。

6. 理智地对待批评。当上司大发雷霆时，不要试图马上解释或与之针锋相对。即使上司错怪了你，不要在开会时就和他顶撞。散会后找个方便的时机，向他解释真实的情况，他一定会对你心怀歉意。

职场生存，应该学会与上司和谐相处，得到上司的信任、支持、关心和帮助。对此，职员们应该遵循与上司相处的礼仪。

（四）上司与职员相处的礼仪

作为一名上司，要懂得与职员相处的礼仪。

1. 树立风纪，以身作则

一个喜欢谈论东家长西家短的员工，会被认为是一个品行不佳的人。因此，作为一名领导，更要带头不在工作时间说与工作无关的事。

不要在公开场合驳斥他人。驳斥别人的人可能自以为很聪明、很机智，但在别人看来却正好相反，会影响你的形象。

虽然你的下属有责任帮助你完成工作，事情无论大小都可交给他处理。但如果你能将一些比较烦琐而困难的工作，独自完成妥当，让下属有更充裕的时间做好其分内的事务，对方将感激不尽，对你也更忠心。

视下属如知己好友，多征询对方的意见，接受他的批评，采纳中肯之言，不听信谗言，不居功自傲。

别吝啬你的鼓励。下属做对了，上司马上要表扬，而且很精确地指出做对了什么。这使人感到你为下属取得的成绩而高兴，与下属站在一条战线上分享成功的喜悦。所以，你的鼓励与表扬一要及时，二要具体、准确。

2. 敢做敢当，拥有大家风范

如果团队出了差错，要勇于出面为团队承受指责。只会在更高层主管面前推托，即使过错责任真的不在他，也显得欠缺领导者应有的气魄。

对自己的过去和现在不要夸耀。如果你是因为家族的关系而坐上主管这把交椅的，不要在同事面前炫耀自己的家世。

每个职员都具有独立的人格，上司不能因为工作上的领导与服从的关系而损害职员的人格，这是上司最基本的修养和对待职员的最基本的礼仪。

（五）与同事相处的礼仪

与同事交往相处时，在礼仪方面应注意以下六个方面：

1. 尊重和关心同事。尊重同事的生活习惯，尊重同事的处世方式。"己所不欲，勿施于人"，不可把自己的观点勉强让他人接受。如此才能相互融洽，并使对方尊重你。

2. 讲求协作精神。一件工作往往需要多方的协调才能做好，在办公室中一定要同心协力、相互协作、互相支持。自己的工作一定要克己奉公，不能推卸责任。需要帮助要与同事商量，不可强求；对方请求帮助时，则应尽自己所能真诚相助。对年长的同事要多学多问、多尊重，对比自己年轻的同事则要多帮助、多鼓励。这样才能建立一个团结、文明的办公环境，得到同事们的尊敬，自己工作起来也会舒心。

3. 体谅难处，倾情相助。不管是在工作中还是生活上，同事若有难处，都应予以体谅理解，并尽力帮助。当同事有困难之时，千万不要吝惜你的关心与安慰，对同事重视会让他感受到你诚挚的友谊。这是赢得对方信任的关键。

4. 主动道歉。同事之间经常相处，一时的失误在所难免。如果出现失误，应主动向对方道歉，征得对方的谅解；倘若同事对你产生误会，应该向对方说明，不能小肚鸡肠，耿耿于怀。

5. 平等、广泛地交往，不要结成小集团。同事之间虽熟，但不同于朋友，经常会有自己喜欢的和不喜欢的同事共处一室，在交往态度上，特别是上班时间内，一定要保持一视同仁，平等对待。

6.用幽默调节同事间的紧张关系。这是一种交往技巧，真正学会在不伤害任何一方利益的前提下，化解矛盾双方的误解，不偏不倚，成为大家信赖的"解铃人"。

善待他人，就是善待自己。善待同事，必将得到同事的善待。这是职场中一项很划算的投资。善待同事仅仅需要你的一点耐心、诚心和细心，这是世人皆能办到的事情。

（六）同事间的交谈礼仪

在公司里，无论是多么亲密的关系，都要以有礼的方式说话。

当你在上班时，不可能成天对着办公桌，在工作中间大概偶尔也会闲聊几句。虽然闲聊并不值得过分鼓励，但它确实起着润滑的作用。正在做事的时候，同事突然找你搭话，你却将脸背过去不理不睬，是件很不礼貌的事。在此时，是可以随声附和，少谈几句的。

但原则上，在公司内闲聊并不是很好的事情。因为若闲聊时间过长或者热衷于闲聊，会使整个办公室都充斥着闲聊声，这样会遭到同事和公司的反感。应当将闲聊当成是短暂的休息，并控制在适当的范围内。

除此之外，在交谈时，还要注意以下几个方面的问题：

不要只顾自己讲。谚语说"会说的人会听"。只顾自己讲自己的事，不让人家发言，这并不是会说话，除了口干舌燥之外，一定别无他获。

充分听取他人之见。工作上与同事意见不一致的事情常发生，不要固执己见，如能充分听取对方意见往往会出乎意料地找到共同点。在任何场合下都需要这种气度。

努力寻找妥协点。为了阐明意见分歧的理由应该马上进行交谈，但同时应该心胸开阔。努力发现和尊重对方任何一点可信赖之处，以此找到妥协点。分歧实在无法消除时，也不要说不负责任的话。

交谈，是表达思想及情感的重要工具，是人际交往的主要手段。因此掌握交谈的礼仪要求、提高交谈的语言艺术，对于提高工作水平和工

作效率，也具有极其重要的作用。

（七）亲密同事关系的七种技巧

要想与同事保持亲密的关系，就要掌握以下七种技巧。

1. 强调合作。不应该只顾自己兢兢业业埋头工作而不管他人，只有好的合作，才有好的工作结果。

2. 切忌争抢功劳。争抢功劳的心理是卑贱的。尽忠职守，建功立业，这才是堂堂正正的做法。

3. 不要独占功劳。大大方方地谦让功劳才是有度量的人。

4. 尊重前辈。无论多么亲密的关系，对前辈说话和态度都应掌握分寸。此外，无论前辈多么喜爱你，也千万不要过分亲昵，这是不礼貌的，即使在破产公司的慰问旅行及宴会上也不要忘了上、下之间的差别。

5. 不要感情用事。女职员之间凡事不要感情用事，还没查实的事就怒不可遏地对人贬低、诅咒、哭泣。这样做毫无益处。一个只知道泄私愤的人是会失去别人的好感和支持的。

6. 不随意转借他人之物。同事之间有的人喜欢毫无顾忌把他人之物拿来就用，只说一声"借我一下"或"我借了"，似乎人家理所当然地非借给他不可似的。还有的一借不还，被借人不催讨就永远不还……有的人满不在乎地把借来的东西又转借他人，这样的人毫无信用可言，是一种很不好的习惯。

7. 切忌妄自尊大。即便在许多同事中只有你被提拔，地位高了，也不要认为这是个人力量所致，而应该感到这是同事们很配合、合作的结果。不要忘了谦虚待人，否则，你就会从这一天起指挥失灵，会遭到扶持你上台的同事们的背弃。

人际关系的和谐处理不仅仅是一种生存的需要，更是工作上、生活上的需要。因此，在工作中一定要与同事和睦相处。这样在上司眼中，你的分量将会又上一个台阶。

（八）与同事发生争执如何协调

首先，充分听取对方的意见，让对方自由、直截了当地说出自己的想法。听者应认真地全部听完，然后再把自己的想法谨慎、冷静地告诉对方。

不要喋喋不休。有的女性激动起来会歇斯底里似的喋喋不休，说个没完，这样就谈不上交换意见了，只会让人冠以"不明事理的女人""不可救药的女人"的帽子。

对方情绪激动时，自己不要跟着激动。如果一时找不到妥协点就不必勉强，可等待下一个机会。同时也反省一下，这种摩擦是什么时候产生的。产生摩擦大致有以下几种情况：思维方法不同；做人方式不同；物质利益不同。该怎么处理呢？要设法使双方的见解一致，也就是说，双方都要站在对方的立场上设身处地考虑问题。

不要道听途说、散布流言。有些人对同事的服装、男朋友，甚至家里发生的事一概感兴趣，还非得加些自己的分析和意见，还有人就像小广播那样，听到一些事立刻又跑去传给别人，这就叫低级趣味。

同在一个单位工作的同事难免有发生意见相左之时，如果在某些事情与同事发生争执，最好双方都不要固执己见。

（九）去别人办公室的礼仪

即使是在同一个办公楼里办公，在见面之前，也一定要提前预约，而且要准时赴约，如果见面的是比你的职位更高的同事，那就更不能迟到了。如果约好在某人的办公室会面，而那人不在屋里，你就不宜再进去。如果没有等候室的话，可在门外等候。进他的办公室之前应先敲门，以便让他知道你来了，即使门开着也要这样做，等他示意后，再进屋。如果对方正在打电话，在门外等一会儿或过一会儿再来。

在别人的办公室里，要等人示意后才能入座。如果有电话打断了你们的谈话，应通过手势示意是否回避。不要把文件、茶杯等随意放在桌上，那是他人的领地，而应先征得同意。如说"我把茶杯放这儿行吗？"同样，需主人同意后才能挪动椅子，并在离开前放回原处。

如果确实需要使用某人的办公室或设备，应事先征得同意。如果主人同意了，给了你这项特权，也不可滥用。不要乱翻抽屉或文件，不要偷看桌上的文件。如果需借用什么东西，应及时完璧归赵，并向主人致谢。如果用坏别人的办公工具，应该向人家说明，并征求是否需代为修理或买一个新的。

在到别人办公室拜访时，无论你是否达到拜访的目的，都不要停留过久，到了该走的时间就要离开，因为停留过久会影响被拜访人的工作。

（十）同事交往的五大禁忌

1. 忌拉小圈子，互散小道消息。在办公室内切忌拉帮结派，形成小圈子，这样容易引发圈外人的对立情绪。更不应该的是在圈内圈外散布小道消息，充当消息灵通人士，这样永远不会得到他人的真心对待，只会对你惟恐避之不及。

2. 忌情绪不佳，牢骚满腹。工作时应该保持高昂的情绪，即使遇到挫折、饱受委屈、得不到领导的信任，也不要牢骚满腹、怨气冲天。这样做的结果，只会适得其反。要么招人嫌，要么被人瞧不起。

3. 切忌趋炎附势，攀龙附凤。做人就要光明正大、诚实正派，人前人后不要有两张面孔。领导面前充分表现自己，办事积极主动，极尽溜拍功夫；同事或下属面前，推三阻四、爱理不理，一副予人恩惠的脸孔。长此以往，处境不妙。

4. 切忌逢人诉苦。把痛苦的经历当作一谈再谈、永远不变的谈资，不免会让人避让三舍。忘记过去的伤心事，把注意力放到充满希望的未来，做一个生活的强者。这时，人们会对你投以敬佩的目光。

5. 切忌故作姿态，举止特异。办公室内不要给人新新人类的感觉，毕竟这是正式场合。无论穿衣，还是举止言谈，切忌太过前卫，给人风骚或怪异的印象，这样会招致办公室内男男女女的耻笑，而且会认定他（她）没有实际工作能力，是个吊儿郎当、行为怪异的人。

办公室有时就是一个小社会。那么在一个各类人员云集、良莠一时难辨的办公室内，要想迅速赢得大多数人的好感，尽快融入其中，营造良好的人际关系，就一定要注意与同事交往的礼仪禁忌。

（十一）男女同事交往的五个分寸

1. 衣着不可太性感。写字间不是约会场所，也不是自己的居室，不是显示你魅力的地方。如果说男性把衬衫敞开，穿着短裤是对在场女性的不尊重。女性则更要注意自己的穿着不要带有挑逗性。当然，保持优美的女性自然曲线并不为过，可绝不宜张扬自己的性感，如穿着超短裙和太露的衣服在写字间里走动，即使是无意的，也会向男性发出错误的信号。切勿认为穿着打扮只是自己个人的私事，要把握好分寸。这样，不仅避免了"性骚扰"的嫌疑，也会给人留下优雅、端庄的印象，显示出自己内在的修养，在人际关系和工作上都有益处。

2. 说话不要带黄色。作为男性，私下常会冒出一些粗话，有人甚至会开带"色"的玩笑，这在写字间里一定要禁忌，尤其是有女同事在场的情况下。否则会被她们视为是对自己的冒犯。在恭维女人时，也要避免挑逗感，给对方产生有性这一方面的感觉。如果你不精通恭维女人的艺术，还是少开口为好。

3. 举止不要太随便。如果你是男性，当女同事在场时，把松了的皮带解开再扣紧，或是把衬衣塞入裤子里，会使女性不愉快，引起误会，她们可能会把这些不雅的动作看做是骚扰。据心理学研究成果表明，在容易被视为带挑逗性的行为方面女性会更多些，特别是在体态语这方面，往往被女性忽视，如，反复交叉和放开两条大腿、在男性面前梳理头发、触摸男人的衣服、头发垂扫男人的面颊等，尽管是无意的。但其结果是给对方发出性的信号，会导致误会。

4. 交往不可太亲密。在写字间里，要注意把握自己和异性同事交往时的分寸。如果你们是要好的同事当然可以多些交流，但最好不要把自己的私生活带入。特别是如果在婚姻上不如意，对异性同事不宜过多倾诉，否则会被对方误认为你有移情的想法，甚至看做是向她（他）求欢的暗示。如果同事把你当成听众时，你不妨向对方多谈谈自己婚姻生活中美好的一面，说一些心得，一来可以为对方提供改善婚姻的借鉴，尽同事之谊；二来可以起暗示作用。使对方尽早避免对你情感上的投入。

5. 情感不可太投入。在写字间里产生婚外恋无疑是最糟的情况，后果不堪设想。一旦发现对对方确实有相思之情，而因自己或对方已有配偶以及其他诸种因素不能结合的，那么应马上扑灭自己情感的火焰。这种方法实际上并不会伤害你的同事，也不妨碍你们的友好相处。

在办公室里最难把握的是男女之间相处的"度"。尤其是年轻的女职员，处理与男同事的关系、与男上司的关系更不容易。这就需要女职员们时刻注意保持空间距离。

第五堂课

商务应酬，卓越人士的礼仪之窗

所谓商务礼仪，是指人们在从事商品流通的各种经济行为中应当遵循的一系列礼仪规范。它主要包括商贸活动中接待、拜访、洽谈、签约，以及庆典等方面的内容。商务礼仪对促进商务活动所起的巨大作用，已越来越引起人们的重视。

一、让仪容提升你的素养

（一）商务人员的仪表修饰

从某种意外上讲，商务人员的个人形象代表着为之服务的企业形象，一个人的形象就是内部员工形象的集合。好形象才能使企业和个人不断发展，共同成长。

仪表，指人的外表，即从头到脚，包括仪容和服饰。商务工作者关注自己的仪表就是一种敬业态度的体现。

1. 仪容修饰

仪容即人的容貌，简单讲是指人体不需要着装的部位，主要是指面部、发部、手部和脚部。

（1）头部修饰

第一，勤于梳洗。

要养成经常洗头和梳头的习惯。头是五官和中枢神经之所在，经常梳理和清洗能疏通血脉，改善头部的血液循环，使头发得到滋养，光滑乌亮，发根牢固。健康的头发是：有光泽、无皮屑、清洁滋润。对中国人来说，一头乌黑发亮的头发与黑眼睛、黄皮肤一样都是我们为之自豪的民族特色，因此，作为商务工作者在正式场合不应该将头发染成其他颜色。

第二，长短适中。

发型的选择与身高、脸型和场合有关。适合商务场合的发型要求。

男士：前发不覆额，侧发不掩耳，后发不及领。

女士：长发挽起，短发为宜，方便打理。

（2）面部修饰

第一，清洁、整洁。

即时刻保持面部干净清爽，无汗渍和油污等不洁之物，勤于洗脸，午休、用餐、出汗、劳动或者外出之后，都应立刻洗脸。

第二，礼仪自检。

眼部清洁——眼部分泌物要及时清除。

耳朵保洁——平时洗澡、洗头、洗脸时，应安全地清洗一下耳朵内外，及时清除耳朵孔中的分泌物，当耳毛长出耳孔之外时，就应进行修剪。

鼻部清爽——鼻腔要随时保持干净，不要让鼻涕或别的东西充塞鼻孔，经常修剪一下长到鼻孔外的鼻毛。

口腔干净——应坚持每天刷牙，尤其是饭后，一定要刷牙，以去除残渣、异味。另外，在重要商务活动之前忌食蒜、葱、韭菜等可让人口腔发出刺鼻气味的东西。

男士要清除胡须——在正式场合，男士留着乱七八糟的胡须，一般会被认为是很失礼的，而且会显得邋里邋遢。个别女士因内分泌失调而长出的汗毛，也应及时清除，并予以治疗。

第三，面部美化。

商务人员为了体现自己的敬业精神，更好地维护自己所在企业的形象，同时也为了对交往对象表现尊重、友好，在商务交往中必须保持容光焕发、神采奕奕、精神抖擞。

面部化妆是一种美化自我形象的行为。对女性商务工作者来说，淡妆上岗是最基本的要求。但是不要当众"表演"，这样等于告诉别人我是怎么变漂亮的；不要在异性面前化妆，那样就有卖弄之嫌；不要使妆面出现残缺，如果发现脱妆，应立即到洗手间或避人处进行补妆；不要评论他人的妆容，那样只会令人有"五十步笑百步"之嫌。

（3）手部修饰的要求

手掌和手臂是肢体中使用最多、动作最多的部分，要完成各种各样的手语、手势，因此，就会得到众多目光的眷顾。如果手掌和手臂的"形象"不佳，整体形象将大打折扣。

手部的修饰，可以分为手掌、肩臂两个部分。

手掌：是手臂的中心部位，也是手语的关键部位。对它的修饰必须做到以下几点：

①干净。在日常生活中，手是接触他人和物体最多的地方。从清洁、卫生、健康的角度来讲，手应当勤洗。餐前便后，外出回来及接触到各种东西后，都应及时洗手。

②修剪指甲。手上的指甲应定期修剪，最好每周修剪一次。手指甲的长度以不超过手指指尖为宜。

③健康。对于手部要悉心照料，定期保养，不要让它处于不健康的状态。

④在正式的商务场合中，手臂，尤其是肩部，不应当裸露在衣服之外。

⑤手臂的汗毛。由于个人生理条件不同，个别女性手臂上汗毛生长得过浓或过长。这种情况，最好是采用适当的方法进行脱毛。

⑥腋毛不外显。在他人面前，尤其是外人或异性面前，腋毛是不应为对方所见的。女士要特别注意这一点。

（4）腿部修饰的要求

腿部的修饰，主要应注意脚部、腿部和汗毛等问题。

①脚部：在正式场合不要光脚穿鞋，使脚部过于暴露的鞋子（如拖鞋、凉鞋）也不能穿。在非正式场合光脚穿鞋子时，要确保脚的干净和清洁。

②腿部：在商务场合，不允许男士暴露腿部，即不允许男士穿短裤。女士可以穿长裤、裙子，但不得穿短裤或超短裙，尤其不允许袜子以外的部分暴露出裙子之外。

③解决汗毛问题：男子成年后，一般腿部的汗毛都很重，所以在正式场合不适宜穿短裤或卷起裤管。女士的腿部汗毛如果过于浓密，应脱去或剃掉，没有剃掉或脱掉过浓密的汗毛之前，切忌穿浅色的透明丝袜。

2. 服饰礼仪

在人际交往中，服饰既是一种社会符号又是一种审美符号和情感符号。商务工作者在穿着方面应遵守以下规范：

第一，干净整洁无异味。

商务工作者如果衣着不洁，是既不尊重自己，也不尊重别人的表现，轻则给人留下缺乏教养、没有品位的不良印象，影响双方进一步的交往；重则损害集体形象、民族形象和国家形象。

第二，符合个人的身份。

从着装可以看出一个人的职业、身份和工作性质。因此，干什么的就要穿得像什么的。例如，交通民警穿制服指挥交通；银行员工穿制服上班工作；大夫穿白大褂给病人看病。试问：若有一个穿着便衣的人拿着注射器要给你打针，你干不干？

第三，区分不同的场合。

社交场合着装：时尚，个性，典雅华贵是其主旋律，例如旗袍、礼服、时装等。

公务场合着装：庄重，保守，传统。适合的服装款式有：制服、套装、裙服、工作服等。不适合的服装有：牛仔裤、运动装、沙滩装、家居装等。

休闲场合着装：选择舒适和透气性好便于活动的服装，如套头衫、宽松休闲裤、带帽子的拉链衫等，以色彩鲜明、造型别致为主，最有代表性的休闲装是牛仔装、运动装。

第四，遵守相关的成规。

成规即约定俗成的大众认可的规范。比如前面我们讲到的西服和裙服穿着的规范。

（二）商务人员的仪态礼仪

仪态，指人的肢体动作、表情和风度。在人际交往中，优雅的仪态可以透露出个人良好的礼仪修养，增加不少的印象分，并进而赢得更多合作和被接受的机会。

1. 目光

在公事活动中，用眼睛看着对话者脸上的三角部分，这个三角以双眼为底线，上顶角到前额。洽谈业务时，如果你看着对方的这个部位，会显得很严肃认真，别人会感到你有诚意。在交谈过程中，你的目光如果始终落在这个三角部位，你就会把握谈话的主动权和控制权。

在社交活动中，也是用眼睛看着对方的三角部位，这个三角是以两眼为上线，嘴为下顶角，也就是双眼和嘴之间，当你看着对方这个部位时，会营造出一种社交气氛。这种凝视主要用于茶话会、舞会及各种类型的友谊聚会。

2. 微笑

微笑可以表现出温馨、亲切的表情，能有效地缩短双方的距离，给对方留下美好的心理感受，从而形成融洽的交往氛围，可以反映本人高超的修养，待人的至诚。

微笑有一种魅力，它可以时强硬者变得温柔，使困难变容易。微笑是人际交往重的润滑剂，是广交朋友、化解矛盾的有效手段。微笑要发自内心，不要假装。

3. 握手

它是一种常见的"见面礼"，貌似简单，却蕴涵着复杂的礼仪细节，承载着丰富的交际信息。在社交场合，行握手礼时应注意以下几点。

（1）上下级之间，上级伸手后，下级才能伸手相握。

（2）长辈与晚辈之间，长辈伸出手后，晚辈才能伸手相握。

（3）男女之间，女士伸出手后，男士才能伸手相握。

（4）人们应该站着握手，不然两个人都坐着。如果你坐着，有人走来和你握手，你必须站起来。

（5）握手的时间通常是3～5秒钟。匆匆握一下就松手，是在敷衍；长久地握着不放，又未免让人尴尬。

（6）别人伸手同你握手，而你不伸手，是一种不友好的行为。

（7）握手时应该伸出右手，决不能伸出左手。

（8）握手时不可以把一只手放在口袋。

4. 正确体态

（1）站姿。女人的站立姿势应该是：抬头，挺胸，收腹，两腿稍微分开，脸上带有自信，也要有一个挺拔的感觉。

（2）坐姿。正确的坐姿是你的腿进入基本站立的姿态，后腿能够碰到椅子，轻轻坐下，两个膝盖一定要并起来，不可以分开，腿可以放中间或放两边。如果你要跷腿，两条腿是合并的；如果你的裙子是很短的话，一定要小心盖住。

（3）行姿。正确的行姿是：抬头，挺胸，收腹，肩膀往后垂，手要轻轻地放在两边，轻轻地摆动，步伐也要轻轻的，不能够拖泥带水。

（4）蹲姿。正确的方法应该弯下膝盖，两个膝盖应该并起来，不应该分开的，臀部向下，上体保持直线，这样的蹲姿就典雅优美了。

5. 常见的不良举止

（1）不当使用手机

如果事务繁忙，不得不将手机带到社交场合，那么你至少要做到以下几点：将铃声降低，以免惊动他人；铃响时，找安静、人少的地方接听，并控制自己说话的音量。

如果在车里、餐桌上、会议室、电梯中等地方通话，尽量使你的谈话简短，以免干扰别人。

如果有些场合不方便通话，就告诉来电者说你会打回电话的，不要勉强接听而影响别人。

（2）随便吐痰

吐痰是最容易直接传播细菌的途径，随地吐痰是非常没有礼貌而且绝对影响环境、影响我们的身体健康的。如果你要吐痰，把痰抹在纸巾上，丢进垃圾箱，或去洗手间吐痰，但不要忘了清理痰迹和洗手。

（3）随手扔垃圾

随手扔垃圾是应当受到谴责的最不文明的举止之一。

（4）当众嚼口香糖

有些人必须嚼口香糖以保持口腔卫生，那么，我们应当注意在别人面前的形象。咀嚼的时候闭上嘴，不能发出声音。并把嚼过的口香糖用纸包起来，扔到垃圾箱。

（5）当众挖鼻孔或掏耳朵

有些人，习惯用小指、钥匙、牙签、发夹等当众挖鼻孔或者掏耳朵，这是一个很不好的习惯。尤其是在餐厅或茶坊，别人正在进餐或茶，这种不雅的小动作往往令旁观者感到非常恶心。这是很不雅的举动。

（6）当众挠头皮

有些头皮屑多的人，往往在公众场合忍不住头皮发痒而挠起头皮来，顿时皮屑飞扬四散，令旁人大感不快。特别是在那种庄重的场合，这样是很难得到别人的谅解的。

（7）在公共场合抖腿

有些人坐着时会有意无意地双腿颤动不停，或者让跷起的腿像钟摆似的来回晃动，而且自我感觉良好以为无伤大雅。其实这会令人觉得很不舒服。这不是文明的表现，也不是优雅的行为。

（8）当众打哈欠

在交际场合，打哈欠给对方的感觉是：你对他不感兴趣，表现出很不耐烦了。因此，如果你控制不住要打哈欠，一定要马上用手盖住你的嘴，跟着说："对不起"。

二、让客人宾至如归

（一）商务接待的原则

商务接待是增进情感，促进商务活动顺利展开和达到目的的重要之举，它需要掌握并遵循商务礼仪的惯例与规范。其主要原则如下：

1. 注意身份对等

身份对等，是商务礼仪的基本原则之一。其基本含义，是指主人在接待客户、客商时，要根据对方的身份，同时兼顾对方来访的性质以及双方之间的关系，安排接待的规格，以便使来宾得到与其身份相称的礼遇，从而促进双方关系的稳定、融洽与发展。这项原则，要求我们在接待工作中，应把对方的身份置于首要的位置，一切具体的接待事务均应依此来确定。

根据身份对等的原则，接待方出面迎送来宾的主要人员应该与来宾的身份大体相当。若接待方与来宾身份对等的人员忙于他事难以脱身或不在本地，而不能亲自出面迎送来宾时，应委派其副手或与其身份相近的人员出面接待，并在适当的时刻向来宾做出令人信服的说明和解释，以表示我方的诚意。

同样，接待方在与来宾进行礼节性会悟或举行正式谈判时，也必须使接待方到场的人数与来宾的人数基本上相等。另外，接待方在为来宾安排宴请活动，或为其准备食宿时，应该尽量使之在档次、规格各方面与来宾的身份相称，并符合客人们的生活习惯，体现东道主对客人的关心与照顾。在接待外商时，更要注意这一点。

2. 讲究礼宾秩序

礼宾秩序所要解决的是多边商务活动中的位次和顺序的排列问题。在正式的商务活动中，礼宾秩序可参考下列四种方法：

（1）按照来宾身份与职务的高低顺序排列

如接待几个来自不同方面的代表团时，确定礼宾秩序的主要依据是各代表团团长职务的高低。

（2）按照来宾的姓氏笔画排列

在国内的商务活动中，如果双方或多方关系是对等的，可按参与者的姓名或所在单位名称的汉字笔画多少排列。其具体排法：按个人姓名或组织名称的第一个字的笔画多少，依次按由少到多的次序排列。

（3）按照英文字母的先后顺序排列

在涉外活动中，则一般应将参加者的组织或个人按英文或其他语言的字母顺序进行排列。具体方法如下：先按第一个字母进行排列。当第一个字母相同时，则依第二个字母的先后顺序排列；当第二个字母相同时，则依第三个字母的先后顺序排列，以此类推。但每次只能选一种语种的字母顺序排列。

（4）按其他先后顺序排列

按照有关各方正式通知东道主自己决定参加此项活动的先后顺序，或正式抵达活动地点的时间的先后顺序排列。

（二）商务接待的准备

从接到来客通知后，接待工作就开始进入准备工作阶段。这是整个接待工作的重要环节，一般应从下面几个方面来准备：

1. 了解客人基本情况

接到来客通知时，首先要了解客人的单位、姓名、性别、民族、职业、级别、人数等。其次要掌握客人的意图，了解客人的目的和要求以及在住宿和日程安排上的打算。第三要了解客人到达的日期、所乘车次、航班和到达时间，然后将上述情况及时向主管人员汇报，并通知有关部门和人员做好接待的各项准备工作。

2. 确定迎送规格

按照身份对等的原则，安排接待人员。对较重要的客人，应安排身份相当、专业对口的人士出面迎送；亦可根据特殊需要或关系程度，安排比客人身份高的人士破格接待。对于一般客人，可由公关部门派遣有礼貌、言谈流利的人员接待。

3. 布置接待环境

良好的环境是对来宾的尊重与礼貌的表示。接待室的环境应该明亮、安静、整洁、幽雅，应配置沙发、茶几、衣架、电话，以备接待客人进行谈话和通讯联络之用。室内应适当点缀一些花卉盆景、字画，增加雅致的气氛。还可放置几份报刊和有关本单位或公司的宣传材料，供客人翻阅。

4. 做好迎客安排

与行政或公交部门联系，按时安排迎客车辆；预先为客人准备好客房及膳食；若对所迎接的客人不熟悉，需准备一块迎客牌，写上"欢迎××先生（女士）"以及本单位的名称；若有需要，还可准备鲜花等。

（三）商务接待的基本程序

商务接待的基本程序如下：

1. 迎候

在商务往来中，对于如约而来的客人，特别是贵客或远道而来的客人，表示热情、友好的最佳方法，就是要指派专人出面，提前到达双方约定的或者是适当的地点，恭候客人的到来。

对于来自本地的客人，接待人员一般应提前在本单位驻地的大门口或办公楼下迎候客人。待客人的车辆驶近时，应面带微笑，挥起右臂轻轻地晃动几下，以示"我们在此已经恭候多时了，欢迎您的光临"的意思。若来宾德高望重或是一位长者的话，则我方的接待人员应在对方的车子停稳之后，热情上前，为之拉开车门，并同时伸出另一只手挡住车门的上框，以协助对方下车。在来宾下车之后，我方的迎候人员应依照身份的高低，依次上前，与对方人员一一握手，并同时道一声："欢迎光临!"或是"欢迎，欢迎"。若双方此刻到场的人员较多，则我方应有专人出面，按照有关礼仪规范，为双方人员引见、介绍。

对于来自外地或海外的重要客人，接待人员应专程提前赶往机场、码头或火车站，迎接客人的到来。并做好有关方面的安排工作。

2. 陪同

在商务活动中，接待人员陪同客人，步行一般应在客人的左侧，以示尊重。如果是主陪陪同客人，那要并排与客人同行。如果是随行人员，应走在客人和主陪人员的后边。负责引导时，应走在客人左前方一两步远的地方和客人的步速一致，遇到路口或转弯处，应用手示意方向并加以提示。乘电梯时，如有专人服务，应请客人先进入，如无专人服务，接待人员应先进去操作，到达时请客人先行。进房间时，如门朝外开，应请客人先进，如门往里开，陪同人员应先进去，扶住门，然后再请客人进入。

乘车时，陪同人员要先打开车门，请客人上车，并以手背贴近车门上框，提醒客人避免磕碰，待客人坐稳后，再关门开车。按照习惯，乘车时客人和主陪应坐在司机后第一排位置上，客人在右，主陪在左，陪同人员坐在司机身旁。车停后陪同人员要先下车打开车门，再请客人下车。如果接待两位贵宾，主人或接待人员应先拉开后排右边的车门，让尊者先上，再迅速地从车的尾部绕到车的另一侧打开左边的车门，让另一位客人从左边上车；只开一侧车门让一人先钻进去的做法是失礼的。当然，如为了让宾客顺路看清本地的一些名胜风景，也可以说明原因后，请客人坐在左侧，但同时应向客人表示歉意。需要强调的是，即使是为了让客人欣赏风景，也不要让客人坐司机旁的位置，尤其是接待港、澳、台地区和外国客人时更应注意这一点，否则，会弄巧成拙、事与愿违。

当客人告辞时，应起身与客人握手道别。对于本地客人，一般应为之送行至本单位楼下或大门口，待客人远去后再回单位。如果是乘车离去的客人，一般应走至车前，帮客人拉开车门，待其上车后轻轻关门，挥手道别，目送车远去后再离开。

对于外来的客人，应提前为之预订返程的车、船票或机票。客人离开前，主人应专程前往下榻处话别或前往机场、码头或车站送行。送别时，应与客人一握手，祝愿客人旅途平安并欢迎再次光临。将客人送上车、船或飞机后，送行人员应面带微笑，挥手告别，待车、船或飞机离开后，直到看不见对方时，方可返回。

（四）商务接待中的具体礼节

在商务运作中，接待是一项重要的工作事项，其具体礼节要求如下：

1. 来访者无论身份如何、目的为何，都应热情接待。切不可让客人坐"冷板凳"，或以貌取人，言语不周。

2. 访者到来时，接待者要起立，主动握手，表示欢迎。

3. 接待过程中，要善于倾听客人的谈话。

在客人讲话过程中，正视对方，适时地以点头表示尊重，且一举一动都要表示出你在认真听对方讲话，切忌做与交谈无关的动作，如翻看报纸，写东西等，以免让客人有被怠慢的感觉。

4. 当客人到来时，应告诉秘书尽量不要让电话打扰。如有重要电话应先向客人说"对不起"，在得到客人谅解后再接听，且要长话短说。接待客人时，不停地接听电话，打断对方的讲话都是一种不礼貌的行为。

5. 交谈过程中，不要随意打断、反驳对方，也不要轻易许诺。

不同意对方的观点，要克制情绪，委婉地表达自己的意见。意见一致时也不要喜形于色。同时，能马上答复或解决的事不要故意拖延时间，暂时不能解决的，应告诉对方一个解决方案，约定一下时间再联系。

6. 如果交谈中出现某些使你为难的场面，可以直截了当地拒绝某一要求，也可以含蓄地暗示自己无法做到，请求对方理解。但要注意方式和态度，尽量不要让对方误认为你是瞧不起他或有能力而不愿帮忙。如果想结束会见而对方又未察觉，可以婉言告之如"对不起，我还有个十分重要的会议"等，也可以用身体语言提示对方，如：间隔性的抬腕看表等。

三、争取客户的礼仪

（一）拜访前的准备工作

为了做个有礼且受欢迎的客人，必须作好拜访前的准备工作。要做到"知己"和"知彼"。

1. 弄清拜访是属于哪种性质的拜访，然后可以准备相应的工作。如果是商业性的拜访，应事先将相应的资料准备好，将自己的目的、宗旨理清，这样就不会仓促而去，浪费对方的时间。

2. 拜访前要注意自己的着装与个人形象。拜访之前，衣着方面除了注意因地制宜及清洁、舒适之外，还须了解自己及你所拜访对象的身份。

有了这些原则就能帮助你展现出专业风采。因为你的外观代表了公司形象。如果客户对你产生美好的第一印象，这次拜访就等于成功了一半。调查显示，留给人的第一印象的好坏取决于人的外表。也就是说，外表能传达给别人的信息包括关于你是个什么样的人，你代表的公司又具有怎么样的企业文化以及你的产品形象。

3. 要先了解对方的基本情况。如，经营状况等基本资料。另外，适当的称谓亦是商业礼节中重要的一点。如果你要与商业客户会面，却不知道他正确的称呼，便可先打电话请教其秘书，对方必然会很乐意告诉你。即使这是长途电话，仍有其必要性。因为当你们见面时，合适的称呼将能为你赢得良好的第一印象。

（二）拜访时间的选择

商务拜访最好选择工作时间，事前要在时间的安排上做好准备。

1. 要事先预约拜会的时间，预约时要有礼貌地请教对方，你所定时间内他是否有空接见你，同时也必须告知对方你此次的拜访需要占用对方多久时间，使被访者有所准备，不要做"不速之客"。

2. 在选择时间的艺术上要特别注意：千万不要选对方公司刚开门时，或是对方中午用餐及休息时间。再者就是即将下班的时间，以上三个时段一般都不适合作为拜访时间。

（三）等待会见时的礼仪

凡是约定的时间要严格遵守，提前5分钟或准时到达，以免对方久等。如果因特殊情况不能前往，应及时通知对方，轻易失约是极不礼貌的。一旦确定约会时间，我们应想方设法避免迟到。把几项活动之间的时间间隔留长些。这样，即使前一项活动超时，下面的活动也不致受到影响。最好估计一下某件事情实际需要多长时间，而不是根据主观判断。

到达对方公司后，首先告知前台人员，你代表哪一家公司、你的姓名以及你要拜访的对象是谁。然后要有耐性地等候前台人员的通报。若被拜访者的前一个约会还没结束，前台人员会请你在贵宾室或会客室稍候，这时千万不要显出一副不耐烦的样子，而要安静耐心地等待。

等待时，千万不要携带小说或者在纸上乱写一通。因为有可能受访者已经站在你面前了，却由于你看小说看得太入神而忽略了，不知他是何时来的，这样会给人非常不专业的形象。

拜访时，如果提前到达，千万不要在拜访的公司内乱走，甚至乱翻别人的资料档案。这是非常失礼的行为。想在拜访地借用电话时，记住要尊重主人，先打声招呼，才可使用电话。

如果你是客人，到达后就应进行登记，告诉接待员你的姓名、公司名称，给她一张名片（上面印有你的职务），并告知约见人的姓名。在大公司里，知道主要的电话分机号码是很有用的。你可以通知主人或其助手你已经到了，他们会派人接你去办公室或告诉你到哪座楼哪个房间以及怎样走。

当要拜访的对象始终没有办法和你见面，而你又无法再继续等候下去时，可以留下名片，但切记：要将名片左上角往内折！这个动作就是告诉对方你已经来过，而且一定要请前台人员转送并致谢，表示你实在是因为接下来还有其他事情，所以没有办法继续等待。也可要求前台小姐再约下次时间。但是千万别跟前台小姐抬杠，或批评对方主人，这是商务拜访时需特别注意的细节。

另外，与客户相约，若你准时赴约却在接待室中等了很久，还是没有人来与你会面，不管是否能继续等待，只要已超过 20 分钟，就可以请问秘书或前台服务人员"您是否能告诉我，×先生何时有空呢?"记住对秘书也要有礼貌，就算你对他（她）的上司非常生气，也不能把气出在他（她）身上。

（四）拜访时的礼仪

进入拜访对象的办公室时，应在主人告知你衣帽或手提袋该放在何处时再放，不要贸然行事，有的人在没有经过主人的示意下就自作主张将背包等放在主人的桌子上，这是不礼貌的。客人应把公文包或手袋放在地上，不可放在桌子上，那是主人的领地。同样，不要自行取用桌子上的糖块，也不要去碰或表现出想看桌子上任何文件的企图。

客人应等候主人指示后再入座。如果主人出于某种原因没有指明（也许忘了）。那么，客人最好先问一下再坐，以免错误地坐在别人的座位上。更何况，会谈也不一定在你所进的第一个房间里进行。主人让座之后，要口称"谢谢"，然后采用规矩的礼仪坐姿坐下。

遇到雨雪天气，你可能会撑伞或穿雨衣。记住在进入别人的办公室前，就要先请教前台人员是否有衣帽间可以放置你的伞或雨衣，最好不要随身携带雨具去见你所要拜访的人。

主人递上烟茶要双手接过并表示谢意。如果主人没有吸烟的习惯，要克制自己的烟瘾，尽量不吸，以示对主人习惯的尊重。主人献上果品，要等年长者或其他客人动手后，自己再取用。即使在最熟悉的客户家里，也不要过于随便。

（五）接受奉茶的礼仪

在拜访时，当有人为你奉茶时，应注视奉茶者，并诚恳地说声"谢谢"，即使是餐厅服务员帮忙加水，也要对其表示谢意，感谢他们的辛勤劳动。在商务活动中，当别人奉茶时不要以手去接，以免增加奉茶者的困扰。但若是领导或长辈亲自给你奉茶则要起身双手恭敬地接迎。受人招待奉茶时，如果无法说感谢，也要以和蔼的眼神予奉茶者以回应，绝不可视而不见、听而不闻，否则是非常失礼的行为。

如需调和糖与奶精，应先调好之后，茶匙横放在碟子上。再以右手端起杯子（除非你惯用左手）。

喝茶时不需将杯垫一起端起，以单手端起茶杯，另一手轻扶杯垫，预防杯垫掉落即可。但若坐在矮茶几旁，则必须连同杯垫一起端起，以免不慎打翻了。

喝茶时不可出声，不要因怕将茶叶喝入口中而以嘴滤茶，如果发出声音则是十分不雅的。

女士喝茶先用化妆纸将口红轻轻擦掉些，以免口红印留在杯子上。

商务拜访时，如对方未先提出备有饮料款待时，来访者不宜主动提要求。

（六）商务拜访的告辞礼仪

告别是一次拜访活动的结尾部分，应在友好的气氛和心情下结束，以利未来的继续交往合作。在拜访的目的基本实现或达到预约的时间时，应先说一段有告别意义的话后起身告辞，忌在对方刚说完一段话后就起身告辞，这会使人产生误解。也不要在另一位客人刚到时告辞，应再坐片刻再走。一旦说出告辞，也就要立即起身并婉言谢绝主人相送，但也不要过分客套与主人你来我往地互推相让，同时切忌边走边喋喋不休地说，使主人无法回身。

当主人相送时，你要很有礼貌地请对方留步。经过前台刚刚引导过你的人员身边，要再度谢谢，留下一个好印象，下次你若再拜访：他（她）对你的印象会非常深刻。

（七）办公室拜访礼仪

因工作需要到对方单位或办公室进行拜访，要准时造访。进入办公室前应先敲门，经允许后方可进入。如果办公室门是关着的，进来后应轻轻把门关上。

如果是初次拜访，进门后应问候"你好""各位好"或点头致意，然后自我介绍或向接待人员递名片，请求与要会见者见面。如是与约好的会见人见面，应提及双方约会的事，让接待者明白来意。

到办公室拜访要注意仪容，穿戴要整洁大方，这既是对对方的尊重，同时也表明自己对拜访的重视程度。

到办公室拜访，特别是一般性的工作访问，多数情况下不必准备什么礼物。但若是为了感谢对方单位的支持，就应准备相应的礼品，一般的锦旗、牌匾之类的礼品为宜。

到办公室拜访，一般都是在工作时间。所以，拜访时间不宜过长，一般在 15 分钟至半个小时之间即可。

（八）居室拜访礼节

当你决定到客户家中拜访，事先最好给主人去封信或打个电话，预先约定一个合适的时间，以便主人事先做好安排。如果不打招呼就贸然前去，很容易扰乱主人的工作和生活秩序，而且也容易扑空。如果事先已与主人定了时间，就要信守，准时到达，以免主人久等。如因发生了特殊情况而不能前往，或者需要改变日期和时间，应提前通知对方，并表示歉意。因为对别人随便失约是很不礼貌的。

初次到别人家做客，最好适当带些礼品。如主人家有老人或小孩，就应尽量带适合他们需要的礼品。熟客一般不必带礼物，但遇有重要节日或特殊约会，则不妨带些大家所欢迎的礼品。

到居室拜访，时间不宜太早和太晚，最好安排在下午或晚饭后，要尽量避开吃饭和休息之时。穿戴应整洁大方，适当做些修饰，一是注重自身形象，二是显示尊重主人。

进门之后，如果主人家是铺了地毯，和主人寒暄后，在门口先换上主人备用的拖鞋，以保护地毯或铺装的地面。

在主人来让坐之前，不能自己随意坐下。如果拜访的主人是长辈，或者是初次做客，更需要彬彬有礼，在主人请你坐下之前，绝不能先落座。如彼此的关系较密切，则可以稍随便些。你在落座之前，要将外衣和帽子脱下，连同携带的提包、雨具等物，放在主人指定的地方，千万不要乱扔，以免引起主人的反感。

在与主人交谈时，应注意礼貌，姿势要端正自然，语气要温和可亲，且注意倾听主人的谈论。若对方是长者，他在谈话时，不可随便插话，更不要自以为是。

在主人家不要乱翻乱看，不要乱扔果皮烟蒂，未经主人同意，不拿走主人的任何东西。如果主人招待的是饮料、水果、点心，饮料可以全喝完，但水果、点心只能稍稍品尝。应主人之请在主人家吃便饭时，应首先表示请主人与长辈一同进餐，待主人也入座进餐后自己再吃。进餐时要注意文明，饭后应向主人恰当地表示谢意。

拜访时间不宜过长，特别是在晚上的时候，否则就会影响主人的休息。初次应以 30 分钟为好，重访一般应控制三小时内。俗话说"客走主安"，客人不及时告辞，主人是不得安宁的。

告辞之前不可让主人看出急于想走的样子，也不要在主人说完一段话或一件事时，立即提出告辞，这样会使主人觉得你对他的谈话或说的事不耐烦。如果发现主人有急事要办，则应适时结束交谈并告辞。告别时，注意向主人及其家庭主要成员打招呼"再见"，并诚意邀请他们到自己家里做客。主人热情相送，应及时请主人留步。

（九）宾馆拜访礼节

如果外地客户来到本地，住在某宾馆里，得知消息以后，应前去进行礼节性的拜访。拜访前应先约定时间，预定时必须问清宾馆的位置、楼层、房号、电话等。

到宾馆这样的公共场所，若是穿着不得体，有可能被拒之门外，即使不被阻挡，也会招来人们冷峻的眼光。进入宾馆以后，应向保安或服务台人员说明来意，然后往房间打个电话，经客人允许后，方可到房间去。

进客房前，看清房间号码。敲门后，待客人开门后进行自我介绍，双方证实身份后，客人说了请进方可进入房间。

如果是星级宾馆，一般的房间都带有会客厅，不应进入卧房交谈。

到宾馆拜访大都属于礼节性的拜访，作为东道主，应热情地表示对客人到来的欢迎。同时关心询问客人生活、工作上有什么不便，需要提供什么帮助。并且拜访时间不宜太长，以 15 分钟左右为宜。到宾馆拜访，通常不必准备礼物。

在宾馆的前厅及走廊上不要急匆匆跑动，脚步要轻稳。与服务员讲话态度要和蔼，语气要平缓，对男子统称"先生"，对女子则统称"小姐"。

进出宾馆大门、上下电梯。分别有门迎、电梯服务员为你提供服务，不要忘记道谢。

四、商务会议 ABC

（一）会议组织者的礼仪

商务会议是商务活动中不可缺少的活动，在商务往来中发挥着重要的作用。它是企业研究问题、制定决策、交流信息等的重要手段。商务人员经常遇到的事情，就是组织会议或者参加会议。不同的会议要求商务人员应遵循不同的礼仪规范，这不仅是确保各类会议取得成功的关键所在，也是展现公司或企业形象的一面镜子，更是保障公司或企业利益的一种手段。

会议组织者礼仪主要体现在恪守职责上。即从制定计划开始，直到会议结束，都应该保持清醒的头脑和细致的洞察力，从客观上对会议过程进行控制。对于会议过程中的突发问题，要及时解决，妥善处理。

会议开始前，要做好准备工作和邀请工作，会议参加者到达会场，要热情接待、介绍；会议进行过程中要热情服务，全面照顾；会议结束后，要热情地做好送行工作。在整个会议期间，要力求做到有求必应，有问必答，不厌其烦，全心全意地为参加会议的人员提供解答。

（二）会议参加者的礼仪

收到会议邀请要及时回复，表示感谢并愉快地接受或者委婉地拒绝。

着装应以正装为主。如果是户外会议，应事先询问主办单位是否可着休闲服。

开会之前应对会议的内容做一个大概的了解，这样才能有的放矢。

在参加会议时，要强调时间观念。"效率就是生命，时间就是金钱"，参加会议时，准时或者早到会场均可，但是如果迟到了就犯了大忌，因为别人可能会认为你故意摆架子，浪费了别人的时间，甚至还可能延误原本的会议，导致不必要的损失。如果是刚刚入行的年轻人，提前赶到会场是大有好处的，这样不仅可以与早到的与会人员交流行业信息或者工作经验，还可以趁机扩大自己的交际圈子，增强自己的人脉关系，或者多向前辈请教，更深入地了解会议内容，提早进入状态。结识他人时，要以友善且正式的方式将自己介绍给对方，并赠送给对方名片。

如果确实有原因不能按时抵达会场，应尽早通知会议组织者或主持人，以便重新安排会议。如果中途因有事要退场，也应告知会议组织者或主持人，并最好在会议休息时退场或者在尽量不打扰别人与会议进行的情况下，轻声离开会场。

抵达会场时应将自己的仪态调整到最佳，不要显得慌慌张张。开会时如有发言安排，应将自己发言的资料整理齐全，并要求管理人员检测一下视听设备，以确保发言的顺利进行。如果在会议中想要使用录音及其他设备，最好事先征得工作人员或发言人的同意。

选择合适的座位就座也很重要，如果会议主办方已经将座位卡摆放妥当，则只需按位就座，如果没有具体安排，应注意使自己的座次反映出在与会人员中的地位。等他人指示入座或主席宣布大家就座时，才可坐下。

会议开始时要关闭通讯设备或调至静音状态，会议进行时不要接电话或发短信、玩游戏。如有公务应在会议结束时处理。

会议进行时，不要瘫坐在椅子里给人一种无精打采的感觉，让别人以为你对会议的内容不重视或者不感兴趣。脚要平放，背靠椅背，身体可略微前倾。不要来回挪动椅子发出噪音或者影响别人。

最好准备好纸笔，将听到的关键之处记录下来，留作会后提问或者日后参考之用。如果不做记录，也应当认真倾听，不要因无聊而打盹或者随手涂写或玩弄文具。

即使有问题或者对对方的发言存在异议，也不可随意打断别人的发言，更不能吹口哨或者喝倒彩，这是对别人不尊重的失礼行为。应等别人的发言结束或者对方示意大家可以提问了再提问题。提问时要按照次序，彬彬有礼，不能情绪激动甚至失控，对别人的发言更不能以偏概全或含沙射影，要诚恳且委婉地提出意见或建议。如果有原因不便当面提出问题，可以写在小纸条上，请主持人代为提问。

注意保护会议室的环境卫生。不要随地乱丢杂物，应了解会议室内是否允许吸烟，随身所带的干净手帕或者纸巾或许能在关键时刻避免尴尬。

通常主办单位会准备茶、咖啡、点心等食物，若没有，也尽可能地不提出要求；喝饮品，宜用杯子，不可直接对着瓶、罐。

会后不要急着离场，要祝贺主办方将会议举办得很成功，并称赞其他与会者在会议中的表现，以表示对此次会议的重视。

（三）主持人的基本礼仪

各种会议的主持人，一般由具有一定职位的人来担任，其礼仪表现对会议能否圆满成功有着重要的影响。

1. 主持人应衣着整洁，大方庄重，精神饱满，切忌不修边幅，邋里邋遢。

2. 走上主席台应步伐稳健有力，行走的速度因会议的性质而定。

3. 入席后，如果是站立主持，应双腿并拢，腰背挺直。持稿时，右手持稿的底中部，左手五指并拢自然下垂。双手持稿时，应与胸齐高。坐着主持时，应身体挺直，双臂前伸。两手轻按于桌沿，主持过程中，切忌出现搔头、揉眼、拦腿等不雅动作。

4. 主持人言谈应口齿清楚，思维敏捷，简明扼要。

5. 主持人应根据会议性质调节会议气氛，或庄重，或幽默，或沉稳，或活泼。

6. 主持人对会场上的熟人不能打招呼，更不能寒暄闲谈，会议开始前，或会议休息时间可点头、微笑致意。

（四）会议就座礼仪

如果受到邀请参加一个排定座位的会议，最好等着将自己引导到座位上去。通常会议主席坐在离会议门口最远的桌子末端。主席两边是为参加公司会议的客人和拜访者的座位，或是给高级管理人员、助理坐的，以便能帮助主席分发有关材料、接受指示或完成主席在会议中需要做的事情。

如果会议中有很特殊的规定，例如，如果有从其他国家的其他公司来的代表，座位总是包括那个公司的高级代表，坐在长会议桌的中间，您的公司的高级管理人员坐在他们的对面，都在自己的身边坐着自己公司的职员，而会议桌的两端则空着。

通常客人坐在面对门口的座位上。

座位的次序不像正式宴会上男女交叉着坐那样安排，业务会议不应区分性别，不应男女坐对面。

（五）主席台就座者礼仪

到主席台就座的一般都是相关的领导干部及被邀的知名人士，因此这些人到主席台就座时更应该讲究相应的礼仪规范。

1. 在进入主席台前就座时，要井然有序，如果会议参加者鼓掌致意，

主席台就座者应微笑着以鼓掌作答。

2. 会议进行时，要注意倾听发言人的发言，不应在发言人发言时阅看其他文件或与其他主席台上的就座者长时间地交头接耳。

3. 倘有重要和紧急事宜须提前离开会场，应与主持人打个招呼，最好在征得会议主持人同意之后再离席，在别人发言时不要退席。

（六）会议发言人的礼仪

会议发言有正式发言和自由发言两种，前者一般是领导报告，后者一般是讨论发言。正式发言者，应衣冠整齐，走上主席台应步态自然，刚劲有力，体现一种成竹在胸、自信自强的风度与气质。发言时应口齿清晰，讲究逻辑，简明扼要。如果是书面发言，要时常抬头扫视一下会场，不能低头读稿，旁若无人。发言完毕，应对听众的倾听表示谢意。

自由发言则较随意，应要注意，发言应讲究顺序和秩序，不能争抢发言；发言应简短，观点应明确；与他人有分歧，应以理服人，态度平和，听从主持人的指挥，不能只顾自己。

如果有会议参加者对发言人提问，应礼貌作答，对不能回答的问题，应机智而礼貌地说明理由，对提问人的批评和意见应认真听取，即使提问者的批评是错误的，也不应失态。

五、洽谈中的礼仪

（一）洽谈礼仪的基本要求

商务洽谈是商务运营中交易或合作的必然前提。良好的商务洽谈应遵循以下礼仪规范：

1. 以诚待人

古人有言："精诚所至，金石为开。"作为洽谈的首要条件，就是各方的诚意，双方都坦率地将自己的意图、目标真诚地向对方交代清楚，对于洽谈人员来说，最忌讳弄虚作假，口蜜腹剑。健康的洽谈提倡的是开诚布公、光明磊落。以诚待人能为洽谈创造和谐轻松的气氛，改变由于误解等原因形成的不友好场面，获得对方的谅解，达到"化干戈为玉帛"的效果。

2. 信誉至上

信誉至上是洽谈中不可动摇的原则，各方均应严格遵守所达成的协议，履行各自的诺言。洽谈中双方可以亮出自己的利益和要求，必要时可争论一番。但是如果各方就某些问题经过协商、达成协议后，各方就有义务和责任严格遵守。

3. 礼敬对方

礼敬对方就是要求洽谈者在整个洽谈会的过程中，排除一切心理和情绪上的干扰，始终如一地对自己的洽谈对手保持尊重与礼貌。在洽谈会上，文明的语言，诚挚的笑容，友好的态度，得体的举止有助于消除双方的隔阂与抵触心理。在洽谈桌上，始终如一地维持君子风度，有利于赢得对手的尊重和好感。

（二）洽谈准备的礼仪

商务洽谈是指在商务活动中，具有利害关系的双方或多方，为谋求一致，进行合作、化解分歧、处理争端、达成协议等而进行的协商活动。

1. 工作准备

俗话说："知己知彼，百战百胜。"在洽谈之前，如果能对对手有所了解，并有所准备，那么在洽谈中，就可以扬长避短，取得好的效果。洽谈的工作准备主要有：

（1）主题和实力分析

　　既然是洽谈就应该有一个主题，也就是要明确所协商解决的问题是什么。这个问题，可以是立场观点方面的，也可以是基本利益方面的，还可以是行为方式方面的。主题明确后，应紧密围绕这一中心，分析双方实力，我方的优势是什么，不足在哪里；对方的优势是什么，问题在哪里。并就此制定自己的洽谈战略，反复审核，精益求精。

　　（2）了解对手

　　对洽谈对手的了解，应集中于以下方面：对方真正的决策人是谁；洽谈对手的个人资料；谈判风格和谈判经历；洽谈对手在商务活动、人际关系、政治等方面的背景资料；洽谈对手以往谈判成功案例及失败案例等。

　　（3）挑选成员

　　洽谈的成功固然与议题有关，但另一方面与洽谈人员的素质和修养也密切相关。为使洽谈能圆满成功，参与人员应深谙专业、知识渊博、能言善辩、熟知洽谈策略、反应机敏、充满自信、刚毅果断、有理有节。同时，在洽谈前要多做案头准备工作，精心细致地研究各种资料及应变对策，以便做到胸有成竹、处变不惊。

　　2.礼仪准备

　　洽谈的礼仪准备，是指洽谈者要注重自己的仪表，合理地安排好洽谈的时间、地点、洽谈座次。表现出己方的诚意和重视，以及对洽谈对方的尊重。主要考虑的内容有：

　　（1）时间、地点的安排

　　洽谈的时间地点安排，应通过双方协商而定，一般情况下，主方应尊重客方的意愿，时间安排上除征求对方意见外，应尽量避开公众假期，尤其当对方是外企时，过多占用私人时间会引起他人的不快。洽谈的地点应选择高雅、安静、宽敞、明亮的地方，舒适的环境可以放松人的情绪，有利于融洽地进行洽谈。

（2）座次的安排

洽谈时，一般使用长方形桌或椭圆形桌。长方形桌在摆放时，若是横向，以门为准，正对门的一方为上，属客方；背对门一方为次，属主方。若是纵向，以右为尊，即以进门方向为准，右侧为上，属客方；左侧为次，属主方。椭圆形桌因无界限之分，被大多数洽谈所采纳。尤其在多边洽谈时，几乎均是"圆桌会议"，既淡化了"主次"的界限，又可避免失礼于人。

（3）个人仪表的准备

仪表方面，出席洽谈会的商界人士最重视的是服装，正式场合参加人员衣着是否得体，不仅体现了个人及所代表的企业形象，同时也从侧面反映出对会晤者的重视程度及对对方的尊重。男士应穿深色西装配白衬衫，打素色条纹或圆点式领带，黑色系列皮鞋配深色袜子。女士则可选择单一色彩的西装套裙，内穿白衬衫，长筒肉色丝袜，黑色中、低跟浅口皮鞋。发式方面：男士应以整洁传统的短发为主；女士则要以体现职业女性干练、简洁、大方、端庄的发型为首选。同时，女士面部应配以清新淡雅的妆容。

（三）洽谈过程中的礼仪

洽谈是一项双方合作的事项，是双方派出己方代表，在特约的时间、地点进行的一场正规的洽谈，具有特定的规则程序。一般来说，从开始到结束划分六个阶段。

1. 导入阶段

在洽谈刚开始的导入阶段，一般不会费时较多。主要是让洽谈者通过介绍或自我介绍彼此熟悉。在双方入座后，由各自的主要谈判代表分别向对方介绍己方谈判人员。如果是一方代表同时介绍双方的谈判人员，应先介绍己方人员，然后再介绍他方人员，以示对他方人员的尊重。

介绍与被介绍时应遵循介绍的基本礼仪：双方均要以和善友好的态

度出现，行握手礼，面露微笑并说一声"您好"，在需要表示庄重或特别客气时，还应略施一躬。

接下来双方稍作寒暄。为了营造一个轻松愉快的洽谈气氛，话题应是松弛的、非业务性的，比如社会新闻、生活趣事等，要避免带有攻击性或胁迫的话题。如"听说企业发行的股票又升值了？""以你们目前的状况，如果洽谈不能成功，是否会造成很大损失？"等。

2. 概说阶段

概说阶段的目的，是想让对方了解自己的目标和想法，双方做一些双向沟通。谈判代表发言时应当尽可能简短、清晰、准确，避免含混不清和转弯抹角，并且要善于向对方表示友善的情感，言辞和态度尽量不要引起对方的焦虑和愤怒。一方发言时，另一方应认真倾听，尽量不要中间插话打断别人的发言。这个阶段的主要工作是陈述己方立场，提出己方条件，在这个问题上，双方都应采用审慎的、实事求是的态度，讲究信誉，注重自己的谈判形象。大量实例表明，在互相比较信赖的双方，如果有一方总是违反平等互利的原则，耍弄手段，利用他人对自己的信赖以谋求谈判桌上的优势，最终必然会导致合作的失败。

3. 明示阶段

洽谈中双方代表必定会有一些意见争议。明示阶段的任务就是把这些问题及早提出，并加以解决。而对这些必须解决的问题，双方都应遵循平等互利的原则。相互尊重，以平等协商的态度达成谅解，不允许采用强制、欺骗的手段仗势压人，要时刻注意维护自身与企业的信誉和形象。

4. 交锋阶段

对立，可以说是洽谈的命脉。在交锋阶段，为了达到己方的利益，应该表现出勇气、自信与毅力，朝着己方的追求目标勇往直前，同时也要牢记坚持礼敬对手，坚持以诚待人的原则与立场。在交锋阶段，双方都会列举大量事实反驳、说服对手，在反驳对方意见时，要避免使用对抗性的绝对性的语言，如"你们要么接受，要么放弃，没有协商的余地"等，如果对手说了过火的语言或提出不合理要求，也应保持沉着冷静的态度，以理服人，对"事"不可不争，对"人"不可不敬，要避免在暴躁的状态下进行人身攻击。

5. 妥协阶段

妥协阶段是洽谈过程中的"讨价还价"环节，即为了达成一致而进行的让步讨论。在任何一次正确的洽谈中，都没有绝对的胜利者和绝对的失败者。妥协是在求同存异的原则下，通过双方的相互让步来实现的。让步要互惠互利、公平合理、自愿，切忌穷追猛打、以大压小。现代的商界社会，讲究的是伙伴双方的同舟共济，所谓"买卖不成仁义在"。

6. 协议阶段

经过交锋和协商，双方认为已经基本达到了自己的理想，便表示拍板同意，然后由双方决策人，代表己方在协议上签字，这就需要一个签字仪式。主方在安排签字仪式时，首先要做好文本工作。文本要用规范的文句加以陈述，要表述准确，内容全面，不允许有歧义和遗漏。同时准备好签字用的文具。签字时应该先在己方保存的文本上签名，再在对方保存的文本上签字，然后交换文本，"握手言和"。协议书一旦签署生效，双方必须认真履行。

六、商务庆典很重要

（一）开业庆典的准备

开业庆典的准备工作是商务礼仪的一个重要组成部分，要办好开业典礼，使庆典收到预期的效果，就必须要认真做好开业前期的准备工作。

1. 提前做好宣传

开业前，应看情况需要，运用各种传播媒介吸引观众的眼球。这种广告的内容一般包括：开业典礼举行的日期、地点、企业的经营特色，开业时对顾客的馈赠和优待、顾客光临时的路线、车次等。应注意把广告设计得美观大方、醒目突出。

2. 提前发送请柬

开业典礼能否成功，在很大程度上与参加典礼的主要宾客的身份、职务部门的范围和参加典礼的人数有直接关系。因此，应邀请上级领导、知名人士、各职能部门领导或代表，还应多方邀请兄弟企业和关系密切的团体、事业单位、个人及新闻媒介方面的人士参加。请柬要精美、大方。请柬需提前几天邮寄给有关单位和个人。重要人物的请柬，最好直接派人送去。

3. 做好物资准备

要准备好各种喜庆用品、纪念礼品、各种器材、助兴节目等，如必要还需安排庆典活动后的宴会。准备工作总的原则应该是"热烈、隆重、节俭"。

(二) 庆典活动的礼仪程序

庆典活动是商业组织对具有特定意义的事件所举行的庆贺活动。庆典活动可以是内部人员，也可以邀请政府人员、媒介公众、社区公众等参加。庆典活动的礼仪程序为：

1. 典礼开始

通常由单位负责人主持典礼，并宣布重要嘉宾名单。宣读时，其顺序为：先宣来出席的重要领导人名单，再宣读知名人士名单，然后宣读致贺电、致贺函的或个人名单。

2. 致贺词与答词

贺词一般由领导人或知名人士宣读。答词一般由举办单位的主要负责人宣读。答词应简洁、热情。

3. 剪彩

剪彩通常在致答词之后进行。剪彩人由参加典礼的人员中身份最高的领导或知名人士担任。剪彩时，剪彩人应站在台前中央，两位协助剪彩的礼仪小姐应侧身，站在剪彩人两侧，将彩带拉直，把彩球托起并对准剪彩人；第三位协助剪彩的小姐立于剪彩人身后，用托盘将剪刀递上；台上其余人员均应立于剪彩人身后面向台下公众呈横排排列。剪彩人应神态庄重、面带微笑，聚精会神地将彩带剪断。此时，台上、台下的人们应一同鼓掌，并可安排敲锣打鼓、鸣放鞭炮等祝贺。

4. 典礼结束

典礼结束，可组织公众参观，也可举行文艺演出或者宴会。

（三）表彰颁奖庆贺礼仪

表彰颁奖是公司或企业利用会议对在工作中做出突出贡献或成绩的个人、部门予以表扬与庆贺。

其礼仪要求主要有：

1. 布置会场

大会一般安排在较宽敞的礼堂中进行。台上设置主席台并覆盖白色或蓝色的桌布。主席台上方，悬挂表彰大会会幅。主席台前方，放置盆花。主席台侧位，可配有锣鼓队。大会召开前，可放音乐，使会场洋溢热烈、愉悦的气氛。

表彰颁奖会的受奖人员一般安排在会场的前排就坐，重要宾客一般安排在主席台上。受奖人员的座位应与颁奖时的先后顺序一致。

2. 颁奖程序

（1）大会开始前播放音乐，欢迎受奖人员和宾客入座。

（2）负责人主持会议，宣布大会开始。

（3）有关领导讲话，介绍重要来宾，宣读颁奖决定和名单。

（4）进行颁奖。

（5）请来宾致贺词。

（6）由颁奖者和受奖者代表发言或致谢。

（7）宣布大会结束。

3. 受奖人礼仪

（1）着装整洁、大方、端庄、仪态自然。

（2）上台受奖时要依顺序出入，不要左顾右盼，不要扭扭捏捏。

（3）受奖时，要面带笑容，双手接奖，并表示谢意。然后转过身来，面向全场观众鞠躬行礼，并可举起奖品向观众致意，要及时走下主席台，使会议继续进行。

（4）致答辞时，要注意对各方面评价的回应，防止过分谦虚，过分客套。

（四）签订协约的礼仪

商务场上的签约，意味着合作的形成，并使其具有法律效力，同时是企业与企业之间友好协作的表示。因此，签订协约应讲究一定的礼仪。

1. 准备文本

对于即将签署的文件，事先由双方定稿并印刷、装订，双方各备一份。

2. 选择场地

签约地点通常设在会议厅内，厅内设专用的签字桌。我国多使用长方桌，桌上覆盖深色台布。桌子前放两把椅子，桌上摆放各自的文本和签字文具。桌子中央应摆一旗架，分别悬挂签字双方的组织标识旗。在签字桌的上空还应悬挂横幅，写有"×××（项目）签字仪式"等字样。

3. 签字

双方助签人拿出文本，翻开应该签字的那一页，并指明签字的地方。签字人在本方保存的文本上签字，必要时助签人要用吸墨器吸去字迹上的水分，防止污染，然后双方助签人互相传递文本。签字人再在对方保存的文本上签字。随后签字人双方交换文本，相互握手。签字后可以香槟酒共同举杯祝贺，还可以留影纪念。

七、与外商交往的礼仪

（一）迎送外宾的礼仪

迎接、送别是涉外商务活动的重要内容之一，地位十分重要，它关系到外宾对主方的第一印象和最终感受。迎送外宾要根据其身份和来访性质、规格做出不同的安排。主要分为隆重的迎送和一般性迎送。

1. 隆重的迎送

隆重的迎送仪式适用于来访的外国国家元首、政府首脑、军方高级领导人或其他重要的官方代表团，以示对他们的欢迎和重视。仪式必须讲求规范性和严肃性，一定要严格遵守相应的国际惯例。

2. 一般性的迎送

一般性迎送仪式相对要求宽松一些，适用于一般来访者，可能是官方人士，专业代表团，文化体育团体，也可能是长驻我国的外国使节、专家、记者等其他人士到任或离任。仪式同样要郑重，但不必过分渲染、夸张，要充分表示出对来访者的尊重和友谊。

另外，还有一些纯属私人性质的来访，迎送的安排要以礼貌、方便、实际为原则。

3. 迎送规格

迎送的规格一般由主方决定。通常情况下，迎送外宾的人员身份应与客人相对等，也可以稍低一些（例如副职）。如果是国家元首或政府首脑到地方上访问，应由当地最高行政长官或对口负责人迎送，而如果贵宾只是过境，则规格可适当降低。在另一些情况下，为了两国关系或政治等特殊需要，可也适当提高规格。

4. 迎送礼节

迎送外宾首先要准确掌握外宾抵达和离开的时间，迎送人员及车辆要事先安排好，不可迟到、早退。对国级贵宾应布置好两国国旗，在行进路上铺设红地毯，有可设供检阅的仪仗队。献花一定要选用鲜花扎成的花束或花环，在与主宾握手后，由儿童献上。选择花卉要注意对方国家的禁忌，通常忌用菊花、杜鹃花、石竹花和黄色花朵。

客人抵达时，应主动迎上去，按其国家、民族习惯行礼，多以握手、拥抱、贴面为礼节。然后相互介绍随从人员，用对方母语介绍较为礼貌。一般场合下可以交换名片。

迎接外宾一定要事先安排好住处，并指派专人协助其办理各种手续、事宜，安排好翻译工作。当客人抵达住处后，一般不可马上安排活动，应让外宾稍作休息，以便更衣等。

（二）对外宾称呼与问候的礼仪

对外宾的称呼与问候既要符合国际惯例，又要尊重个别国家的风俗习惯。

1. 称呼外宾

称呼外宾，按国际惯例一般称男士为"先生"，女士为"小姐"，知道对方已婚则称"夫人"，或索性均称"女士"。对部长以上的官方人士通常称职务加"阁下"，如"部长阁下"，美国、德国等国家则除外。

对君主制国家的国王、王后要称"陛下"，称王子为"殿下"，对王子之妻也称"殿下"，对公主之夫却不能这么称呼。熟悉的也可称"先生"、"夫人"。

对有爵位的人称其爵位，对军人称军衔，对神职人员称其教会职务，对学者等可称其学位或职称，都要连名称呼，如"××男爵"、"××将军"、"××神父"、"××博士"等。

2. 问候方式

在社交场合，遇到面熟的外宾一定要问候，通常说："您好！见到您很高兴！"

如果忘了对方的名字，可歉意地说："对不起，不知怎么称呼您。"或"真抱歉，我没有记准您的名字。"如果向第三者打听，切不可用手直指其人，应这样发问，如："对不起，您能告诉我坐在靠窗的那位金发女士的姓名吗？"

（三）陪同外宾参观游览

我国幅员辽阔，有许多世界闻名的名胜古迹，因此，来访的外宾，无论是正式访问还是参观旅游，无论是政治交往还是商务谈判，大都有参观游览等活动的安排，而且活动中的轻松气氛，更易缩短双方距离，增进友谊。

1. 确定参观游览项目

确定参观游览项目，主要应该考虑到外宾来访的目的、性质意愿兴趣和当地的季节天气等条件，安全、保密设施以及业务工作的需要，等等。可以主动提出参观游览方案，与对方共同商定，也可以事先通过外交途径了解外宾的要求，做到力所能及，合理安排。

2. 做好计划

确定参观游览项目后，应拟定详细计划：包括景点、时间安排、人数、休息、场所、用餐、交通工具等。事先联系妥当，由各部门做好准备，细节问题也不可忽视。

3. 安排陪同人员

按国际交往礼节，一般应由身份相当的人员陪同外宾前往参观旅游，安排好翻译、解说员或导游人员，陪同人员不宜太多，以免妨碍外宾游览的兴志。

4. 游览中的介绍说明

游览过程中要注意照料好外宾，掌握好时间安排，介绍情况时应实事求是，不可夸大或贬隐，那样一旦对方知道后会十分反感，甚至影响到其他工作与交往，对该保密的内容不可随便透露，对一些不许外宾拍摄或进入的地方，如某些文物、专利设备等，应事先向其解释说明，以免造成不快。

介绍说明应使用对方语言，力求简明、扼要、生动、活泼，外宾较多时可分批介绍或使用扩音器。可以把介绍内容以书面形式印发给外宾，使客人参观游览时有更充裕的时间亲自观看。对外宾的提问，要耐心、热情、认真地回答，帮助他们增进对中国的了解，对确实不了解或确实不准确的也要如实相告，切不可不懂装懂。

（四）馈赠礼仪须知

在涉外活动中，不管是单位团体还是个人，都会遇到相互赠送礼物以表各种心意的情况，送礼没有固定的规矩，但也要讲求约定俗成的礼节。

1. 馈赠方式与场合

馈赠的方式一般是当面进行，也可以预先送去，或通过礼宾人员、外交渠道转送。有的要附上送礼人的名片，有的则应写上祝词附在小信封里。

馈赠应该考虑不同的场合，赴宴作客时应给女主人带些小礼品，有孩子的可给孩子送个玩具；参加婚礼可送上一束花或工艺品，并致以祝福的话：逢年过节，可送日历、烟酒、糖茶等礼物，远方的朋友还可邮寄。

送礼也讲时机。拜访、赴宴等一般刚进门时送给对方：会见和会谈时向主人馈赠一般安排在起身告辞时；为接待人员准备的小礼物，应在刚抵达时尽快赠送；交往过程中，对方赠送了礼品，应酌情及时回赠。

2. 礼品的选择

选择礼品既要考虑对方个人的兴趣爱好，也要考虑对方国家的审美习惯、习俗禁忌，数字、颜色、花卉、动物都有可能成为禁忌，要了解清楚。礼品最好选择物有所值，具有纪念意义或民族地方特色的纪念品、艺术品、书籍、花束、土特产、巧克力及一般用品等。礼品贵在情谊，不求昂贵，免得引起贿赂的嫌疑，令对方受之不安。

礼品不论大小，都应该包装好，使之看起来美观漂亮，表示出你对礼物是精心挑选的，郑重其事的，这能体现对外宾的友好与尊重。

3. 注意各国礼仪

送礼对象不同，所要注意的礼节也大相径庭，例如对欧美一些国家的人，第一次见面不宜送礼，对阿拉伯人更是如此，否则对方会坚信你想贿赂他。对日本人则正相反，不仅初次见面要送，而且送礼还要十分经常、普遍。

任何情况下，最好接受日本人送上的礼物，回送的礼物也不要比日本人送的礼重，或差得太多，不然对方会觉得你故意让他欠你人情。

如果只想送给某个日本人礼物，一定要在单独相处时再送；而同样情况，对阿拉伯人可千万别这么做，否则别人会有所怀疑。

对一般外宾，多给女主人送礼品，可绝不能给阿拉伯人的夫人送东西，但送孩子东西会使对方高兴。送异性香水是关系暧昧的表示。对西方人、日本人可以送酒，却不能送酒给阿拉伯人，也不能送动物形象的东西。不管对方是哪个国家的，都不可以送带有自己公司标志的东西作为礼品，这是非常失礼的，而送富于本国民族特色的东西总是上选。

（五）受赠礼仪须知

掌握一定的受赠礼仪知识，是涉外商务礼仪的重要要求，它是确保

尊重，避免误会的需要。

　　有时候，外宾会赠送礼物给你，此时，并不一定是表现"廉洁"为好。在某些不便拒受的情况下，为了尊重对方的习惯或礼仪，有纪律约束的人员可先收下再按工作要求上交或处理。有时拒绝礼物会让对方难堪并认为你不尊重他。受礼时应眼睛看着对方，双手接礼（阿拉伯一些国家习惯右手接礼，切不可用左手！）并向对方表示谢意。接受欧美客人的礼物要当面拆开表示开心，而接受东方大多数国家客人的馈赠则不能当时打开，除非对方请你打开看一看才可以。对邮寄或送来的礼品，应回复名片或写信表示感谢；正式场合下，受礼者应用左手托好礼物（大型的礼物可先放下），用右手与对方握手致谢。

第六堂课

餐饮舞会，美食美客都是风景

饮食礼仪因宴席的性质、目的而不同；不同的地区，也是千差万别。古代的饮食礼仪是按阶层划分：宫廷，官府，行帮，民间等。而现代饮食礼仪则简化为主人和客人了。不管是中餐还是西餐，无非是两方面的礼仪，一是来自自身的礼仪规范，比如说餐饮适量、举止文雅；另一个是就餐时自身之外的礼仪规范，比如说菜单、音乐、环境等。

一、中餐礼仪知多少

（一）餐桌礼仪

餐桌上有许多应注意的礼仪，而这些礼仪常被忽视。

1. 就座和离席

（1）应等长者坐定后，方可入坐。

（2）席上如有女士，应等女士座定后，方可入座。如女士座位在隔邻，应招呼女士。

（3）用餐后，须等男、女主人离席后，其他宾客才可以离席。

（4）坐姿要端正，与餐桌的距离保持得宜。

（5）在饭店用餐，应由服务生领台入座。

（6）离席时，应帮助隔座长者或女上拖拉座椅。

2. 餐巾的使用

（1）餐巾主要防止弄脏衣服，兼做擦嘴及手上的油渍。

（2）必须等到大家坐定后，才可使用餐巾。

（3）餐巾应摊开后，放在双膝上端的大腿上，切勿系入腰带，或挂在西装领口。

（4）切忌用餐巾擦拭餐具。

3. 餐桌上的一般礼仪

（1）就餐时，请长辈先就坐，晚辈再坐。入座后姿式端正，脚踏在本人座位下，不可任意伸直，手肘不得靠桌缘，或将手放在邻座椅背上。

（2）用餐时须温文而雅，从容安静，不能急躁。

（3）在餐桌上不能只顾自己，也要关心别人，尤其要招呼两侧的女宾。

（4）自用餐具不可伸入公用餐盘夹取菜肴。

（5）必须小口进食，不要大口的塞，食物末咽下，不能再塞入口。口内有食物，应避免说话。自己手上拿着筷子，或他人在咀嚼食物时，均应避免跟人说话或敬酒。

（6）取菜舀汤，应使用公筷公匙。

（7）吃进口的东西，不能吐出来，如是滚烫的食物，可喝水或果汁冲凉。

（8）送食物入口时，两肘应向内靠，不直向两旁张开，碰及邻座。好的吃相是食物就口，不可将口就食物。食物带汁，不能匆忙送入口，否则汤汁滴在桌布上，极为不雅。

（9）切忌用手指掏牙，应用牙签，并以手或手帕遮掩。避免在餐桌上咳嗽、打喷嚏、呕气。万一出现这种情况，应说声"对不起"。

（10）喝酒随意，敬酒以礼到为止，切忌劝酒、猜拳、吆喝。

（11）如餐具坠地，可请侍者拾起。遇有意外，如不慎将酒、水、汤汁溅到他人衣服，表示歉意即可，不必恐慌赔罪，否则反而易使对方难为情。

（12）如欲取用摆在同桌其他客人面前之调味品，应请邻座客人帮忙传递，不可伸手横越，长驱取物。

（13）主食进行中，不宜抽烟，如需抽烟，必须先征得邻座的同意。

（14）如是主人亲自烹调食物，不要忘了给予主人赞赏。如吃到不洁或异味，不可吞入，应将入口食物，轻巧地用拇指和食指取出，放入盘中。倘发现尚未吃食，仍在盘中的菜肴有昆虫和碎石，不要大惊小怪，宜等侍者走近，轻声告知侍者更换。

（15）进餐的速度，宜与男女主人同步，不宜太快，亦不宜太慢。

（16）食毕，餐具务必摆放整齐，不可凌乱放置。餐巾亦应折好，放在桌上。

（17）在餐厅进餐，不能抢着付账，推拉争付，很为不雅。如果是作客，不能抢付账。未征得朋友同意，亦不宜代友付账。

（18）餐桌上不能谈悲戚之事，否则会破坏欢愉的气氛。

（二）宴客礼仪

宴客礼仪包括座位的安排、桌次的安排以及席次的安排三个方面的礼仪。

1. 座位的礼仪

一般的宴会，除自助餐、茶会及酒会外，主人必须安排客人的座位，不能以随便坐的方式，否则会引起主客及其他客人的不满。尤其有外交使团的场合，大使及代表之间，应前后有序，不能相让。

2. 桌次的顺序

一般家庭的宴会，饭厅置圆桌一台，自无桌次顺序的区分，但如果宴会设在饭店或礼堂，圆桌两桌，或两桌以上时，则必须定其大小。其定位的原则，以背对饭厅或礼堂为正位，以右旁为大，左旁为小，如场地排有三桌，则以中间为大，右旁次之，左旁为小。

3. 席次的安排

宾客邀妥后，必须安排客人的席次。目前我国以中餐圆桌款宴，有中式及西式两种席次的安排。两种方式不一，但基本原则相同。一般而言，必须注意下列原则：

（1）以右为尊，左为卑。所以如男女主人并座，则男左女右，以右为大。如席设两桌，男女主人应分开主持，则以右桌为大。宾客席次的安排亦然，即以男女主人右侧为大，左侧为小。

（2）职位或地位高者为尊，高者座上席，依职位高低，不能逾越。

（3）职位或地位相同，则必须依官职传统习惯定位。

（4）遵守外交惯例，依各国的惯例，当一国政府的首长，如总统或总理款宴外宾时，则外交部长的排名在其他各部部长之前。

（5）女士以夫为贵，其排名的秩序，与其丈夫相同。即在众多宾客中，男主宾排第一位，其夫人排第二位。但如邀请对象是女宾，因她是某部长，而先生则官位不显，譬如是某大公司的董事长，则必须排在所有部长之后，夫不见得与妻同贵。

（6）与宴宾客有政府官员、社会团体领袖及社会贤达参加的场合，则依政府官员、社会团体领袖、社会贤达为序。

（7）欧美人士视宴会为社交最佳场合，故席位采分座的原则，即男女分座，排位时男女互为间隔。夫妇、父女、母子、兄妹等必须分开。如有外宾在座，则华人与外宾杂坐。

（8）遵守社会伦理，长幼有序，师生有别，在非正式的宴会场合，尤应遵守。如某君已为部长，而某教授为其恩师，在非正式场合，不能将某教授排在该部长之下。

（9）座位的末座，不能安排女宾。

（10）在男女主人出面款宴而对座的席次，不论圆桌或长桌，凡是八、十二、十六、二十、二十四人（余类推），座次的安排，必有两男两女并座的情形。此或然无法规避。故理想的席次安排，以六、十、十四、十八人（余类推）为宜。

（11）如男女主人的宴会，邀请了他的顶头上司，经理邀请了其董事长，则男女主人必须谦让其应坐的尊位，改坐次位。

（三）中餐出菜的顺序

开胃菜通常是四种冷盘组成的大拼盘。有时种类可多达十种。最具代表性的是凉拌海蜇皮、皮蛋等。

有时冷盘之后，接着出四种热盘。常见的是炒虾、炒鸡肉等。不过，热盘多半被省略。

主菜紧接在开胃菜之后，又称为大菜，多于适当实际上桌。如菜单上注明有"八大件"，表示共有八道主菜。

主菜的道数通常是四、六、八等的偶数，因为，中国人认为偶数是吉数。在豪华的餐宴上，主菜有时多达十六或三十二道，但普通是六道至十二道。

这些菜肴是使用不同的材料，配合酸、甜、苦、辣、咸五味，以炸、蒸、煮、煎、烤、炒等各种烹调法搭配而成。其出菜顺序多以口味清淡和浓腻交互搭配，或干烧、汤类交配列为原则。最后通常以汤作为结束。

点心指主菜结束后所供应的甜点，如馅饼、蛋糕、包子、杏仁豆腐等。最后则是水果。

（四）筷子礼仪

筷子是中餐中最主要的进餐用具。握筷姿势应规范，用餐时如果需要使用其他餐具时，应先将筷子放下。

筷子一定要放在筷子架上，不能放在杯子或盘子上，这样容易碰掉。如果不小心把筷子碰掉在地上，可请服务员换一双。在用餐过程中，已经举起筷子，但不知道该吃哪道菜，这时不可将筷子在各碟菜中来回移动或在空中游弋。不要用筷子叉取食物放进嘴里，或用舌头舔食筷子上的附着物，更不要用筷子去推动碗、盘和杯子。有事暂时离席，不能把筷子插在碗里，应把它轻放在筷子架上。

在席间说话的时候，不要把筷子当道具，随意乱舞；或是用筷子敲打碗碟桌面，用筷子指点他人。每次用完筷子要轻轻地放下，尽量不要发出响声。

（五）调羹的使用

调羹也是中餐中常用的餐具之一，它同使用筷子一样，也有一定的讲究。

手持调羹的方式。右手持调羹的柄端，食指在上，按住调羹的柄，拇指和中指在下支撑；有的人持调羹的方式是拇指在上，按住调羹的柄，食指和中指在下支撑，这是不正确的。

使用调羹，主要是喝汤，有时也可以用调羹盛装滑溜的食物。尤其是在喝汤时，要注意以下几点：

1. 使用时，不要将调羹碰碗、盘发出声响。从外向里舀，调羹就口的程度，要以不离碗、盘正面为限，切不可使汤滴在碗、盘的外面。

2. 喝汤时不能发出响声。有的人对此不太注意，嘴里发出呼噜呼噜的声音，这是十分粗俗的。

3. 不要以口对着热汤吹气。有时端上桌的汤很烫，这时，应先少舀些汤尝一尝。如果太烫，可将汤倒入碗里用调羹慢慢地舀一舀，等汤稍许降温时，再一口一口地喝。

4. 不要将汤碗直接就口。当汤碗朝左的汤要喝尽时，应用左手端碗，将汤碗稍微侧转，再以右手持调羹舀汤。不要将汤碗端起来一饮而尽，这样做不符合餐桌礼仪的要求。

（六）夹菜礼仪

一道菜上桌后，通常须等主人或长者动手后再去取食。若需使用公筷或公用调羹的菜，应先用公筷将菜肴夹到自己的碟盘中，然后再用自己的筷子慢慢食用。

夹菜时，要等到菜转到自己面前时再动筷，不可抢在邻座前面。夹菜次数不宜过多，不要刚夹一样菜放于盘中，紧跟着又夹另一道菜；也不要把夹起的菜放回菜盘中，又伸筷夹另一道菜。夹菜偶然掉下一些在桌上，切不可将其放回菜盘内。遇邻座夹菜要避让，谨防筷子打架。若同桌有外宾，对他不要反复劝菜，也不要为其夹菜，因为外宾一般没有这个习惯。

（七）吃面条的礼节

中华面驰名中外，对世界之面食文化亦有深远影响。吃面或条状的面食也有一定的讲究。吃面或条状的面食，最方便的方式是用筷子，但动作要轻，防止面带着汤乱溅。吃细长的面条时，假如你是坚持"正统"吃法的人，就会用筷子卷绕面条，不宜太多，约只卷四五条。卷绕时要慢，让所有的面条坚固地卷绕在筷子上，然后就可以将它送入嘴巴。

第一次尝试这种吃面方式时，可能会有很多面条从筷子上滑下，卷绕时也可能会掉下不少面条。有时即使是个中高手也难免会失误，而必须费劲将滑溜而出的面条吸入口中，因而发出嘶嘶的响声。不过，任何事情都一样，熟能生巧。

（八）祝酒的技巧

在毫无准备的情况下，被推举出来提议祝酒可能是非常令人紧张的。此时最好的解决办法就是说出你的感受。祝酒辞不用太长。如果你是在毫无准备的情况下被叫起来致祝酒辞，你可以说一些简单的话摆脱困境，如"向主致意，上帝保佑你"或"向出色的朋友和伟大的老板致意"。

但是如果你想表现得更有风度，更有口才，你就会想增加一些回忆、赞美，以及相关的故事或笑话。然而，祝酒辞应当与场合相吻合。幽默感极少会显得不合时宜，但是在婚礼上的祝酒辞应该侧重于情感方面，向退休员工表达敬意的祝酒辞则应当侧重于怀旧，诸如此类。

在餐会上，致祝酒辞通常是男主人或女主人的优先权。如果无人祝酒，客人则可以提议向主人祝酒。如果其中一位主人第一个祝酒，那么客人可以在第二个祝酒。

在仪式场合，通常会有一位酒司仪，如果没有，组委会主席，会在就餐结束，开始发言前，致必要的祝酒辞。在不太正式的场合，可以在葡萄酒和香槟酒上来之后，就提议祝酒。祝酒者并没必要把酒杯里的酒喝干。每次喝一小口即可。

你可能根本不碰包括葡萄酒在内的各种酒精饮料，甚至敬酒时也是如此。当酒传递过来时，你当然可以谢绝，在祝酒时举起装着苏打水的高脚杯。过去，除非是酒精饮料，否则不祝酒，但是今天各种饮料都可以用来祝酒。无论如何，你应该站起来，加入到这项活动之中，至少不应该极端失礼地坐在座位上。

（九）劝人饮酒的方式

中国人的好客，在酒席上发挥得淋漓尽致。中国人敬酒时，往往都想对方多喝点酒，以表示自己尽到了主人之谊，客人喝得越多，主人就越高兴，说明客人看得起自己，如果客人不喝酒，主人就会觉得有失面子。劝人饮酒一般有下列几种方式："文敬"、"武敬"、"罚敬"。这些做法有其淳朴民风遗存的一面，也有一定的负作用。

"文敬"，是传统酒德的一种体现，也就是要有礼有节地劝客人饮酒。

酒席开始，主人通常在讲上几句话后，便开始了第一次敬酒。这个时候，客人与主人都要起立，主人先将杯中的酒一饮而尽，并将空酒杯口朝下，说明自己已经喝完，以示对客人的尊重。客人一般也要喝完。在席间，主人往往还分别到各桌去敬酒。

"回敬"，这是客人向主人敬酒。

"互敬"，这是客人相互之间的"敬酒"，为了使对方多饮酒，敬酒者会找出种种必须喝酒的理由，若被敬酒者无法找出反驳的理由，就得喝酒。在这种双方寻找论据的同时，人与人的感情交流得到升华。

"代饮"，即不失风度，又不使宾主扫兴的躲避敬酒的方式。自己不会饮酒，或饮酒太多，但是主人或客人又非得敬上以表达敬意，这时，就可请人代酒。代饮酒的人一般与此人有特殊的关系。在婚礼上，男方和女方的伴郎和伴娘往往是代饮的首选人物，故酒量必须大。为了劝酒，酒席上有许多趣话，如"感情深，一口闷；感情厚，喝个够"，"感情浅，舔一舔。

"罚酒"：这是中国人"敬酒"的一种独特方式。"罚酒"的理由也是五花八门。最为常见的可能是对酒席迟到者的"罚酒三杯"。有时也不免带点开玩笑的性质。

（十）拒酒的礼仪

拒绝他人敬酒通常有三种方法：

1. 主动要一些非酒类的饮料，并说明自己不饮酒的原因。

2. 让对方在自己面前的杯子里稍许斟一些酒，然后轻轻以手推开酒瓶。按照礼节，杯子里的酒是可以不喝的。

3. 当敬酒者向自己的酒杯里斟酒时，用手轻轻敲击酒杯的边缘，这种做法的含义就是"我不喝酒，谢谢。"当主人或朋友们向自己热情地敬酒时，不要东躲西藏，更不要把酒杯翻过来，或将他人所敬的酒悄悄倒在地上。

（十一）敬茶的礼仪

茶叶的原产地在中国。我国的茶叶产量，堪称世界之最。饮茶在我国，不仅是一种生活习惯，也是一种源远流长的文化传统。中国人习惯以茶待客，并形成了相应的饮茶礼仪。比如，请客人喝茶，要将茶杯放在托盘上端出，并用双手奉上。茶杯应放在客人右手的前方。在边谈边饮时，要及时给客人添水。客人则需善"品"，小口啜饮，满口生香，而不是作牛饮。

日本有茶道，其实它起源于中国。茶艺已经成为中国文化的一个组成部分。比如中国的"功夫茶"，便是茶道的一种，有严格的操作程序。

嗅茶。主客坐定以后，主人取出茶叶，主动介绍该品种的特点、风味，客人则依次传递嗅赏。

温壶。先将开水冲入空壶，使壶体温热。然后将水倒入"茶船"（一种紫砂茶盘）。

装茶。用茶匙向空壶中装入茶叶，通常装大半壶。切忌用手抓茶叶，以免手气或杂味混淆。倒水、续水初看似乎是比较简单的，但却是体现对宾客文明礼貌服务的一项重要内容，因而对倒水、续水有其具体的要

求和操作规范。

服务员为宾客倒水、续水时，须先敲门，经同意后才能进入客房、会客室或会议室。右手拿暖瓶，暖瓶提手须向把手一边，左手带小毛巾。往高杯中倒水、续水，应用左手的小指和无名指夹住高杯盖上的小圆球，用大拇指、食指和中指握住杯把，从桌上端下茶杯，腿一前一后，侧身把水倒入杯中

（十二）宴席之前的礼仪

当你收到别人送给你的一张请帖时，你最好先看清楚这人请的是什么酒，因为无论那人请的是寿酒、结婚酒以及孩子满月酒等，帖上都有写明，收到后，就得"送礼"了。送礼送多少，可以看你和那人相交感情怎样。感情好的，礼自然厚些，如果只是泛泛之交，礼便可以小一点。

当你去参加宴会，进了大门还见不到主人，请不用着急，应该面带笑容周围望望，如果再找不到的话，自己就坐下，看看有没有相熟的朋友，如果相熟的朋友也看不见，你就原样地坐着，千万别到处去找主人。

当你进入请酒席的场所时，入门处会有人请你签名，见到主人，你一定要说声道贺的话。如未到入席时间，可找一两个熟朋友交谈，或静坐等候，不要随处走动，入席时席位没有规定，此时可以和你相熟的朋友坐在一起。

跟来宾应酬，有些人喜欢和相熟的朋友交谈，无非借此消磨时光。这实在不是善于社交之道。要知道，在这种场合中，正是结识新朋友、发展友谊的好机会，所以，不妨通过亲友介绍．多和未曾见过面的陌生朋友交际。有时，在没有人介绍之下，也是可以互通姓名来交谈的。不过，最好还是找到了主人作介绍，这样不但比较亲切，也不冒昧。特别是异性之间，尤应如此。

（十三）宴席上的礼仪

还没有上菜时，不可玩弄杯、筷，或频频起立、离座。同时，你不

可以给主人增添麻烦，例如主人问你要喝绍兴酒或啤酒时，你要在两种酒中作选择；不可说你喜欢喝威士忌，因为主人可能没有预备威士忌，使他发窘。

席间如遇有主人或来宾致词，应停止进食，正坐恭听，不可和旁人交头接耳，或左顾右盼，也不要搬弄餐具。

进餐时，不宜高谈阔论，吃食物时，尽可能将嘴巴闭合，吃时不要发出啧啧的声音，万一喷嚏、咳嗽，应马上掉头向后，拿手巾掩口。如果你在那天伤风咳嗽，最好不去赴宴会，因为在席上频频咳嗽不仅失礼，而且缺乏公德。夹菜时，筷子不可在碟中乱搅一通（"拔草寻蛇"）或专挑好的来吃，筷子也不要伸到碟子的对面（所谓"飞象过河"）。用汤匙舀汤不要舀得太满，以免倾泻于桌上。

大凡筷子、汤匙，不要整段塞进口里，筷子夹菜送到牙齿，汤匙仅沾唇边，既合卫生、又很文雅。夹菜时，偶然掉下一些小菜于喋外，不可把它重放于原碟，只得夹来自己用，或放于盛置残渣的碟中。

在宴会中，主人若有敬酒之举，你也必须敬一杯。敬酒时，身体要端正，双手举起酒杯，待对方饮时即可跟着饮。如果是大规模的宴席，主人只能依次到各张桌上去敬酒，每桌可派出代表到主人桌去向主人回敬。敬酒时态度要从容大方。如果服务人员端茶给你，要起来用双手接着，这表示你尊敬别人，也即是别人尊重你。

在宴会中最好不要中途离去，若万不得已时，也应向同桌的人说声对不起，同时还要郑重地向主人道歉，说明原委。如果有长辈在内，最好后退两步，才转身离开，这样，才能表现出你是一个有教养的人。

吃完之后，应该等到大家都放下筷子，主人示意可以散席时，才可离座。

宴会完毕，便可以告辞了，这时主人家已经站在门口准备送客了，你可以随着众客人走到主人面前，握手一下，说声"谢谢"便行了，千万不要拉着主人的手不停地谈话，即使你有很多话要跟主人说，也该留待他日有空再谈，免得妨碍主人送客。更周到的做法，事后也可以写封致谢的信。

（十四）年夜饭的讲究

除夕之夜，无论相隔多远，工作有多忙，人们总希望回到自己家中，吃一顿团团圆圆的年夜饭。有时实在不能回家时，家人们也总是为他留一个位子，留一副碗筷，表示与他团聚。这年夜饭也叫"合家欢"，是人们极为重视的家庭宴会。俗话说得好，打一千，骂一万，三十晚上吃顿饭。

按照我国民间的传统习惯，年夜饭的吃食很有讲究，通常有馄饨、饺子、长面、元宵，等等。

新年吃馄饨取其开初之意。传说盘古氏开天劈地，使"气之轻清上浮者为天，气之重浊下凝者为地"，结束了混沌状态，才有了宇宙四方。再则取"馄饨"与"浑囤"的谐音，意思是粮食满囤。

饺子是我国的传统食品之一。也称作扁食或煮饽饽。古来只有馄饨而无饺子，后来将馄饨做成新月形就成饺子了。除夕夜，十二点钟声一敲响，就开始吃饺子，因此时正是子时，取其新旧交替，子时来临之意。

长面，也叫长寿面。新年吃它，预祝寿长百年。古代的一切面食都叫做饼，所以汤面起初也叫汤饼，开始的面片不是擀成或压成的，而是将和好的面，用手往锅里撕片，和现在北方吃的"乌鸦头"、"猴耳子"等做法差不多。到唐代以后开始用案板擀面，才逐渐有了长面、短面、干面、素面、荤面、挂面……

不少地方在吃年饭的时候还搭配些副食品，想讨个吉利。吃枣（春来早），吃柿饼（事如意），吃杏仁（幸福来），吃豆腐（全家福），吃三鲜菜（三阳开泰），吃长生果（长生不老），吃年糕（年糕年糕，一年比一年高）。

二、了解西方人的饮食习惯

（一）西餐就座礼仪

西餐宴客，为了方便人人有交谈的对象，一般请客均为偶数，即宴会桌上为偶数，这样可以照顾每个人均有一个谈话对象。在餐桌上，男女一般要对半分坐，这种方式同中国人男坐一面，女坐一面风俗不同。

西餐的位置排法与中餐有相当大的区别，主要有两种方式：

一种是英美式就座方式：左右两端为男女主人，若夫妇一起受邀，则男士坐在女主人右手边，女士坐在男主人右手边，左边则是次客的位置，如果是陪客者，则尽量往中间坐，由于宴会场合是要拓展人际关系，因此夫妻受邀时多半被分开来坐，用意是要让人能多与身边周围客人聊天认识，达到社交目的。

一种是法式就座方式：主人位置在中间，男女主人对坐，女主人左边是男主客，左边是男次客，男主人右边是女主客，左边是女次客，陪客则尽量往旁边坐。

邀请别人做客，主人应当认真地考虑座位的排列。此时座位卡就能派上用场。座位卡可以装饰得喜气一点，这不仅告诉客人的座位在哪里，还有美化餐桌的作用。

在隆重的场合，如果餐桌安排在一个单独的房间里，在女主人请你入席之前，不应当擅自进入没有餐桌的房间。如果都是朋友，大家可以自由入座。在其他场合，客人要按女主人的指点入座，客人当然要服从主人的安排，但是礼貌的做法是，你在女主人和其他女士入座之后方可

坐下。

（二）西餐餐具的摆放礼仪

吃西餐使用的餐具有刀、叉、匙、盘、杯等。餐具的很有讲究。每个座位的前面都要放一个盛主菜用的盘子。盛小菜的碟子要放在一个大盘子里。如果没有小菜，就换成汤盘。汤盘可以摆在一起，放在女主人宾橱柜里或菜几上，以便女主人盛汤。汤勺要和汤盘放在一起。

在非常讲究的宴会上，当你面前摆有五种甚至六种餐具的时候，你也不必惊慌，尽管刀、叉和盘子的种类繁多，要分清它们的用途还是相当容易的。

要先使用离盘子最远的餐具，然后以渐近的顺序取用。用于吃甜食的餐具要全摆在盘子的前面。如果紧挨着盘子还有一套餐具那你就应当知道，那是吃最后一道食品干酪时用的。

通常，餐刀应当放在右边，刀刃对着盘子，餐叉应当放在左边，叉齿朝下。汤勺应当放在餐刀的右边，如果没有甜食，就放在盘子的前边。如果上汤之前还有小菜，就把大小适中的相应餐具放到桌上已有的餐具边上。就是说，餐刀要放在汤勺的右边，餐叉要放在最边上的一个盘子的左边。如，吃鱼用的餐具要放在汤勺的后面，而吃肉用的餐具则要紧挨着盘子放。

吃小菜用的餐具可以交叉放在菜碟上，并用餐巾盖住。有时可以用两把大叉子代替吃鱼用的餐具。吃水果要使用专门的餐具。吃甜食、干酪或干酪饼干时用的餐具和盘子可以晚一点放到桌了上。盛甜食的盘子要放在底盘的左侧。酒杯要放在底盘另一边的右前方，先用的酒杯要放在最右边，喝啤酒用的酒杯要放在托盘上。

胡椒粉和盐要装瓶，几个瓶要分放在桌面上。盐瓶要配一把小勺，因为汤匙太大，取不到盐。

往盘子里加小菜、热菜或凉菜，要使用专用餐叉和汤匙。用自己的餐具烤肉、切黄油，很不雅观。如果没有专用切黄油的餐具，可以在黄油罐里放上一把普通的汤匙、餐刀或餐叉，取过黄油之后，再规规矩矩地放回原处。

晚间喝咖啡，布置桌面时，要让点心盘的边与桌边对齐。咖啡杯托盘要放在点心盘的右侧。调羹要放在托盘上或并排放在托盘的右边。如果调羹已经插进咖啡里，那么当然只能放在托盘上，否则桌布就会沾上咖啡的污迹。吃点心用的刀、叉要放在点心盘的右边，也就是放在点心盘和咖啡杯的中间。如果吃果脯和大蛋糕，要准备一些专门的小铲子，吃硬点心时要准备一些夹钳。

如果暂停用餐，刀叉应互成夹角置于盘上。如果已经用完，则刀叉（或叉匙）应并排置于盘上，注意叉齿应该向上，将刀叉摆成四点钟向即可。

三、吃西餐的基本礼仪

（一）用刀叉吃有骨头的肉

吃有骨头的肉时，可以用手拿着吃。若想吃得更优雅，还是用刀较好。用叉子将整片肉固定（可将叉子朝上，用叉子背部压住肉），再用刀沿骨头插入，把肉切开。最好是边切边吃。

必须用手吃时，会附上洗手水。当洗手水和带骨头的肉一起端上来时，意味着请用手吃。用手指拿东西吃后，将手指放在装洗手水的碗里洗净。吃一般的菜时，如果把手指弄脏，也可请侍者端洗手水来，注意洗手时要轻轻地洗。

（二）吃面包可蘸调味汁

吃到连调味汁都不剩，是对厨师的礼貌。注意不要把面包盘子舔得很干净，而要用叉子叉住已撕成小片的面包，再蘸一点调味汁来吃，是雅观的作法。

（三）用餐巾内侧擦拭

弄脏嘴巴时，一定要用餐巾擦拭，避免用自己的手帕。用餐反摺的内侧来擦，而不是弄脏其正面，是应有的礼貌。手指洗过后也是用餐巾擦的。若餐巾脏得厉害，请侍者重新更换一条。

（四）凡事由侍者代劳

在一流餐厅里，客人除了吃以外，诸如倒酒、整理餐具、捡起掉在地上的刀叉等事，都应让侍者去做。

（五）聊天切忌大声喧哗

在餐厅吃饭时就要享受美食和社交的乐趣，沉默地各吃各的会很奇怪。但旁若无人地大声喧哗，也是极失礼的行为。音量要小心保持对方能听见的程度，别影响到邻桌。

（六）中途离席时将餐巾放在椅子上

万不得已要中途离席时，最好在上菜的空档，向同桌的人打声招呼，把餐巾放在椅子上再走，别打乱了整个吃饭的程序和气氛。吃完饭后，只要将餐巾随意放在餐桌即可，不必特意叠整齐。

（七）任意选择乳酪

高级餐厅上甜点之前，会送上一个大托盘，摆满数种乳酪、饼干和水果，挑多少种都可以，但以吃得下的范围为准。

（八）叉子和汤匙吃甜点

上甜点时大都会附上汤匙和叉子。冰淇淋之类的甜点容易滑动，可用叉子固定并集中，再放到汤匙里吃。大块的水果可以切成一口的大小，再用叉子叉来吃。

（九）如何招呼侍者

侍者会经常注意客人的需要。若需要服务，可用眼神向他示意或微微把手抬高，侍者会马上过来。如果对服务满意，想付小费时，可用签帐卡支付，即在帐单上写下含小费在内的总额再签名。最后别忘记口头致谢。

（十）西餐点菜法

西餐在菜单的安排上与中餐有很大不同。以举办宴会为例，中餐宴会除近 10 种冷菜外，还要有热菜 6～8 种，再加上点心甜食和水果，显得十分丰富。而西餐虽然看着有六七道，似乎很繁琐，但每道一般只有一种，下面我们就将其上菜顺序作一简单介绍，希望对您初到西餐厅点菜时能有所帮助。

1. 头盘

西餐的第一道菜是头盘，也称为开胃品。开胃品的内容一般有冷头盘或热头盘之分，常见的品种有鱼子酱、鹅肝酱、熏鲑鱼、鸡尾杯、奶油鸡酥盒、焗蜗牛等。因为是要开胃，所以开胃菜一般都具有特色风味，味道以咸和酸为主，而且数量较少，质量较高。

2. 汤

与中餐有极大不同的是，西餐的第二道菜就是汤。西餐的汤大致可分为清汤、奶油汤、蔬菜汤和冷汤等 4 类。品种有牛尾清汤、各式奶油汤、海鲜汤、美式蛤蜊汤、意式蔬菜汤、俄式罗宋汤、法式焗葱头汤。冷汤的品种较少，有德式冷汤、俄式冷汤等。

3. 副菜

鱼类菜肴一般作为西餐的第三道菜，也称为副菜。品种包括各种淡、海水鱼类、贝类及软体动物类。通常水产类菜肴与蛋类、面包类、酥盒菜肴品均称为副菜。因为鱼类等菜肴的肉质鲜嫩，比较容易消化，所以放在肉类菜肴的前面，叫法上也和肉类菜肴主菜有区别。西餐吃鱼菜肴讲究使用专用的调味汁，品种有鞑靼汁、荷兰汁、酒店汁、白奶油汁、大主教汁、美国汁和水手鱼汁等。

4. 主菜

肉、禽类菜肴是西餐的第四道菜，也称为主菜。肉类菜肴的原料取自牛、羊猪、小牛等各个部位的肉，其中最有代表性的是牛肉或牛排。牛排按其部位又可分为沙朗牛排（也称西冷牛排）、菲利牛排、T骨型牛排、薄牛排等。其烹调方法常用烤、煎、铁扒等。肉类菜肴配用的调味汁主要有西班牙汁、浓烧汁精、蘑菇汁、白尼斯汁等。

食类菜肴的原料取自鸡、鸭、鹅，通常将兔肉和鹿肉等野味也归入禽类菜肴。禽类菜肴品种最多的是鸡，有山鸡、火鸡、竹鸡，可煮、可炸、可烤、可焖，主要的调味汁有黄肉汁、咖喱汁、奶油汁等。

5. 蔬菜类菜肴

蔬菜类菜肴可以安排在肉类菜肴之后，也可以与肉类菜肴同时上桌，所以可以算为一道菜，或称之为一种配菜。蔬菜类菜肴在西餐中称为沙拉。与主菜同时服务的沙拉，称为生蔬菜沙拉，一般用生菜、西红柿、黄瓜、芦笋等制作。沙拉的主要调味汁有醋油汁、法国汁、奶酪沙拉汁等。

沙拉除了蔬菜之外，还有一类是用鱼、肉、蛋类制作的，这类沙拉一般不加味汁，在进餐顺序上可以做为头盘食用。

还有一些蔬菜是熟食的，如花椰菜、煮菠菜、炸土豆条。熟食的蔬菜通常是与主菜的肉食类菜肴一同摆放在餐盘中上桌，称之为配菜。

6. 甜品

西餐的甜品是主菜后食用的，可以算做是第六道菜。从真正意义上讲，它包括所有主菜后的食物，如布丁、煎饼、冰淇淋、奶酪、水果，等等。

7. 咖啡、茶

（十一）西餐喝酒的方法

西餐的最后一道是上饮料，咖啡或茶。饮咖啡一般要加糖和淡奶油。茶一般要加香桃片和糖。

酒类服务通常是由服务员负责将少量酒倒入酒杯中，让客人鉴别一下品质是否有误。只须把它当成一种形式，喝一小口并回答好即可。侍者会来倒酒，这时，不要动手去拿酒杯，而应把酒杯放在桌上由侍者去倒。

正确的握标姿势是用手指轻握杯脚。为避免手的温度使酒温增高，应用大拇指、中指和食指握住杯脚，小指放在杯子的底台固定。

喝酒时绝对不能吸着喝，而是倾斜酒杯，像是将酒放在舌头上似的喝。轻轻摇动酒杯让酒与空气接触以增加酒味的醇香，但不要猛烈摇晃杯子。

此外，一饮而尽、边喝边透过酒杯看人、拿着酒杯边说话边喝酒、吃东西时喝酒、口红印在酒杯沿上等，都是失礼的行为。不要用手指擦杯沿上的口红印，用面巾纸擦较好。

（十二）吃沙拉的礼仪

沙拉的吃法：将大片的生菜叶用叉子切成小块，如果不好切可以刀叉并用。一次只切一块，不要一下子将整碗整盘的沙拉都切成小块。

如果沙拉是一大盘端上来则使用沙拉叉。如果和主菜放在一起则要使用主菜叉来吃。

如果沙拉是主菜和甜品之间的单独一道菜，通常要和奶酪和炸玉米片等一起食用。先取一两片面包放在你的沙拉盘上，再取两三片玉米片。奶酪和沙拉要用叉子食用而玉米片则用手拿着吃。

如果主菜沙拉配有沙拉酱，不要将整碗的沙拉都拌上沙拉酱，先将沙拉酱浇在一部分沙拉上，吃完这部分后再加酱。直到加到碗底的生菜叶部分，这样浇汁就容易多了。

（十三）西餐中吃蔬菜的礼仪

如果要吃的芦笋菜中有汤汁，先切成小块，再用刀叉食物。如果芦笋很大而且需要蘸汁，先把头切下，然后分开来食用，以防止滴汁和掉渣。也可以用手拿着茎柄，蘸汁吃。对于小的芦笋完全可以用手拿着蘸汁食用。

除做沙拉吃以外，西红柿都可以用手拿着吃。挑个小点的，正好放入嘴中，不要张嘴咀嚼，因为这样汁液会溅出来，要把嘴唇闭紧。如果盘中只有一个大的西红柿，用牙轻轻将皮剥掉，先咬下一半，慢慢吃完再吃另一半。

鲜玉米棒大多是在非正式场合吃的，可以先把它掰成两半，以便好拿，值得注意的是，在上面一次不要抹撒太多的黄油或调料。横着吃还是转圈吃，自己选取，两种方法都行。先集中数排或一部分抹黄油，撒盐。吃完后再换地方，这样你的手和面部就不会过多粘染调料。

土豆片和土豆条是用手拿着吃的。除非土豆条里有汁，那样的话要使用叉子。小土豆条也可拿着吃。但用叉会更好。如果土豆条太大，不好取用，就用叉子叉开，不要挂在叉上咬着吃。把番茄酱放在盘子边上，用手拿或用叉子叉着小块蘸汁吃。烤土豆在食用时往往已被切开。如果没有用刀从上部切入，用手或叉子将土豆掰开一点，加入奶油或酸奶，奶油和小青葱，盐和胡椒粉，每次加一点。你可以带皮食用。

（十四）西餐中水果怎么吃

在宴席上，要用手拿取苹果或梨，放在盘里。你可以用螺旋式将其削皮。如果说这样做很难的话，就将水果放在盘上，先切成两半，再去核切块，然后用叉或水果刀食用。如果场合更加随便点的话，你可以用手拿着吃。

带壳的鳄梨需要用勺来吃，如果切成片装在盘子里或拌在沙拉里，要用叉子吃。

如果是在餐桌上吃香蕉，要先剥皮，再用刀切成段，然后用叉子叉着吃。

鲜无花果作为开胃品与五香火腿一起吃时，要用刀叉连皮一起吃下。若上面有硬杆，用刀切下（否则会嚼不动）。作为饭后甜食吃时，要先把无花果切成四半，在桔汁或奶油中浸泡后，用刀叉食用。

吃柚子时，要先把它切成两半，然后用茶匙或尖柚子匙挖出食用。在非正式场合，可以把柚子汁小心地挤到茶匙中。剥橙子皮有两种方法，两者都要使用尖刀。方法一：螺旋式剥皮；方法二：先用刀切去两端的皮，再竖直将皮一片片切掉。剥皮后，可以把橙肉掰下来。如果掰下的部分不大，可一口吃掉。如果太大，要使用甜食刀叉先切开，后食用。如果橙子是切好的，也可以像吃柚子那样使用柚子匙或茶匙挖着吃。吃桔子要先用手剥去皮，再一片一片地吃。你可能要剥皮并去除白色覆盖膜，尤其是膜很厚的时候。

对于无籽葡萄没什么讲究，一粒粒地吃就行。若葡萄有籽，要把葡萄放入口中嚼吸食肉质，然后把籽吐到手中。要想容易地剥去葡萄皮，则要持其茎部放在嘴边，用中指和食指将肉汁挤入口中。最后把剩在手中的葡萄皮放在盘里。

整个芒果，要先用锋利的水果刀纵向切成两半，然后再切成四分之一半。用叉子将每一块放入盘中，皮面朝上，并剥掉芒果皮。你也可以像吃鳄梨那样用勺挖着吃。如把芒果切成两半，挖食核肉，保留皮壳。吃木瓜像吃鳄梨和小西瓜一样，先切成两半，抠出籽，然后用勺挖着吃。

将桃李先切成二分之一半，再切成四分之一半，用刀去核。皮可以剥下来，但如果带着皮切成小块，用甜食刀叉食用也是不错的。

吃柿子有两种方法：一是先切成两半，然后用勺挖出柿肉；二是将柿子竖直放在盘中，柄部朝下，切成四块，然后再借助刀叉切成适当大的小块。食用时将柿核吐在勺中，放到你的盘子的一边。不要吃柿子皮，

因为太苦太涩。

菠萝（果肉）很简单，吃鲜菠萝片时，始终使用刀和叉。

大草莓可以用手拿着柄部，蘸着白砂糖（自己盘中的）整个吃。然后将草莓柄放入自己的盘里。如果草莓是拌在奶油里的，当然要使用勺子。

切成块的西瓜一般用刀和叉来吃，吃进嘴里的西瓜籽要及时清理，并吐在紧握的手中，然后放入自己的盘子。

浆果、樱桃吃法很多，你可视情况而定，一般来说，吃浆果时，不管有无奶油，都要用勺子；吃樱桃要用手拿，将樱桃核文雅地吐在紧握的手中，然后放入自己的盘子。

（十五）肉类料理排餐的吃法

1. 从左边开始切

法国料理中所使用的肉有牛、猪、羊、鸡、鸭等等，种类相当多，又依调理方式分为烧、烤、蒸、煮等各式各样。一打开菜单，烤小羊排、烤鸭、焖牛肉等等各样的肉类料理名称琳琅满目地排列在一起，而且吃法千奇百样，令人垂涎三尺。

首先必须记住的是排餐的用餐方法。排餐可说是自古至今的肉类料理代表，排餐的吃法自然也就成为其他肉类料理的基本形式，所以最好下点功夫研究。点用牛排时，首先服务生会询问烧烤程度，可依你所喜欢的料理方式供应。

用餐时，以叉子从左侧将肉叉住，再用刀沿着叉子的右侧将肉切开，如切下的肉无法一口吃下，可直接用刀子再切小一些，切开刚好一口大小的肉，然后直接以叉子送入口中。

2. 重点在于利用刀压住肉时的力度

为了轻松地将肉切开，首先就要松肩膀，并确实用叉子把肉叉住。再以刀轻轻地慢慢地前后移动。用力点是在将刀伸出去的时候，而不是将刀拉回时。

3. 将取得的调味酱放在盘子内侧

点排餐时，会附带一杯调味酱。在正式的场合中，调味酱应是自行取用，而不是麻烦服务生。

首先将调味酱钵拿到盘子旁边，以汤勺取酱料时要注意不要滴到桌巾。调味酱不可以直接淋在牛排上，应取适当的量放在盘子的内侧，再将肉切成一口大小蘸酱料吃。

调味酱的量约以两汤匙为最适量。取完调味酱后，将汤勺放在调味酱钵的侧边，并传给下一个人。

4. 不可一开始就将肉全部切成一块一块的，否则好吃的肉汁就会全部流出来了

如果用叉子叉住肉的左侧却从肉的右侧开始切，会很难将肉切开。因左手拿叉子，所以从左侧开始切才是基本。

四、餐桌上的失仪陷阱

餐桌上的每道菜式，虽然吃相吸引，但若处理不当，却会成为你的"餐桌失仪陷阱"。

（一）面包

在餐桌礼仪上，有所谓"左面包，右水杯"的说法，千万不要将两者倒转摆放。面包要放在伸手可及的地方，若想涂牛油，先把牛油碟移至自己的碟边，再涂抹到面包上。很多人喜欢将面包蘸汤，这种食法甚不好看，应尽量避免。

（二）汤

饮汤时，首先尽量不要发出声音；另外，若觉汤太过热，应待它稍凉后才喝，汤匙放到嘴边，分开数次才能喝完，实在有失礼仪。若汤碟没有把手，这时候，就可用双手捧著碟子喝汤。

（三）烤肉

按照烧烤程度，烤肉大致可分为半熟、略生、生熟适中、略熟、熟透等多种。点菜时，要先选好烤肉的烧烤程度。

（四）牛扒

应从左往右吃。将牛扒切成小小一块来吃，不单吃相不好，而且还会溅出肉汁，若牛扒凉得较快，就会失去其应有的味道。

（五）鲜鱼

享用鱼类菜式时，若吃到鱼骨，不要把它直接从嘴里吐出，最好的方法，是用舌头尽量把鱼骨顶出来，用叉子接住，再放到碟子的一角。若不幸鱼骨卡进牙缝间，就用餐巾掩着嘴，利用拇指和食指将之拔出。至于使用牙签时，也要用餐巾掩着嘴来进行。

五、餐巾的正确使用法

（一）餐巾要放在腿上

从餐桌上拿起餐巾，先对折，再将褶线朝向自己，摊在腿上。绝不能把餐巾抖开，如围兜般围在脖子上，或塞在领口。而把餐巾的一角塞进腰带里，也是错误的方法。假如衣服的质地较滑，餐巾容易滑落，那应该以较不醒目的方法，将餐巾的一角塞进腰带里，或左右两端塞在大腿下。

（二）餐巾是用来擦拭嘴巴

餐巾当然是为了预防调味汁滴落，弄脏衣物。但是，最主要的还是用来擦拭嘴巴。吃了油腻的食物后满嘴油渍，若以这副尊容与人说话，委实不雅。况且喝酒时还会把油渍留在玻璃杯上，更是难看。至于口红也是同样要用餐巾略擦一擦，避免唇印沾在酒杯上。

（三）餐巾用毕无须折叠整齐

用餐完毕要站起来，首先将腿上的餐巾拿起，随意叠好，再把餐巾放在餐桌的左侧，然后起身离座。如果站起来后才甩动或折叠餐巾，就不合乎礼节了。餐巾用完后无须折叠得太过整齐，但也不能随便搓成一团。如有主宾或长辈在座，一定要等他们拿起餐巾折叠时才能跟着动作。

（四）中途暂时离席时，须让餐巾从餐桌上垂下一角

宴席中最好避免中途离席。不是暂时离席时，许多人会把餐巾叠好放在椅子上，这种处理方式并没有错，因为餐巾摆放在桌上容易被误会已经离席。其实，最理想的方式是用盘子或刀子压住餐巾的一角，让它从桌沿垂下，当然脏的那一面朝内侧才雅观。

六、国外待客吃饭习俗

用大吃大喝表示感谢，这是西方一些地区的习俗。这说明他们招待客人十分诚恳，如果你吃得差不多了，对主人说"够了，我不想再吃了。"主人会不理睬你，你必须继续吃下去，吃得越多，对方越高兴，那才是礼貌。如果随便吃几口就停嘴，对方会不高兴。到这些地方去做客，

需事先带点助消化药。

吃多吃少，随你便，这是文莱人的待客习俗。在文莱，家里来了客人，不管认识不认识，只要向自己问好，主人就会笑脸相迎，热情接待，把家中吃的东西都拿出来供客人享用。但是主人从不劝食，对方吃不吃、吃多吃少、好吃不好吃，从不过问。主人认为这样问客人是不礼貌的。

"我吃饭，你付钱。"在印度的一些地区，如果同商业谈判对象和朋友共进晚餐时，他们会自自然然地说"你的资本比我的多，所以这笔餐费应该由你付"。不熟悉情况或初来乍到的客人，常常会被这种场面闹得啼笑皆非。钱多的人或是受欢迎的人应该付钱——他们认为这是对你的尊重，与抠门或挨宰不能相提并论。

吃定量，多吃自费。瑞士是世界上最富有的国家之一，但瑞士人精打细算，节约成风。在这个国家承办的世界性高层活动，一日三餐固定供应每人一份份餐，或是把这份餐费发给个人，让你自己找地方去吃。除此之外，每人免费供应一茶。谁要是多吃多喝，得自己另外付钱，国内外客人一视同仁，概不例外。先订"协议"后吃饭。

与澳大利亚人共进午餐，要特别注意记住哪一顿饭该由谁付钱，如果你付钱过于积极或忘记付钱都是不礼貌的，在一般情况下，你提议喝酒，通常由你付钱，不可各自付钱，除非事先说好。吃多少要多少，严格"三光"。

德国人视浪费为"罪恶"，讨厌凡事浪费的人，所以一般人都没有奢侈的习惯。与德国人相处，务必遵守这个习惯，才能跟他们打成一片。如与他们共进餐馆，不能多要根本吃不了的东西，已要的饭菜必须吃光，即使是酱或黄油也要用面包蘸着吃下去或喝光，用舌头舔光盘子的场面也司空见惯。

七、自然从容不失礼

（一）安排自助餐的礼仪

自助餐，有时亦称冷餐会，它是目前国际上所通行的一种非正式的西式宴会。自助餐之所以称为自助餐，主要是因其可以在用餐时调动用餐者的主观能动性，而由其自己动手，自己帮助自己，自己在既定的范围之内安排选用菜肴。自助餐多以冷食为主，不搞正餐，不上高档的菜肴、酒水，可大大地节约开支，并避免了浪费。

安排自助餐的礼仪，包括用餐时间、就餐地点、食物准备、客人的招待等四个方面的问题。

用餐时间大都被安排在各种正式的商务活动之后，不必进行正式的限定。

就餐地点应注意三点：一是为用餐者提供一定的活动空间。二是提供数量足够的使用的餐桌与坐椅。三是使就餐者感觉到就餐地点环境宜人。

在食物方面，以提供冷食为主；为了满足就餐者的不同口味，应当尽可能地使食物在品种上丰富多彩；为了方便就餐者进行选择，同一类型的食物集中在一处摆放。自助餐上所提供的菜肴大致应当包括冷菜、汤、热菜、点、甜品、水果以及酒水等几大类型。

（二）自助餐招待礼仪

招待好客人，是自助餐主办者的责任和义务。要作到这一点，必须特别注意下列环节。

1. 照顾好主宾。不论在任何情况下，主宾都是主人照顾的重要。在自助餐上，也并不例外。主人在自助餐上对主宾所提供的照顾，主要表现在陪同其就餐，与其进行适当的交谈，为其引见其他客人，等等。只是要注意给主宾留下一点供其自由活动的时间，不要始终伴随其左右。

2. 要充当引见者。作为一种社交活动的具体形式。自助餐自然要求其参加者主动进行适度的交际。在自助餐时行期间，主人一定要尽可能地为彼此互不相识的客人多创造一些相识的机会，并且积极为其牵线搭桥，充当引见者，即介绍人。应当注意的是，介绍他人相识，必须了解彼此双方是否有此心愿，而不要一厢情愿。

3. 安排服务者。小型的自助餐，主人往往可以一身二任，同时充当服务者。但是，在大规模的自助餐上，显然是不能缺少专人服务的。在自助餐上，直接与就餐者进行正面接触的，主要是侍者。根据常规，自助餐上的侍者须由健康而敏捷的男性担任。他的主要职责是：为了不使来宾因频频取食而妨碍了同他人所进行的交谈，而主动向其提供一些辅助性的服务。比如，推着装有各类食物的餐车，或是托着装有多种酒水的托盘，在来宾之间巡回走动，而听凭宾客各取所需。或者，还可以负责补充供不应求的食物、饮料、餐具，等等。

（三）享用自助餐的礼仪

所谓享用自助餐的礼仪，在此主要是指在以就餐者的身份参加自助餐时，所需要具体遵循的礼仪规范。一般来讲，在自助餐礼仪之中，享用自助餐的礼仪对绝大多数人而言，往往显得更为重要。其基本礼仪主要有：

1. 排队取菜。大家必须自觉地维护公共秩序，排队选用食物，不容许乱挤、乱抢、乱加塞，更不容许不排队。轮到自己取菜时，用公用的餐具将食物装入自己的食盒之内，然后迅速离去。切勿在众多的食物面前犹豫再三，让身后的人久等，更不应该在取菜时挑挑拣拣，甚至直接下手或以自己的餐具取菜。

2. 循序取菜。取菜的先后顺序应该是：冷菜、汤、热菜、点心、甜品和水果。因此在取菜前，最好先在全场转上一圈，了解情况后，再去取菜。

3. 量力而行。自助餐最大的优点是，能随心所欲地选择各色菜肴。但若一味地取用价格昂贵的，或是盘中菜肴明明已经堆积如山了，吃不完又去取菜，取完后还霸占在桌旁不肯离去，甚至为了取食而推挤他人，都是极不礼貌的。在选取食物时，必须量力而行。切勿为吃得过瘾，将食物狂取一通，导致食物浪费。要遵循自助餐的"多次少取"的原则，即多次取菜，每次少取。此外，搛菜时，不可自整盘菜当中夹取，应从边缘开始夹，而且动作不可粗鲁，以免破坏菜肴放置的形状。

4. 避免外带。在参加自助餐时，一定要牢牢记住这一点，千万不要偷偷往自己的口袋、皮包里装，更不要要求侍者替自己"打包"。

5. 送回餐具。在自助餐上，强调的是用餐者以自助为主。用餐结束之后，自觉地将餐具送到指定之处。

6. 照顾他人。参加自助餐时，须与他人和睦相处。不可以自作主张地为对方代取食物，更不允许将自己不喜欢或吃不了的食物让给对方吃。年轻的男子应为女士服务，替她们端菜；但就女性的立场来说，第一盘可让男士为自己服务，若是从头到尾都像个女王似的，一切让男士服务到底就不可取了。

除此之外，不要将菜取好，就坐在一旁与朋友聊天，或是选好菜后，独自坐在角落自顾自地吃，这些都是不合乎礼貌的行为。进餐时，应选一处较固定的座位，千万不要端着盘四处走动，这样不仅容易撞到别人，食物也极易掉落。出席自助餐，可以中途离去，但不可以不辞而别，那是不礼貌的行为。

八、舞会上的礼仪

(一) 舞会的准备

社会组织或个人要办好一场舞会，就必须要做好充分的准备工作，这是舞会能否成功的重要保证。在举办一般性的社交舞会时，应当注意的主要问题有如下方面：

1. 时间

举办舞会，首先必须选择适当的时间。举办舞会的时间问题上，实际上又涉及下述两点：

(1) 时机。举办任何一场舞会，都要"师出有名"，为其找到一个恰当的名义，如庆祝生日、纪念结婚、晋职升学、欢度佳节、款待贵宾，等等。换而言之，碰上这些情况时，便是举办舞会的最佳时机。在一般情况下，周末和节假日，也非常适宜举办舞会。

(2) 长度。确定一次舞会的具体长度，应当兼顾各种因素。但是其中最重要的，一是不要令人过度疲劳，二是不要有碍工作和生活。在正常情况下，舞会最适合于傍晚开始举行，并以不超过午夜为好。其最佳的长度，通常被认为是2～4小时。

2. 场所

舞会的场所问题，具体来说又分为举办地点与舞池选择两个方面。

依照常规，举办小型舞会，可选择自家的客厅、庭院，或是公园、广场。而举办大型舞会，则宜租借单位的俱乐部，或是营业性的舞厅。舞会场所除了应有一个是足够跳舞的舞池以外，还应有衣帽间、饮料室和停车场。

舞池，一般是指在舞会举办地点之内专供跳舞的地方。在举办大型、正式的舞会时，对于舞池的选择与布置，必须考虑周到。其中有五个细节必须高度重视：

（1）舞池的大小应当适度，最好与跳舞的总人数大致般配。

（2）舞池的地面一定要干净平整，若其过脏、过滑、过糙，都会有碍于跳舞。

（3）舞池的灯光应当正常，并且在柔和之中又有所变化。若其"失明"，或是过强、过弱，都不甚合适。

（4）舞池的音响需要认真调试，音量要适度，切勿以噪声扰人。

（5）舞池的周围最好设置足够的桌椅，供跳舞者在舞会期间休息之用。

3. 曲目

舞曲是舞会的导向。在为舞会选择舞曲曲目时，主要应考虑以下方面：

（1）从众。选择舞曲最宜符合大多数人的需要，一般来说，最好选择众人熟悉的，节奏鲜明、清晰，旋律优美、动听的曲目作为舞曲。

（2）交错。在播放中，曲目的安排应当"快"、"慢"结合，穿插有致，可将不同国家、不同风格、不同节奏的曲目穿插在一起，使舞曲时而婉转抒情，时而热烈奔放，使人身心愉快，享受其中。

（3）适量。在正式的舞会上，最好提前将选好的舞曲印成曲目单，届时发给人手一份。曲目单上所列的舞曲总数，应与舞会的所定时间相呼应，并且不得随意增减改动。跳舞者一看曲目单上的舞曲数量，便对舞会的时间长度有所了解了。

（4）依例。选择舞曲曲目，还须遵守约定俗成的惯例。比如，一般的舞会均以《友谊地久天长》等作为最后一支舞曲。此曲一经演奏，等于是在宣布"舞会到此结束"。

4. 来宾

根据舞会举办的规模，对于舞会的来宾，组织者要做的主要工作有约请、限量、定比等。

（1）约请。确定舞会参加者名单后，即应尽早以适当的方式，向对方发出正式邀请。在常用的口头邀请、电话邀请、书面邀请等几种方式中，书面邀请最为正规。一般情况下，请贴最好在舞会举行的一周之前发出。

（2）限量。舞会的来宾绝非多多益善。来宾过多，不仅会在现场造成拥挤，使舞者难以尽兴，而且还有可能影响安全。因此，在筹办舞会时，必须以舞池面积为重要依据，规定参加者的具体数量，并予以认真掌握。

（3）定比。在较为正式的社交舞会上，相邀共舞之人不应当是同性，而必须是异性。要做到这一点，舞会的组织者就要采取一切可行的具体措施，以保证舞会的全体参加者在总量上，做到男女比例大致相仿，基本上各占一半。

5. 接待

要确保舞会的顺利进行，在主人一方，还有一些具体的接待工作需要认真做好。其中较为重要的工作，是要确定舞会的主持人、招待员，并且准备好适量的茶点。

（1）主持。较为正式的舞会上，通常需要由一位经验丰富、具有组织才能的人士充当舞会主持人。在一般情况下，主持人应由女士担任。在家庭舞会上，女主人则是其最佳人选。主持人的主要任务，是要注意控制、调整场内的情绪，使舞会始终保持欢快、热烈的气氛。

（2）招待。在可能的情况下，主人一方还须组织一支精明强干的招待人员队伍。他们应由青年男女组成，并穿着统一的服装，或佩戴统一的标志。他们的职责，一是迎送接待来宾，二是为来宾提供必要的服务，三是邀请单身前来的佳宾共舞，四是为遭到异性纠缠的客人"排忧解难"。

（3）茶点。在时间较长、较为正式的大型舞会上，主方应为来宾提供适量的饮料、点心和果品，以供选用。提供茶点的具体方式，可以是按桌定量供应，也可以是宾主两厢方便的自助式。

（二）舞会的着装要求

舞会着装是舞会礼仪的一项重要事项，它既反映出自己的素养，也能体现出对他人的尊重。根据家庭舞会与公众舞会的不同，对着装应注意如下方面：

如果是亲朋好友在家里举办的小型生日舞会等活动，要选择与舞会的氛围协调一致的服装。女士则最好穿便于舞动的裙装或穿旗袍，搭配色彩协调的高跟皮鞋。

作为男士，一定要头发干净，衣着整洁。一般的舞会可以穿深色西装，如果是夏季，可以穿淡色的衬衣，打领带，最好穿长袖衬衣。

如果应邀参加的是大型正规的舞会，或者有外宾参加，这时的请柬会注明：请着礼服。接到这样的请柬一定要提早作准备，女士的礼服在正式的场合要穿晚礼服。有条件经常参加盛大晚会的女士应该准备晚礼服，偶尔用一次的可以向婚纱店租借。近年也有穿旗袍改良的晚礼服，既有中国的民族特色又端庄典雅，适合中国女性的气质。

小手袋是晚礼服的必须配饰。手袋的装饰作用非常重要，缎子或丝绸做的小手袋必不可少。

穿着晚礼服一定要佩戴首饰。露肤的晚礼服一定要佩戴成套的首饰，如项链、耳环和手镯。晚礼服是盛装，因此最好要佩戴贵重的珠宝首饰，在灯光的照耀下，首饰的光闪会为你增添光彩。

男士的礼服一般是黑色的燕尾服，黑色的漆皮鞋。正式的场合还须戴白色手套。

（三）女性舞会礼仪装扮

舞会是现代社会交往的重要形式之一，是高雅的社交娱乐活动，可以结识朋友、加深友谊、消除疲劳、陶冶性情，因此，舞会吸引着社会各阶层人士。那么，参加舞会的女性该如何妆扮呢？

虽说平时女性打扮应以淡雅为主，但是，由于舞会上的灯光一般都较幽暗，因此女性化妆不妨浓一些，这样才能出彩。

发型应以清丽自然为原则，不要喷过多的发胶或将头发做成不自然的花形。

在首饰的佩戴上可多下些工夫，以配合热闹的舞会气氛。白天太耀眼的金属首饰用在晚间反而恰到好处。此外，手镯、别针都能衬托清新活泼的少女气质。

穿戴打扮完毕，可适当洒些香水，使舞会中的你显得芬芳高贵。

（四）参加舞会的注意事项

参加舞会是一种高雅的社交活动。它可以增进人们的交往，丰富人们的业余生活，陶冶性情，联络感情。那么在舞会上应该注意哪些事情呢？

1. 身体状况

如果身体不适，不可带着病倦的身体勉强参加舞会，特别是有传染病的人更不可进舞场。这样，不仅影响自己的休息，不利于早日康复，而且还容易传染疾病。这是很不道德，很不礼貌的行为。

2. 初学须知

刚学跳舞的朋友，下舞场前最好多学几种舞步，否则影响别的舞伴跳舞。只有多学几种舞步，下舞场时才能双方配合协调，跳起来都会感到轻松、愉悦。不要在舞场学舞步，这会影响对方的情绪。

3. 语言交谈

跳舞时男女双方比较熟悉，可以小声地交谈，声音小到不影响其他舞伴为好。对不熟悉的舞伴，不可问长问短，闲聊不止。如果遇到一对密谈的舞伴，我们就应立即离开。舞伴之间有什么重要事最好在休息时找地方谈，不可舞场上争论不休、大声喧哗、高谈阔论。

如果有事找人，不可直穿舞场，应绕道而行，更不可在音乐进行中就把人从舞池中拉出来。这会使人尴尬，是公关场合中很不礼貌的行为。

4. 有张有弛

舞会应该是有张有弛，跳 0.5～1 小时，不妨休息几分钟，放几支悠扬缓慢的曲子，给大家一个休息交谈的机会。

5. 舞会要有所控制

不能在舞场上出风头，捉住舞伴不放，让其他舞伴无可奈何。

6. 要尊重主人为舞会所作的一切安排

不管当面还是背后，都不要对舞会安排进行批评或讽刺。不要随便要求改动舞会的既定计划程序，凭个人兴趣和愿望要求临时改换舞曲，或要求延长舞会的时间。

7. 同性之间切忌争风吃醋

不要为了在异性面前逞强，或受不良情绪指使，对同性过分尖酸刻薄。不要存心让对方丢人现眼，或是不能允许他人在某些方面超过自己。男士不要与别人争抢舞伴，对于其他男士邀请自己的女伴，要表现得宽容大度。女性不要容不得其他女士长得、穿得比自己漂亮，舞跳得比自己好，被邀请的次数比自己多，而说些有失风度的话，与舞场的氛围格格不入。

8. 异性之间要自重自爱

不要低三下四地献殷勤。不要跟刚结识的异性乱开玩笑，说话要注意分寸。不要自作多情地主动提出护送对方回家，或是一厢情愿地要求对方护送自己回家。请注意：舞场上撒娇发嗲和浅薄轻浮都是要不得的，稍有不慎，吃亏的还是自己。

（五）舞会的基本礼仪

舞会是一种既有娱乐性，又有很强的社交性的外来文化。舞会的基本礼仪要求有如下方面：

参加舞会时仪表、仪容要整洁大方，尽量不吃葱、蒜、醋等带强烈刺激气味的食品，不喝烈性酒，不大汗淋漓或疲惫不堪地进入舞场。患有感冒者不宜进入舞场。尚不会跳舞者最好不在舞场现学现跳，应当待学会后再进舞池。

一般情况下，男士应主动有礼貌地邀请女士；如果是上下级的关系，不论男女，下级都应主动邀请上级。跳舞时舞姿要端庄，身体保持平、直、正、稳，切忌轻浮鲁莽，男士动作要轻柔文雅，不宜将女士拢得过紧、过近。万一触碰了舞伴的脚部或冲撞了别人，要礼貌地向对方颔首致歉。一曲终了，方可停舞。男舞伴应送女舞伴至席位，并致谢意，女士应点头还礼。除此之外，还应讲究文明礼貌，维护舞场秩序，不吸烟，不乱扔果皮，不高声谈笑，不随意喧哗，杜绝一切粗野行为。

（六）邀舞的礼仪

一个注意社交的人，交谊舞是一门不可缺少的"必修课"。参加交谊舞会，在向别人邀舞时必须注意的礼仪主要有以下几点：

男女即使彼此互不相识，但只要参加了舞会，通常则由男士主动去邀请女士共舞。

邀舞时，男士应步履庄重地走到女士面前，微微躬身，彬彬有礼地摊开右手，不需言语，但有时也可轻声微笑说："请您跳舞。"

当你有意邀请一位素不相识的女性跳舞时，必须先认真观察她是否已有男舞伴。如有，一般不宜前去邀请，以免发生误解。

如果是女方邀请男伴，男伴一般不得拒绝。音乐结束后，男伴应将女伴送到其原来的座位，待其落座后，说一声："谢谢，再会！"然后方可离去，切忌在跳完舞后，不予理睬。

邀请者的表情应谦恭自然，不要紧张和做作，以致别人反感。但更不能流于粗俗，如叼着香烟去请人跳舞，这将会影响舞会的良好气氛。

（七）拒舞的礼仪

在舞会上，邀请者固然应彬彬有礼，但受邀者也应落落大方，表现出良好的素养。如果决定拒绝别人邀请共舞，应注意礼仪。

一般情况下，女士不应拒绝男士的邀请。如万不得已决定谢绝，必须态度和蔼，表情亲切地说："对不起，我累了，想休息一下。"或者说："我不大会跳，真对不起。"对方当然心领神会，不会强邀蛮缠。

如果女士已经答应和别人跳这场舞，应当向男士表示歉意说："对不起，已经有人邀我跳了，等下一次吧。"

已经婉言谢绝别人的邀请后，在一曲未终了时，女士不应同别的男士共舞，否则会被认为是对前一位邀请者的蔑视，是很不礼貌的表现。

当女士拒绝一位男士的邀请后，如果这位男士再次前来邀请，在确无特殊情况的条件下，女士应答应与之共舞。

当两位男士同时去邀请一位女士共舞时，从国际礼仪的角度考虑不难解决，女士面对两位或者两位以上的邀请者，最能顾全他们面子的做法，是全部委婉的谢绝。

（八）涉外舞会的礼仪

参加涉外舞会的礼节比较讲究，需要认真了解并正确掌握：

1. 要注意服饰和仪容的美观大方

在一定场合中，服饰和仪容，体现出人的礼貌修养与精神风貌。男士应西服革履、庄重得体，女士应长裙飘逸、靓丽美观。无论男女宾客，皮鞋底都要平滑，以免起舞时扭伤脚踝。化妆应注重得体、浓淡相宜。

2. 要注意舞会入舞的程序

正式的涉外舞会，第一场舞由主人夫妇、主宾夫妇共舞。如果夫人不跳舞，要由成年女儿代替起舞。第二场舞由男主人邀请主宾夫人、男

主宾邀请女主人共舞。

3. 要注意邀舞的礼节

正式舞会上，男宾邀请舞伴时既要主动大方，又要彬彬有礼。如果一位女士正和一位男士坐在一起交谈，另外的男士最好不要请她共舞。如果她单独坐着，或坐在一群人当中，男士可以过去请她，如有其亲友在场，则应向亲友致意，并征得同意。

4. 与外宾共舞的礼节

涉外舞会上，如有人将一位女外宾介绍给你，你就必须请她与你跳一次舞。如果自己跳得不好，可以问一问她，是否愿在你身边稍坐一会儿而不去跳舞。如果邀请外宾女士跳舞，可以走到她面前，彬彬有礼地鞠躬，并说："可以请您跟我一起跳舞吗？"如果她接受了邀请，那就迎候她走下舞池；如果她婉言谢绝，你则应说："对不起，打搅了。"作为中方女士，如有外宾邀请，一般不要拒绝，而应落落大方与之共舞。

第七堂课

学校礼仪，走向成功的教育规范

校园文明礼仪是构建和谐校园的润滑剂，是展现优良校风，彰显良好精神风貌最直接有效的形式。学校礼仪，不仅是衡量一个学校文明素质的标尺，也是展现一个国家国民素质的社会窗口。为此，学校礼仪要求教师与学生应共同展现良好的礼仪风采。

一、教师应为人师表

（一）教师风范

教师被誉为人类灵魂的工程师，担负着教书育人、为人师表的神圣职责。而教师仪表又是整个师者风范的重要内容之一。可以说，教师仪表的好坏，对于学生的价值标准、审美标准的形成，有着重要的影响作用。其要点有如下方面：

1. 衣着要整洁

教师的着装不需要名牌高档，但必须做到端正、妥贴、干净，扣子扣得好、上下熨得齐，要时刻给人以清新、高雅之感，使学生感到可敬可亲又可爱，无形中成为学生的榜样。

如果衣冠不整，甚至穿着裤衩、背心和拖鞋去上课，就会给学生留下不修边幅、不懂礼节的坏印象。

2. 服饰要大方

这主要是指服装和发式方面不要过于追求时髦华丽。一般说来，教师的服装式样宜庄重、清新和自然。服饰色彩不宜太鲜艳、太刺眼，应以素雅、含蓄为佳。

如果穿上奇装异服，打扮得花里胡哨，使人不知道是看"服装模特"还是听课。既影响了教学效果，也产生了不好的影响。

3. 举止要端庄

一个人的精神气质必定要在举止、姿态方面反映出来，作为教师，更要注意自己的一言一行。

4. 注意公众形象

在公众场合，应注意自己的言谈和举动；在社会上更要成为遵守文明规范的典范，为他人做出榜样。

5. 礼貌相待

教师之间相遇，一般都应热情主动地招呼对方。早晨相见，道声"早"；课间相见，可互相点头微笑；临下班则向学生道声"再见"，这样会使大家感到亲切而温暖、文明而高雅。

总之，作为一名教师，在任何场合，都应自觉地保持良好的仪表，待人接物温和自然，举止态度谦恭庄重，只有这样才能赢得学生的爱戴、信任以及社会的敬重。

（二）教师言谈的礼仪

师者，传道授业解惑也。教师承担的主要任务是通过语言表达来完成的，因此，作为一名教师，要注意语言表达时应遵守的礼仪礼节。

1. 讲台上言谈

（1）表达要准确。在讲台上，教师在讲授教学内容时应注意：学校中设置的每一门课程都是一门科学，有其严谨性、科学性。教师在教授时应严格遵循学科的要求，掌握专用名词和专业提法，不可随意通俗化，乃至庸俗化。同时，讲课要紧扣教学中心，严密、直接。

（2）音量要适当。讲课不是喊口号，声音不应该过大，否则会给学生以声嘶力竭之感。如果声音太低又很难听清，会影响教学效果。

（3）语言要精练

讲课要抓中心，不说废话和多余的话，给学生干净利索的感觉。

（4）讲课时可以适时插入一些风趣、幽默的话，以活跃课堂气氛，提高学生学习的兴趣。但不可过于随便，冲淡了学科的严肃性。过多地在课堂上讲笑话，扯贫嘴，会影响正常教学内容的进行。

2. 与学生谈话

教师为了做好学生工作，经常要与学生进行谈话，谈话时要讲究举止，分别场合。

（1）提前通知，有所准备。谈话最好提前与学生打招呼，这既是一种礼貌，又是对学生的尊重。最好先简要说明内容，让对方有个思想准备，然后商定谈话的时间、地点、方式，让对方认可，并对对方的合作表示谢意。

（2）热情迎接，设置平等气氛。要热情迎接谈话学生的到来，在门前热情迎接，不能在屋里站着不动或在门口谈话，这是对学生的不尊重不礼貌。与学生谈话时，座位安排及距离要适当注意，要让学生坐在与自己平等的位置上。如果自己高坐其上，或坐在办公桌后，会造成学生的思想压力及心理失衡。

（3）举止端正，行为有度。谈话时，语气要平和，目光要注视对方，赞成的内容应点头示意。与犯了错误的学生谈话，对方如果不接受谈话内容，甚至耍态度，教师要有耐心，摆事实、讲道理，不提高音量，不反唇相讥，表现出良好的道德修养。

（4）分清场合，入情入理。教师的表情要与谈话对象、内容协调一致。慰问、安抚类谈话，既要深沉、严肃地与学生分担痛苦，又要坚定自信，给人以力量和鼓舞；反映问题类谈话，既要细心听取、全面了解、不厌其烦，又要把握政策，以理服人，苦口婆心；工作谈话，既要简单明了，讲求效率，抓住实质，又要态度和蔼，有涵养，不失风度；说明问题、批评类谈话，要先消除对方的畏惧心理，缩小双方的感情差距，然后提出中肯批评，表情一般要严肃、认真。教师与学生进行谈话时不能言过其实，故意夸大或缩小；不能对学生拉长语调，放慢语速，压低音量；忌传播不利团结或道听途说的事情；忌批评时事实不清，不分场合。

（三）教师举止的礼仪

一个人的气质、涵养往往从他的姿态中表现出来。作为人类灵魂工程师的教师，更要注意自己在各种场合的行为举止，做到大方、得体、自然、不虚假。

1. 讲台上的举止

（1）目光。眼睛是心灵的窗户，它可以反衬出一个人心中的一切波澜。在讲台上，教师要善于应用自己的目光，表达自己的思想。讲课时，目光要柔和、亲切、有神，给人以平和、易接近、有主见之感。不能死盯住某个学生，这样不仅不礼貌，还显得咄咄逼人或神智呆钝；无节制地东张西望，又给人以心不在焉、应付差事的感觉。合理运用目光的要领是：把目光放虚一点，不要聚集于某人，而是将目光罩住全场。还要注意，当你讲话出现失误被学生打断，或学生中出现突发事情打断你的讲课时，不能投以鄙夷的目光，这样做有损于你在学生心目中的形象，反映出自身心胸狭隘与无礼。在讲台上，教师忌讳的目光有：对学生不能运用斜视、瞥视、瞪视、眜视等傲慢目光，也不能目光游移不定，看天花板或讲台，表现出惊恐不安、心神不定、害怕见人的神情。

（2）坐姿。教师应提倡站着讲课，但在一些讲座课或教师年龄较大的情况下，也可以坐着讲。坐着讲课应注意，坐姿要端正，身体要坐在椅子中间，上身与椅背平行，两腿要并拢，间距不可过大。坐着讲课时不要斜身、后仰、前趴，侧坐在椅子上。用手抓握话筒，用稿掩面等讲课也是对学生的不尊重和不礼貌，也表现为一种病态，不符合教师的身份。

（3）站姿。一般的教师应站着讲课，这样更有利于身体语言强化教学效果，也是对学生的重视。站着讲课时，两脚脚跟落地，站稳站直，胸膛自然挺起，不要耸肩，或过于昂头。需要在讲台上走动时，步幅不宜过大过急。女教师讲课时最好不要穿高跟鞋，以免声音过响转移同学的注意力，一般穿平底软跟鞋较好。持稿讲课时，持稿高度与胸平行，不能掩面或过低，也不能紧靠眼前晃动讲稿。

（4）手势。老师讲课时，无论站姿还是坐姿，一般都需要配以适度的手势来强化讲课效果。手势要得体、自然、恰如其分，要随着相关内容进行。讲课时忌讳用手指点人、敲击讲台或作其他过分动作，忌故弄玄虚，哗众取宠。

（5）板书。整洁清楚的板书应根据所授的内容进行概括，事先有所设计。这也反映出教师对教学的态度和对课程的重视以及对学生的尊重。板书时要求书写公正、整齐，切忌写错别字和不规范的字，板书不能过于潦草、零乱，而应条目清楚，突出讲课重点内容。整体设计要规范、醒目、美观，给学生留下清晰的印象，便于学生记录和复习。

2. 课后的行为举止

教师在课后常常在家访、集会和组织参观浏览时和学生交往。在这些场合里，一方面要放下在讲台上严肃、庄严的架子，和家长、学生亲切随和地交谈或听取学生的意见，使学生或家长不感到拘束。这时的举止应随意，言谈要幽默、风趣，努力拉近与学生的距离，切忌板着面孔，故作正经，引起学生的反感。另一方面也不可过于随便，如和学生拉拉扯扯、称兄道弟，这样容易失去老师应有的尊严，给课堂教学和进行思想教育工作带来不利影响。

二、做个学生的样子

（一）学生仪表要有风度

作为学生，应培养"越看越美"的风度气质。男学生要有阳刚之气、稳重、高雅，表现出刚劲、坚毅、坦率、潇洒的面貌。当然。"刚"不等于野蛮、粗俗，如果袒胸敞怀、赤膊露腿、歪戴帽子、斜叼烟卷，就是典型的"二流子"形象了。同时，要体现出对女同学的谦让和帮助风格。

女学生贵在优雅得体，表现出阴柔之美。要轻盈、娴静且富有朝气，庄重和谐又不乏可爱。应该懂得微笑，因为微笑本身就是亲善友好的标志，能使人舒心、轻松、愉快，体味到春风的温暖。应该庄重谦逊，交谈时不能"目不转睛"，要学会用眼睛说话。也不能过于羞怯。低头腼腆，故作忸怩之态。大庭广众之下，更要态度自然平静，动作落落大方，既不要观念老化又不可过于新潮。另外。还要避免表情麻木、目光游离、挤眉弄眼、哈哈狂笑，这些都是有失风度的。

归根结底，学生的仪表在心灵美的前提下，追求气质美、风度美、形象美。只有这样才能体现青年人的品位和涵养。

（二）学生的发式要求

女学生的发式以梳辫子、理短发为宜。这样可给人一种清晰、活泼、纯真和稚气之感。烫发则显得老气和成人化，不合学生身份。

男学生最好留短发，这样显得整洁、干净，富有朝气。不过发式也可以多种多样。但不管哪种发式，都要给人阳刚之气才好。作为学生如果留长发和蓄小胡子，则显得疲沓、精神萎靡不振，甚至还会给人一种流里流气的印象。

（三）学生的服饰要求

学生以年轻活泼的形象出现，因此，他们的服饰应以色彩鲜明、线条流畅、明快简洁为好，这样可以充分显示出朝气蓬勃的精神面貌。

在校内，学生应穿运动鞋，这样便于做早操和上体育课，同时也可以显示出青少年健美的身姿。不宜穿中、高跟皮鞋。男学生在身上抹香粉、洒香水，会搞得奶油气、娘娘气十足，也不要穿背心、打赤膊、穿短裤、拖板鞋或歪戴帽子、袒胸披挂在校内外走动，否则会给人轻浮之感。

作为学生不要穿奇装异服。学生穿奇装异服、浓妆打扮等，会给人矫揉造作、俗不可耐的感觉，会使部分学生产生虚荣心。这不利于学生的健康成长，更是与学校的教育目的相违背的。

女学生不要涂口红、胭脂、指甲油、画眉毛，因为少女的肌肤丰润，本身就具有一种自然美，根本无须化妆。也不要戴金银首饰，因为刻意的化妆打扮，只有助于气色，却无助于气质的形成。

（四）学生穿校服礼仪

学生的校服也是职业装的一种，讲究实用性、审美性和象征性。校服要与学生的学习环境相协调，造型美观大方，色彩明快，富有朝气，穿着朴实，又便于活动。学校规定在校内外集体活动时穿着校服，这是优良校风的展现，也是注重仪表，培养良好品质的基础之一。穿校服的具体要求：

1. 整齐。服装必须合身，袖长至手腕，裤长至脚面，裙长过膝盖，尤其是内衣不能外露；不挽袖，不卷裤，不漏扣，不掉扣；中学生的服装大多数是运动装，因些，衣服的拉锁要拉至胸前，不可敞胸露怀。

2. 清洁。保持衣服的干净整洁，无污垢、无油渍，领口与袖口处，尤其要保持干净。不能在服装上乱写乱画，随便添加饰物。

（五）佩戴校徽的要求

校徽是一个学校的标志。佩戴校徽对学生来说在发扬道德和遵守纪律上，起着直接的促进和制约作用。在公共场合活动时，他们的一举一动，都会受到社会的关注和监督，使自己不忘身份，自觉维护本校的荣誉，养成遵纪守法的良好习惯。同时也有助于学校的保卫工作，使门卫对进出人员的身份一目了然，更有利于维护学校的秩序。

所以学生应经常佩戴校徽，并虚心诚恳地接受门卫和值勤同学的监督检查。切不可有粗暴的言行和其他表现。

校徽统一佩戴在外套上衣的左上角，要求端正、规范，不得倒戴、

反戴或佩戴于别的地方。

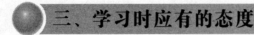 **三、学习时应有的态度**

（一）上课的礼仪

学生对教师应该虚心诚实、言行有礼，在行动上应按规范认真去做，早晨进校见到教师，不管是否给自己任课，均应含笑问早、问好。平日在校园内与教师相遇，也应打招呼问好，如环境狭窄（楼道、走廊）应向旁边跨开一步，给教师让道。

1. 上课

学生应提前进入教室，恭候老师到来。老师走进教室时班长要立即喊"起立"。全班同学迅速肃立，表示敬礼，老师还礼后，再坐下。起立、坐下时，动作要快，但要轻，不要让桌椅发出很大的声音。

学生上课，衣着要整洁，不穿拖鞋、背心，不敞胸露怀，不穿大衣，不带帽子、口罩、围巾、手套。听课要专心致志，不做小动作。不吃东西、不喝水、不嚼口香糖、不听"随身听"、不扇扇子、不玩东西。不随意下座位。不交头接耳、不打哈欠、不睡觉。

老师上课，更要注意仪表，不穿大衣、不带帽子、手套、围巾。一般情况，不喝水、不坐下。

2. 课堂上

学生如遇到特殊情况，不得已而在老师开始上课后才进入教室，应特别注意举止的文明和礼仪的周到。

（1）在教室门口应该先停下脚步，首先喊"报告"。如果教室门关着，那就应先轻轻叩门；要在得到老师的允许之后，才能进入教室。

（2）要向老师说明迟到的原因，说话态度要诚实。在得到老师谅解和允许后，方可入座。

（3）在走向自己的座位时，速度要快，脚步要轻，动作幅度要小。走到座位前，在放书包和拿课本时，尽量不要发出太大的响声，更不能有任何滑稽可笑的举止。

（4）在坐下之后，应立即将注意力集中起来，端坐静听老师讲课。

总之，迟到学生要把由于自己迟到而对课堂秩序造成的影响，减小到最低限度。

（二）教师迟到的礼仪

教师是教育者，在遵守纪律方面应是榜样，一般来说，上课应准时，不应迟到。但有时也会碰到一些特殊情况，教师不能准时到达课堂。在这种情况下，师生双方都应正确对待。

作为教师，应向学生道歉，并向学生婉言简要说明原因，适当检讨，请求学生谅解。当学生情绪稳定后，应立即转入上课正题，将学生的注意力尽快引到课题内容上来，巧妙消除因自己迟到带来的影响。既不能无事一般，也不宜过于自责。

作为学生，对老师迟到，不要指责，不要大声议论。当老师进教室时，应立即起立致礼。当老师表示歉意时，学生应以表示谅解和宽容的态度，来融洽师生关系，增进情谊，使教学收到更好的效果，不能因此纠缠不休。

万一个别教师上课经常迟到，影响学生学习，学生有权向校领导反映情况，由学校对他进行批评教育，但学生自己不要和教师唱对台戏。

（三）如何对待迟到学生

老师对迟到的学生，也应注意相应的礼节。当学生有礼貌地报告后，老师应允许学生进课堂上课，不要无理拒绝学生进入教室；不要用生硬的语气训斥学生。因为有的学生有时迟到确实是出于无奈，教师应该以谅解的态度予以处理。

如果学生不便讲明迟到理由，教师就不要当场追问，可等课后再了解，不要中断教学，影响大多数人上课。课后找他问原因，如发现不正当的行为，或撒谎欺瞒老师，则应给予批评教育。

（四）遵守课堂纪律的要求

遵守课堂纪律是学生最基本的礼貌。其要求如下：

1. 上课前把上课必用的东西准备好放在课桌上。课桌上的东西要放稳妥，使用时注意不要用力过猛，以免碰落书本文具，发出响声。

2. 学生上课时，要做到两眼看前方，身子坐端正，两手放在身后。别人找你说话时要拒绝，旁边的同学讲话应该小声制止。

3. 老师讲授课程，要聚精会神地听，不要左顾右盼、交头接耳。不搞小动作，更不能跑离座位。积极参与课堂活动，积极举手发言。

4. 有礼貌地指出教师的错处，也是遵守课堂纪律的表现。老师是普通人，平时或课堂上出现这样那样的错处也是难免的。所以要选择适当的时间、地点、场合和方式，以商议的口气、谦和的态度，向老师指出某些错处，这样才是遵守课堂纪律，符合礼貌要求的表现。

（五）回答问题的礼仪

回答老师的提问，要讲究礼仪。由老师点名回答，不能你一言，我一语。老师提出问题后，要认真思考，找出问题的答案。要求发言要举手，老师同意后才能回答。回答问题时，身体要站正，说话声音要洪亮，吐字要清晰。回答问题后，老师说"请坐下"，应立即坐下。别人回答问题时，不要交头接耳。别人回答错了时，不要起哄。

（六）提出问题要礼貌

当老师讲快了，学生没有听懂；老师讲的与学生平时看的有出入；老师讲漏了，学生要提示时，学生可以采用举手发言的形式向老师反映问题。而不要大声喊"我没听懂""你讲错了""你讲过了"。发现问题一定要举手，老师发现你举手会点名让你发言。向老师指出问题时，要有礼貌。如"老师，您讲的问题，我没弄清""老师，书上是这样讲的""老师，这个问题您讲过了"等。老师肯定会接受你的意见，改正教学中的问题。

（七）课堂讨论的礼仪

讨论是学校活动中最常见的形式之一。讨论一般由老师召集班干部主持。讨论时要注意发言的艺术性，陈述自己的观点，一定要声音洪亮、吐字清晰，让别人听清自己的观点。陈述的观点只是一家之言，切忌气势强硬，咄咄逼人，目空一切。表明自己的立场时，要有礼有节。陈述观点可以这样说"同学们，我认为……"观点讲完后应说"以上只是我个人的看法，大家认为怎样？请批评指正！"如果别人不同意自己的观点，提出异议，应虚心听取，不可出言不逊；如果别人的观点不正确，不要进行人身攻击。

（八）下课的礼仪

下课铃响后，老师喊"下课"，班干部喊起立，同学们起立后要喊"谢谢老师"，老师还礼后说"同学们再见"，同学们喊"老师再见"。下课后，老师未出教室，同学要目送老师出门，等老师出门后，随后出门，这是对老师的尊敬。走出教室一定要有秩序，鱼贯而出，不要一窝蜂拥向教室门口。课间十分钟里，可以游戏、聊天、看书报等。同学间要礼让、文明、有秩序，如大同学让小同学，男同学帮女同学。集体游戏要有秩序地进行。课间活动是让学生疲劳的身心得以恢复，要选择运动量小、不激烈的活动。运动量大、活动剧烈，不仅达不到休息的目的，还会影响下节课的学习。活动也要注意清洁卫生，有的同学喜欢疯疯打打，把衣服弄得凌乱不堪，有损学生形象。

（九）进办公室的礼仪

办公室是老师静心工作的场所，一般来说，一间教师办公室里往往有几位甚至十几位老师同室办公。如果学生随便进出，肯定会对老师的工作有所打扰，这显然是不礼貌的。因此，学生进入老师办公室必须敲门，或喊报告，要事先征得老师同意后才能进入。

另外，老师的有些东西在一定程度上是保密的，所以进入办公室后不可乱翻。例如：未启用的试卷，对学生进行思想教育的摘记，不公开的学生成绩等。若被乱翻而造成泄密，更会造成不良的后果。

还有，学生在教师办公室不宜逗留过久。由于工作头绪多而且繁忙，多数老师的时间安排都是有计划的，而且排得很紧。如果学生在办公室逗留久了，就会打乱老师的时间安排。教师的办公室多数是好几个人合用的。如果学生在办公室逗留时间过久，往往还会影响其他老师的工作。总之，教师办公室是老师工作和休息的安静环境，学生在那里逗留过久是不适宜的。

作为对老师的尊重，学生在向老师告别时，应遵循一定的礼仪：

1. 如果老师话已讲完，学生向老师请教的问题已得到解决，学生应向老师表明对所问的问题已经理解，并向老师道谢。若是坐着谈的，应起立把凳子放回原处，而后向老师微微鞠躬和道声"再见"，然后离去。若老师起立目送学生，学生应请老师坐下。若老师举步要送学生出办公室，学生应请老师留步，记住切不可事一完就自顾自奔跑出办公室。

2. 若是老师找学生谈心，谈心已结束，学生应向老师表示"明白了"、"理解了"或"想通了"。然后在得到老师的同意后，有礼貌地离开。

3. 若老师所讲的问题，学生还有不理解，或还有不同看法，或问题才讲到一半，上课的预备铃已响了。在这种情况下，学生应该与老师约定继续谈话的时间，然后礼貌的离去。

（十）师生相遇时的礼仪

校园文明礼仪是构建和谐校园的润滑剂，是展现优良校风，彰显良好精神风貌最直接有效的形式。无论在任何地方，当学生遇到老师都要有礼有节，尊重老师。

1. 学生与教师相遇。这时通常应由学生主动先向教师招呼，道声"老师早"或"老师好"。教师应面带笑容回答"早"或"好"。这样，能充分体现出尊师爱生的美德，有助于师生感情的融洽。老师表情决不要过于冷漠，架子十足，使人感到不可亲近；当然也不宜过分亲昵，显得毫无界限，这样会有失尊严和威信。关键要掌握好"度"。

2. 学生在校外和老师相遇时。学生应主动向老师行礼问好。在车、船、码头遇见老师，即使乘客多，人拥挤，学生也应让老师先上车、船；在车、船上或娱乐场所、交际场合中遇到老师，学生应向老师招呼、让座。切不可懒于或羞于打招呼，更不可假装没有看见或躲开。

3. 学生在进出门口或上下楼梯时和老师相遇。这时学生应主动招呼，请老师先行。不能见到老师便躲，像害怕什么似的。

4. 老师家访时。老师来家访问，学生应热情迎接，主动向家长介绍老师，同时请老师就座，给教师倒茶、递烟。为了便于老师和家长交谈，学生应暂时回避；当老师离开时，学生应热情送别。不可因"告状"就有抵触情绪。

5. 毕业后与老师相遇。遇到老师，要主动热情地向老师问好，并汇报自己的工作情况和成绩，同时感谢老师的教育帮助。重要节日特别是教师节，应给老师写慰问信、贺卡或拜望老师，使老师感到欣慰，感到自己的辛勤劳动没有白费。

（十一）老师找学生谈话的礼仪

老师在找学生谈话时要注意以下几点：

1. 控制自己的感情。当学生犯了错误，特别是当学生不听规劝，甚至顶撞时，教师应竭力控制住自己，千万不要过激，因为教师的一两句训斥、嘲讽、挖苦的话，虽然仅仅发生在几秒钟时间里，但却有可能影

响学生的一生。

2. 保护学生的自尊心。每次谈话，教师必须事先想好谈话的目的和内容，对学生的接受能力也要做到心中有数。对犯错误的学生，更要循循善诱，细心开导，启发学生自觉地接受批评。

3. 注意谈话的时间和场合。和学生谈话，最好不要在学生刚犯错误之后。因为这时双方的情绪都容易激动，控制不住容易发生顶撞。可在情绪稳定之后，或稍隔一段时间进行。谈话的场合也要注意，应该尽量避免在人多的场合。有的教师喜欢把学生叫到办公室，在众多教师的注视下谈话，结果造成学生思想太过紧张，达不到预期的效果。一般来说，比较严肃的事，应单独找学生交谈，以引起学生重视，一般情况可利用课外活动或劳动时间，也可借故与学生同路，与其作非专题性的交谈。

4. 谈话要灵活多变，切不可千篇一律。对于那些性格开朗，易于接受意见的学生，可直接指出他们存在的缺点；对于那些"吃软不吃硬"或性格倔强的学生，教师要力求心平气和地和他们谈话，并且要避免顶撞；而对于那些"吃硬不吃软"或轻率的学生，就不能过于迁就或温存，批评可以言词严厉，但不能辱骂训斥，讽刺挖苦。

5. 和学生谈话，还要动之以情。有些学生经常听到的是批评、训斥，因而往往心虚、有戒心，认为人们都轻视他，讨厌他，对教师有对立情绪。所以教师要关心他们、信任他们、尊重他们，用爱的情感去开启他们的心扉。当老师真心实意爱他们时，他们也就乐于敞开心扉，接受老师的意见。只要注意了上述这些要求，谈话的效果一般都不会很差。

（十二）学生找老师谈话时的礼仪

学生与老师谈话，因场合不同礼节也有差异，但一般应注意如下几点：

1. 和老师说话时，学生应主动请老师坐。若老师不坐，学生应和老师一起站着说话。只有等老师坐下，并请学生坐，学生才可以和老师坐着说话，这是体现着以师为尊的礼节。

2. 学生无论是站着还是坐着，都应姿势端正。不可东张西望，不可抓头摸耳，不可抖腿，还应双目凝视着老师，认真地听老师说话。这是学生的态度问题。

3. 如果老师说的话，学生感到不理解，或无法接受，并有不同看法，可不必隐瞒，应谦虚而诚恳向老师请教，直到弄明白为止。这也体现了尊师更尊真理的科学精神。

4. 对于老师的规劝和正确的批评，学生应愉快地接受，而且态度要谦虚，绝不能当耳边风。即使老师态度较生硬、急躁，也不应计较，更不能嫌烦抵触，而要想到这是老师在关心帮助自己。如果体会到老师"恨铁不成钢"的本意，自然也不会计较老师的不妥之处。只有这样，学生才会很快成长。

（十三）同学友好相处的礼仪

每一个人都希望与他人友好相处，都希望自己能拥有一个良好的人际关系。人际关系问题在学生生活中始终是一个影响自身心理健康影响校园生活质量的重要因素。那么，校园生活中怎样才能与人友好相处呢？

1. 遵守公共道德

公德是公民们为了维护整个社会生活的正常秩序而共同遵守的最简单、最起码的公共生活准则，学生也不能例外。有的学生任意破坏公共财物，在集体生活中或娱乐时大喊大叫、吹口哨，不遵守公共秩序，不讲卫生等，这些都是公德差、道德品质差的表现。同学们要敢于抵制这种不讲公德的人和事。

2. 遵时守信

与同学相处，应遵时守信。遵时就是遵守规定的或约定的时间。不违时，不失约，不可言而无信。失约和无信既是失礼又反映出做人标准的不够。是人际交往中普遍为人们所反感的。同学之间不能因为相处日久。关系密切就不予重视。具体说来，与同学相约共同去办某事，或者是约会，确定了时间，就不要轻易更改，如不得已要更改也须早打招呼并做好解释，尽量避免给对方造成麻烦和产生误解，不能只从一己之利着想。又如，承诺帮同学办事，一定要慎重，办不到或力不能及就不要轻易答应承办，不要开空头支票；不要因怕丢面子或不好拒绝就勉强答应。当然能办的事，一定要帮人去办。

3. 真诚待人

与同学相处，必须做到诚心待人，而不能虚情假意。表里不一、口是心非、缺乏真诚的人即使伪装地再好也会给人"伪君子"的印象。同时，不可心存恶意，不要胡乱猜忌、怀疑人，不可嫉妒或巴结人，不可有"势利眼"。这样才能得到别人的信任和尊重。

4. 态度谦虚随和

与同学相处，要做到谦虚随和。谦虚，就是虚心、不自满。只有谦虚，不摆架子，不自以为是，才能使人感到容易接近，愿意与你相处交往。相反自吹自擂，趾高气扬，夸夸其谈，爱卖弄自己，往往被视为傲慢、不知礼，会使人敬而远之。随和顺应众人的意见而不固执己见。随和不是随声附和，而是善于听取别人的意见；不是总强调自己的主观意志，而是让别人表达看法、观点。

5. 互相尊重帮助

与同学相处，一定要做到互尊互帮。互助尊重的道理是显而易见的，你尊重别人，别人自然也就尊重你。只要求别人尊重自己，而自己一点也想不到应尊重别人，这是不可能实现的。互相帮助也是人的美德之一。人生在世，谁也不会不遇到困难，遇到困难能得到帮助，这对受帮者是莫大的慰藉，而帮人者也会受到别人的感激和尊敬。只要同学间有"我为人人，人人为我"的精神，那么同学之间相处定会融洽。

6. 理解宽容他人

理解，就是懂得别人的思想感情，理解别人的观点、立场和态度，能心领神会别人的喜、怒、哀、乐。与同学相处，最怕的就是互相缺乏理解，甚至产生误解。缺乏理解就无法沟通感情；产生误解就容易导致失礼，产生思想隔膜，甚至使关系僵化。

7. 礼貌对待新同学

人们来到一个陌生的环境，往往感到不习惯和不方便，会觉得孤独和怯生，新同学更会如此。在此情况下，老同学如能主动与其打招呼，新同学会感到新集体的温暖和老同学的友爱，就会消除孤独和怯生感。

（十四）同学之间要积极交流

与同学说话，能使心灵的聪慧得到交流，使同学之间增长知识，增加了解，增进友谊。作为朝夕相处的同学，交流不仅是不可避免的，而且还是十分需要的。

同学们常在一起说话谈事，或交流学习，或交换思想，或谈天说地，这是常有的。注意与同学说话态度要诚恳、谦虚；语调要平和，不可装腔作势。听同学说话时，态度要认真，不可做其他事，不可表示倦怠、打哈欠或焦急地看钟表；若同学说错了话，应在不伤害同学自尊心的情况下，恳切、委婉地指出来。不要当面不说，背后取笑或把同学的短处任意传播。

要注意谈话内容真实，要实事求是地谈出自己对事物的看法。不说胡乱恭维别人的话，也不要说使别人伤心、羞愧之事，更不要说不文明的污言秽语。

如果同学有生理缺陷，不要讥讽。有生理缺陷的人本身就痛苦，所以，一个道德高尚，懂得文明礼貌的人，对待有生理缺陷的人，通常都怀有极大的同情心，会给予关心、帮助和照顾的，决不会去奚落、讥讽或歧视他们。以助人为乐，以损人为耻，以扶危济弱为荣，以凌弱欺软为耻，应是人类的公德。嘲笑别人的生理缺陷，是对人的一种精神折磨，

是为文明人所不为、不齿的，其结果是无法交流，害人害己。

还要注意不给同学乱起绰号。这种行为是对同学人格的侮辱，会伤害同学的自尊心，是属于低级趣味和庸俗的行为，是不礼貌不道德的事情，是不利于交谈进行的。

（十五）异性同学相处的礼仪

学生之间的交往，可以说是他们日常生活中人际交往的主要内容。而异性同学之间的交往又是其中平常、自然和不可避免的重要部分。异性同学相处要注意以下几点：

1. 异性同学相处要光明正大、心胸磊落，没什么可有意规避的。男同学彬彬有礼，女同学文雅大方，彼此以高素质处理各种事情，完全不需要心存顾虑和杂念。这是文明世界社会的正常现象。

2. 异性同学间要相互尊重、相互勉励。不能讲粗俗甚至卑劣的言语、传闻；更不宜以恶意去对异性的容貌、身体和衣着评头论足；对异性的弱点，不可嘲讽。在提意见时更须慎重。

3. 男生应多照顾女生。一般而言，男生比女生力气大、胆量足，所以要多照顾和帮助女生，这也是君子风范和绅士风度的体现。

4. 异性同学之间不宜过分亲昵。只有摆正心态，纯洁心灵，才能赢得对方的敬重，过分亲昵多少留给人一些不含蓄的轻浮之感，所以应该注意。

5. 对于正谈恋爱的男女同学，更要注意彼此肩上的任务和责任。不能为恋爱而恋爱，要合理恰当地处理各种问题。至于中小学生，是不宜早恋的。要知道，整个学习生涯，学业永远是第一位的。

（十六）同学聚会的礼仪

聚会是同学间常见的活动，如，生日聚会、节日聚会、老乡聚会、毕业聚会等，是一种联系和交流的体现，能加强彼此的友谊。但总的要求是宜少不宜多，宜简不宜繁，宜重实质不宜重形式。

学生的主要任务是学习知识、掌握本领，而不宜过早涉足社会活动。学生是"消费者"，而不是"生产者"。没有经济来源，故以俭为准。大把花费父母的血汗钱，不仅对不起父母，也容易使自己滋生挥霍的心态。必须与社会上的一些讲排场的聚会区别开来，注重效果、讲究气氛、以增加友谊为准，因此，活动安排要有意义，而不能浪费，至于酗酒、发酒疯，更是不可取了。

四、学生住校生活的礼仪

（一）住校生活的礼仪

住校学生生活在一个大家庭里，学习、生活及其他活动都是集体进行的。因而学生在自觉遵守学校规定的住校守则的同时，还应特别注意如下一些礼仪。

1. 恭而有礼

早晨起身，初见老师和同学时，应主动招呼；晚上就寝前，则应与老师、同学道别；使用公物，特别是在公共场所用水或晒衣时，要"先人后己"、礼让三分。

2. 尊重集体和集体的生活秩序

不随便使用、翻弄或移动别人的东西；个人用物安放在一定的地方，如遗失物品，不胡乱猜疑别人；平时在宿舍里不高声谈笑，夜间就寝后上下床动作要轻；并尽可能用微型手电筒照明，以免影响别人的休息；听收音机或录音机时尽量使用耳机，或尽量把音量调轻。

3. 关心他人和重视公共安全

如有同学病了，要主动关心和照顾；公共场所的清洁卫生，要自觉维护和主动打扫，一般不随便去其他宿舍串门，尤其是异性宿舍，也不随便把外人带进学校；用电、用火都要随时注意安全。

4. 遵守作息时间

起床、入寝、自修、用膳、熄灯等，都应按照学校规定的作息时间进行。

5. 爱惜公家财物

要随手关灯、节约用水，不浪费粮食，不损坏公共设施，如无意中损坏了公物，要主动承认并自觉赔偿。

（二）宿舍串门的要求

应在有同学相邀，或在得到该室其他同学的许可时，才可以进行串门，切不可随便乱闯。进门后，应主动向其他同学打招呼，并且只能坐在邀你的同学的铺位上，不能随处乱坐（若邀你的同学睡的是上床，一定要得到下铺同学许可后，方可坐其铺位）。不能乱用别人物品，不能乱翻别人的东西。讲话声要轻，时间要短，不能坐得太久，以免影响其他同学的休息。

（三）去异性宿舍的要求

到异性同学宿舍去，除第一点要求外，还要注意进门前要敲门或打招呼。在得到该室同学允许后方可进去（尤其是夏天）。要选择好时间，不可在多数同学要处理生活问题的时候，或熄灯后过去，而且谈吐要文雅，逗留时间要短。

（四）宿舍接待亲友的要求

接待亲友或外人来访时，在进入前应先向室内的同学打招呼。进室后，自己应主动为同学作介绍，若是异性的亲友或外人来访，自己更要先打招呼，说明情况，要在同室人有所准备之后方可进入。同室学生也应礼貌待人，不要冷淡来客。另外，不要随便留人住宿，更不要留不明底细的人住宿，以免出现意外。

（五）宿舍环境卫生的礼仪

对住校的学生来说，正因为寝室是他们的主要生活环境之一。它的面貌，在一定程度上也能体现和反映出这些学生的文化修养和思想修养。所以，在寝室内要注意如下礼仪：

1. 要保持寝室整洁，定期擦洗地板、桌子、橱柜和门窗，定期打扫寝室。被褥要折叠得整齐美观。衣服、鞋帽要整齐地放置在一定的地方。

2. 换下的脏衣服、脏鞋袜要及时清洗和晾干，在还没有洗之前不可乱丢，要安置在隐蔽的地方。毛巾、脚布都要挂整齐，并且不与别人的靠叠在一起，以避免相互感染。脸盆等其他洗漱用具应有规律地安放在一定的地方。

3. 重要书籍、簿册或收录机等用品，不能乱丢乱放，要安全可靠地放在自己的书桌内或者橱内。

4. 冬天用的取暖器，夏天用的电扇和蚊香都要安放在一定的安全地方。夏天，清晨就要把帐子挂起来。

5. 点心、食品和碗筷等，不仅要安放整齐，还要注意密封、遮蔽和加罩，以确保卫生。对已变质的食物，要及时处理掉。

6. 寝室内簸箕、扫帚等公用物品，用后要及时放回原处，不随便乱放。开门、关窗要轻，窗要上钩，并注意随手关灯。若寝室内有花，要注意爱护。

7. 借用他人的东西，虽是同室，也必须得到物主的同意，用后要及时归还。东西若有损坏，该照价赔偿。

8. 在寝室内，应与在别的地方一样，不可乱叫同学的绰号，不可讲粗话和下流的话。

9. 同学间要互相关心和互相帮助。

五、让学校生活轻松有序

（一）在食堂用餐时的礼仪

餐厅礼仪须知如下：

1. 有秩序地进餐厅，不要冲、跑、挤。排队购买饭菜，加塞的行为不应该发生在学生的身上。

2. 如果和师长在一起吃饭，要请长辈先入座。

3. 不要当着食堂工作人员的面，抱怨饭菜不好。如果有必要的话，可以以婉转的语气去建议。

4. 坐在座位上的时候，两脚自然并拢，双腿自然平放，坐姿自然，背直立。

5. 骨、刺以及无法吃的其他东西，不要随地乱吐，可以放到餐具里，或吐到自己准备的其他盛具里。

6. 吃东西或喝汤时要小口吞咽、闭嘴咀嚼，尽量不发出响声。

7. 应该爱惜食物，不要随便剩饭、剩菜。如果有无法吃的饭、菜，要倒进指定的泔水桶里，不要往洗碗池、洗手池里倒。还有在食堂里不可以大声喧哗。

8. 和师长同学以及熟悉的人在一起吃饭，先吃完的时候要说"大家慢慢吃"。

（二）参加学校集会的礼仪

学生参加一些全校、全年级的集会活动，这时，每个人不仅代表自己，还代表自己所在的班，甚至代表本年级。在集会时应怎样注意集会礼仪，展示个人风采呢？

参加集体活动，提前几分钟到场，保证大会准时开始。到场后，各班要快速把队伍整理好，保持良好的精神面貌。与会者不得勾肩搭背、说说笑笑、相互嬉闹。要服从会场工作人员的安排，按指定地点入座，切不可一窝蜂争抢好座位。兄弟班级之间要发扬风格，互谅互让，不要互相攀比和斤斤计较。

集会开始后，不要随便走动和发出声响，以免影响报告人，影响其他人听讲，影响班级的集体荣誉。若因故迟到，应悄悄入场，坐在后排的座位上，而不可大摇大摆地走到前面。若因上厕所等原因必须暂时离开会场，要向老师举手请示，经允许后，应弯腰低身悄悄走出，尽量减少对别人的干扰。

在开会的过程中，要认真听讲，做好笔记，不做与会议无关的事情。要保持会场安静，尊重报告人，适时适度的鼓掌。没有特殊的原因，不能中途退席。同时，要有环保意识，注意环境卫生，不在集会场地乱丢垃圾，做到人走场净。

集会结束离开会场时，要服从会场工作人员的指挥，按顺序出场，切忌一哄而散，在门口拥挤堵塞，造成混乱甚至发生事故。

（三）比赛场上拉拉队的礼仪要求

比赛场上拉拉队员要遵守一定的礼仪规范，力求做个文明的拉拉队员。

1. 要准时到场，最好在正式比赛还未开始时就到场，为本班的运动员鼓舞士气。

2. 比赛开始后，随着比赛高潮的出现，拉拉队要显现出整体性，要适时适度加油、喝彩，不能忘乎所以，大嚷大叫，吹口哨等。

3. 兄弟班的拉拉队员要相互尊重、相互理解，相互为对方运动员加油、喝彩。不要给对方的运动员鼓倒掌，起哄。

4. 在本班队员失利后，要面对现实，保持冷静；要安慰本班队员，

继续鼓励他们，不要恶语伤人，更不应迁怒于胜利者或裁判员。

5. 在比赛过程中，拉拉队员要始终保持饱满的精神面貌，本着"重在参与"、"友谊第一、比赛第二"的原则，为整个比赛增添蓬勃的气氛。

（四）参加升旗仪式礼仪

中学生参加升国旗仪式时，着装要整洁、规范。团员要带好团徽。要按时来到升旗地点，保持安静，队伍整齐；整个升旗过程中，全体同学要庄严肃立，态度严肃认真；要立正、脱帽，目视国旗行注目礼；唱国歌时严肃、准确，声音洪亮、整齐；聆听讲话，要做到神情专注，适时适度鼓掌。若有特殊原因，未按时到达指定地点，在国歌声响起时要原地肃立，参加升旗仪式。

（五）课间操礼仪

每天的课间操要求大家做到：

1. 快：下课铃响后，要迅速地离开教室，并有秩序地走下楼梯，不要拥挤、推搡，以免发生踩踏事故。离开教学楼后，要跑步来到大操场，按指定地点站好，准备做课间操。

2. 静：从离开教室到操场的过程中，不得大声喧哗。来到操场后，要保持安静，等待课间操开始，不做追跑打闹、扎堆聊天等与上操无关的事。从课间操开始到宣布解散，要听从领操老师指挥，不得随便讲话。

3. 齐：按时出勤，不无故不参加课间操，人数要到齐。按要求排队，队列要整齐。按要求着装，服装要整齐。做操时，不东张西望，动作要整齐。

4. 准：要听从领操老师的口令，准确领会、动作到位。做操时，动作要有力、合拍，姿势准确。

第八堂课

涉外礼仪，恰到好处的国际礼仪规范

我国是一个具有悠久历史和文明传统的礼仪之邦，自古以来就倡导"礼治"，将礼义廉耻作为立国之本。懂礼仪讲礼貌，是现代社会中跨文化交流的客观要求，同时也是一个国家一个民族乃至一个人文明程度的重要标志。因此，作为涉外人员更应该增强礼仪观念、提高礼仪素养。

一、涉外人员的形象妆容

（一）涉外工作人员的仪容仪表

涉外工作人员要注意个人的形象，给外宾留下良好的印象。

1. 涉外工作人员的仪容、服饰要整洁，头发、胡须、指甲、鼻毛等都要加以修整。

2. 穿西装应系领带，衬衫应塞在裤腰内，袖口不要卷起，内衣裤、衬衣不要露出来。

3. 着装应注意场合，参加正式活动一般应穿深色服装，参加丧葬吊唁活动一般应穿黑色服装。

4. 进入室内应脱大衣以及其他相应饰物，并存放于衣帽间。

5. 在公开场所不能穿背心、拖鞋。

（二）涉外工作人员的言行举止

涉外工作人员的一言一行都代表了国家的形象，因此，对涉外人员举止言行的要求十分严格。

1. 涉外人员的坐姿该应端正，不要跷二郎腿或摇晃双腿，也不要靠在椅背或沙发背上伸直双腿，更不能把脚或腿搭在椅子上，女士坐时不可叉开双腿，站立时不要倚靠墙或柱

2. 在外宾面前，不要修指甲、剔牙、掏鼻孔、擤鼻涕、伸懒腰等，打喷嚏、打呵欠就用手巾捂住嘴、鼻，朝向另一侧，避免发出声音。

3. 在外宾面前讲话应文雅，不可争吵或争论，不可大声呼喊、喧哗或大笑。

4. 在公共场所应注意保持环境卫生清洁，不随地吐痰、不吸烟、不乱扔杂物。

5. 参加活动前，不吃葱、蒜等带刺激味道的食物。

6. 不私自收受外宾礼品，更不可向外宾暗示及索要礼品。

7. 服务要热情周到。遇到自己解决不了的问题时，应主动、及时向有关部门和领导汇报。

8. 谈话要实事求是，不要允诺或答应没有把握的事，但已经答应的事应说到做到。

9. 要注意内外有别，严守国家机密。

10. 参加外事活动要严守时间，不能迟到早退，有特殊事情应事先请假。

（三）涉外工作人员的工作要求

涉外工作是一项重要的工作，要严格要求自己，严谨对待。

1. 在工作中严格遵照上级和政策办事，不掺入个人的兴趣和感情。尽可能避免发表不必要的个人意见。

2. 做事要积极主动，谨言慎行，对工作要有计划地进行，对对方可能提出的问题，要事先作必要的请示。

3. 要严守国家机密，不在外宾面前谈内部问题。除非因为工作关系，否则文件资料、工作日记本等不得随身携带。

4. 未经上级批准，不得自行接受外宾的馈赠，但如果外宾坚持赠送小纪念品时，可先收下，并立即报告上级组织，并把礼品提交组织处理。

5. 工作人员要及时、准确地向上级汇报外宾工作情况和生活要求以及对每种活动与事件的反应。若对外宾反应搁置不理，隐匿不报，是无组织无纪律的表现。

（四）涉外驾驶人员的礼仪

招待外宾时，驾驶人员应热情、主动，以优质的服务礼貌待客。

1. 驾驶人员在每次参加涉外活动前，都要对车辆进行检修，以确保车辆的行驶安全，并事先弄清行驶路线，必要时可事先熟悉路线，仔细观察路上情况，有所准备，以免误时误事。

2. 外宾准备乘车时，驾驶员应将车门打开，并用手示意，防止客人头部碰撞车门上端的车篷。待外宾坐好后再关车门，注意防止夹客人的手足。

3. 如果接待外国代表团，在主宾车上的人员上齐后，前卫车即可开始缓行，以免主宾车等候过久，防止后面的车辆掉队。车辆之间要保持一定的距离。

4. 驾驶人员在未结束当天活动前，不得离车，以确保安全。

二、涉外活动中的得体应对

尽管涉外礼仪复杂纷繁，但若对其基本礼仪能认真遵守，则可在涉外交往中表现得得心应手，举止有度。

（一）时间礼仪

在跨国家、跨地区的人际交往中，取信于人，既是自我表现的一种目标，也是奠定交往对象彼此之间的良好关系的基石。信守时间，遵守约会，就是取信于人的一项基本礼仪。

要遵守信守时间的礼仪，重要的是要做好以下几点：

1. 在有关时间的问题上，不可以出尔反尔、含含糊糊、模棱两可。

2. 与他人交往的时间一旦约定，就应毫不含糊地予以遵守，而不宜随便加以变动或取消。

3. 对于双方之间约会的时间，只有"正点"到场才最为得体。早到与晚到，同样都是不正确的做法。

4. 在约会之中，不允许早退。

5. 万一失约，务必要向约会对象尽早通报，解释缘由，并为此而向对方致歉。

（二）公德礼仪

公共场合中，应遵守"不妨碍他人"的社会公德。也就是要求人们在公用的处所里进行活动时，务必要讲究公德，善解人意，好自为之，切勿因为自己的言行举止不够检点，影响或妨碍了当时在场的其他人士，或是因此而使当时在场的其他人士感到别扭、不安或不快。

（三）女士优先

在社交活动中，应遵守"女士优先"的原则。

女士优先的原则的本意，是要求每一位成年男子，在社交场合里，都要尽自己的一切可能来尊重妇女、体谅妇女、帮助妇女、照顾妇女、保护妇女，并且随时随地、义不容辞地主动挺身而出，替妇女排忧解难。

（四）不得干涉

在相互关系中，要遵守"不得干涉"的礼仪。

不得干涉的意思，是要求在同外国友人打交道的过程中，只要对方的所作所为不危及其生命安全，不违伦理道德，不触犯法律，不损害我方的国格人格，在原则上都可以对之悉听尊便，而不必予以干涉和纠正。遵守不得干涉的礼仪，是对对方尊重的一个重要的体现。

（五）隐私礼仪

在言谈话语中，应遵守"维护个人隐私"的礼仪。

在国外，人们是普遍讲究崇尚个性、尊重个性的。其基本做法，就是主张个人隐私不容干涉。在许多国家里个人隐私受到法律的保护。因此，在跟外国友人打交道时，千万不要没话找话，信口打探对方的个人情况。尤其是发现对方不愿意回答时，就应该适可而止。

（六）位置礼仪

在位置排列中，应遵守"以右为尊"的礼仪。

所谓以右为尊，意即在涉外交往中，一旦涉及位置的排列，原则上都讲究右尊左卑，右高左低。这一国际上所通行的做法，与国内传统的"以左为上"的做法正好相反。

唯独在佩戴勋章时，才有一个例外：勋章通常应被佩戴于左侧的衣襟上。

关于前后的位置排列，情况要复杂一些。不过大体上来说，基本上是讲究以前为尊的。即前尊后卑，前贵后贱，前高后低，前排的位置要较后排的位置尊贵。

三、涉外活动中的迎送

（一）安排迎送档次

迎客和送客是外事接待工作的两个重要环节，在整个涉外活动中，占有极其重要的位置。一个精心安排的欢迎仪式，能使来宾一踏上被访国就产生良好的第一印象；一个周到圆满的欢送仪式，会给来宾留下美好而难忘的回忆。因此，在国际交往中，对外国来访的客人，通常应该看来人的身份和访问性质，以及两国关系等因素，安排相应的迎送活动。

正式迎送来访者之前，首先要有一个对迎送活动的周密安排。一般说来，迎送活动分两种档次。

1. 隆重迎送

一般情况下，各国对外国国家元首、政府首脑的正式访问，往往都举行隆重的迎送仪式。对军方领导人的访问，也举行一定的欢迎仪式。

2. 一般迎送

对一般代表团和人员的访问，一般不举行迎送仪式。当然，对应邀前来的访问者，不管是官方人士、专业代表团，还是民间团体、知名人士，在他们抵离时，均应安排相应的人员前往迎送。对长期在本国工作的外国人士、外交使节或专家，当他们到任或离任时，各国有关方面也安排相应人员迎送。

（二）确定迎送规格

确定迎送规格，主要是确定哪一级人员出面迎送，是接待来宾的一个礼遇规格，应根据主管部门的接待要求来办。

对来宾的迎送规格，通常主要是依据来访者的身份、访问性质和目的，适当考虑两国关系，同时要注意国际惯例。

主要迎送人通常都要同来宾的身份相当，但由于各种原因不可能完全对等时，可灵活变通，由职位相当的人士出面。总之，主人身份与客人身份不能相差太大，以同客人对口、对等为宜，以示对客人的尊重。当事人不能出面时，无论作何种处理，应从礼貌出发，向对方作出解释。

（三）掌握迎送时间

迎送人员必须准确掌握来宾乘坐的飞机、火车、船舶的抵离时间。由于天气变化等意外原因，飞机、火车、船舶可能不准时，迎送人员应在客人抵达之前到机场、车站或码头，不能出现让客人等候的现象。送行人员应在客人起程之前到达。如有迎送仪式，应在仪式之前到达，并且直到客人乘坐的交通工具看不见时再离去。

（四）提示献花时机

献花适用于礼遇较高的外宾，迎接普通外宾，一般不需献花。献花须用鲜花，花束要整洁、鲜艳，忌用菊花、杜鹃花、石竹花、黄色花朵。

有的国家习惯送花环，或者送一二枝名贵的兰花、玫瑰花等。向贵宾献花，通常由儿童或女青年在参加迎送的主要领导人与客人握手之后，将花献上，并向来宾行礼。有的国家由女主人向女宾献花。

（五）介绍双方人员

客人与迎接人员见面时，应互相介绍。通常先将主人介绍给来宾，职位从高至低，可由礼宾交际工作人员、接待翻译或迎接人员中职位最高者介绍。有时也可作自我介绍。客人初来乍到，一般较为拘谨，作为主人应主动与客人寒暄。

各国、各民族的语言和风俗习惯各异，称呼与姓名均有不同。在社交场合，称呼和姓名很有讲究，如果弄错了，容易闹笑话，有的甚至引起对方反感、误会。因此必须注意下面这些介绍称呼的礼节要求。

在国际交往中，一般对成年男子不论婚否，均称先生；对已婚女子称夫人，未婚女子统称小姐；对不了解其婚姻状况的女子可称小姐或女士，对戴结婚戒指的年纪稍大的可称夫人。这些称呼均可冠以姓名、姓氏、职称、军衔等。如"威廉·泰勒先生"、"校长先生"、"少校先生"、"戴维斯小姐"、"秘书小姐"等。以"夫人"称呼妇女时，可以用其丈夫的姓名，如"约翰·史密斯夫人"，也可用丈夫的姓，本人的名，如"玛丽·史密斯夫人"；如以女士称呼时，一般用妇女本人的姓名。

对医生、教授、法官、律师以及有博士学位的人，可称呼他们的职务，有时可加上姓氏，也可加先生。如"查理教授"、"法官先生"、"律师先生"、"桑尼博士先生"、"卡特医生"等。

（六）接待外宾乘车礼仪

接待外宾乘车时不仅要遵守各种车辆的座次礼仪，还要注重一些乘坐车辆的细节礼仪。特别需要注意下列三个方面的问题。

1. 上下车的先后顺序。在涉外交往中，尤其是在许多正式场合，上下车的先后顺序不仅有一定的讲究，而且必须认真遵守。

乘坐轿车时，按照惯例，应当恭请位尊者首先上车，最后下车。位卑者则应当最后登车，最先下车。乘坐公共汽车、火车或地铁时，通常由位卑者先上车，先下车。位尊者则应当后上车，后下车。这样规定的目的，同样是为了便于位卑者寻找座位，照顾位尊者。

2. 就座时的相互谦让。不论是乘坐何种车辆，就座时均应相互谦让。争座、抢座、不对号入座，都是非常失礼的。在相互谦让座位时，除对位尊者要给予特殊礼遇之外，对待同行人中的地位、身份相同者，也要以礼相让。

3. 乘车时的律己敬人。在乘坐车辆时，尤其是在乘坐公用交通工具时，必须将其视为一种公共场合。因此，必须自觉地讲究社会公德，遵守公共秩序。对于自己，处处要严格要求，对于他人，应该友好相待。

四、用礼貌成就涉外活动

（一）程序礼仪

会见分礼节性、政治性和事务性等三种。礼节性会见时间较短，话题较随意；政治性会见一般涉及双边关系、国际局势等重大涉外问题；事务性会见指一般对外交涉、业务商谈等。

会谈，指多边或双边就某些重大问题以及共同关心的问题交换意见。会谈也可涉及洽谈公务，或者对某些具体业务进行谈判。会谈的内容较正式，政治性或专业性较强。

会见、会谈是社交礼仪的基本形式，在国际交往中较为常见。其活动程序一般如下：

1. 要求会见。要求会见方应向接见方说明被会见人姓名、职务以及要求会见何人、会见目的。接见方应尽早回复。

2. 接见方的安排者，应主动向对方了解上述情况，做好安排并通知有关出席人员。

3. 准确掌握会见与会谈的时间、地点和双方出席人员名单，及早通知有关单位和人员做好各项准备工作。接见方应提前到达。

4. 会见与会谈场所的座位要安排足够。如双方人数较多，厅室面积较大，则应准备扩音设备。会谈如用长桌，事先应排好座位图。现场放置座签，座签上的字体应配有中外文，字迹要工整清晰。

5. 如要合影，应事先排好位次，人数较多则要准备梯架。位次安排应由主人居中，按礼宾次序，以主人右手为上，主客双方间隔排好。要考虑人员身份，同时要考虑场地大小，即能否全部摄入画面。一般由主方人员站两端。

6. 主人应在门口迎接客人。可以在大楼正门迎接，也可以在会客厅门口，或者先由礼宾人员在大门口迎候，再引入会客室。如要合影，应安排在宾主握手之后。会见结束时，主人应送至车前或门口握别，目送客人离去后再退回室内。

7. 领导人之间的会见或会谈，除陪同人员和必要的翻译、记录员外，其他人员在安排就绪后均要退出。如允许记者采访，也只是在正式谈话开始前几分钟，然后全部离开。谈话期间，旁人不要随意进出。

一般官员、民间人士的会见，安排方面与上述相同，也应事先申明来意，约妥时间、地点，通知来人身份和人数，准时赴约。礼节性拜访一般不要逗留过久，半小时左右即可告辞。客人来访后，应伺机回访。如客人为祝贺生日、节日等喜庆日来访，可暂不回访，而在对方节日、生日时前往探望祝贺。

（二）座次礼仪

在国际社交礼仪活动中，会见、会谈是较正规的活动，要求慎重对待，

其重点在于座位的安排。下面分别介绍一下会见和会谈的座位安排方式。

1. 会见的座次

会见一般安排在会客室或办公室。通常宾主各坐一边，也有穿插坐在一起的。某些国家的会见还有其独特礼仪程序，如双方简短致辞、赠礼、合影等。我国习惯在会客室会见，客人坐在主人右边，翻译和记录员坐在主人和主宾的后面。其他客人按礼宾顺序在主宾一侧就座，主方陪同人员在主人一侧。座位不够时可在后排加座。

2. 会谈的座次

会谈通常用长方形、椭圆形或圆形桌子，宾主相对而坐，以正门为准，主人坐背门一侧，客人面向正门，主谈人居中。我国习惯把译员安排在主谈人右侧，但有的国家也让译员坐在后面，一般应该尊重主人的安排。其他人按礼宾顺序左右排列。记录员可以安排在后面，如果会谈人数少，也可安排在前排就座。

如会谈长桌一端向正门，则以入门的方向为准，右为客方，左为主方。

多边会谈，座位可摆成圆形、方形等。

小范围会谈，有时只设沙发，座位按会见座次安排。

（三）礼节要求

会见、会谈的礼节要求比较正规，因此要特别注意。主要分为介绍、握手、谈话三项。

1. 介绍

（1）正式会见，应由第三者介绍。介绍时要自然得体，要有礼貌地以手示意，而不要用手指指点点。

（2）介绍有先后之别。应把身份低、年纪轻的介绍给身份高、年纪大的，把男子介绍给妇女（我国传统介绍方式则相反）。介绍时，除妇女和年长者外，一般应起立；在会谈桌旁可不必起立，被介绍者只要微笑、点头就可以了。

（3）在我国，一般由引见人先将外宾向我方人员介绍，然后将我方人员向外宾介绍。如果外宾是知名人士（如国家元首等），就只将我方人员向外宾介绍。介绍时，应将双方姓名、职务介绍出来，称呼可酌情而定。

2. 握手

握手是大多数国家相互见面和告别的礼节，在国际交际场合，运用最普遍，一般在相互介绍和会面时握手。

（1）在会见、会谈场合，在双方介绍完以后，可相互握手，寒暄致意。关系亲近的可边握手边问候，甚至两人双手长时间握在一起。在一般情况下，轻握一下即可。但年轻者对年长者，身份低者对身份高者则应稍稍欠身，双手握住对方的手，以示尊敬。男子与妇女握手时往往只轻握一下妇女的手指部分。老朋友可以例外。除特殊原因外，不要坐着与人握手。但如果两人相邻或相对而坐，可以微屈前身握手。

（2）握手应由主人、长者、身份高者、妇女先伸手，客人、年轻者、身份低者见面先问候，待对方伸手再握。多人同时握手注意不要交叉。男子在握手前应先脱下手套、摘下帽子。握手时双目注视对方，微笑致意，不要看着第三者握手。但按西方传统，位尊者和妇女可以戴手套握手。作为主人，主动、热情、适时握手是很必要的，这样做可以增加亲切感。军人戴军帽与对方握手时，应先行举手礼，然后再握手。

3. 谈话

（1）在国际交往中，同外宾会见、会谈时，要落落大方，诚恳自然。同时注意内外有别，不要强加于人，自吹自擂。

（2）外宾谈话时，不要轻易打断，要给对方充分表达思想的机会。要面向外宾，注意倾听，不可只和我方人员或译员私下嘀咕，也不要作出心不在焉或闭目养神状。谈话声音应高低适中。如没有听明白，不妨再问一遍。如发觉外宾对我方谈话有未领会的神情，应及时通过译员解释清楚。

（3）与外宾谈话，要实事求是。称赞对方不宜过分，自己谦虚也须适当。不要打听外宾的私事，更不要以对方的生理特征为话题。涉及对外事项和外宾的各种要求，如无把握，不能擅自表态许诺。我方的内部安排，未经许可，不得向外宾透露。自己不清楚的事不要随便答复。答应了的事，一定要设法办到。

五、不要"非礼"外国人

礼仪不仅表现为一种精神文明，而且是我们扩大交流、增进友谊、促成合作的重要手段。因此，我们在涉外交往中不仅要求以礼待人，还要求人们对世界各国的传统文化、风土人情、民俗禁忌有广泛的了解，以通晓异国的礼仪来增进友谊，促进经济的合作。

（一）颜色的忌讳

棕黄色：巴西人认为棕黄色意味着凶丧，因此非常忌讳。

绿色：日本人大都忌用绿色，认为绿色是不吉利的象征。

黑色：欧美许多国家以黑色为丧礼的颜色，表示对死者的悼念和尊敬。

淡黄色：埃塞俄比亚人、叙利亚人以穿淡黄色的服装表示对死者的深切哀悼，因此视为死亡之色。在巴基斯坦黄色是僧侣的专用服色，所以普通的民众基本上都不穿黄色的衣服。而委内瑞拉却用黄色作医务标志。

蓝色：比利时人最忌蓝色，如遇有不吉利的事，都穿蓝色衣服。埃及人也同样忌讳蓝色，因为蓝色在埃及人眼里是恶魔的象征。

另外，印度人喜爱红色、蓝色和黄色等鲜艳色彩，不欢迎黑色和白色。尼日利亚人视红色、黑色为不吉祥色。马达加斯加视黑色为消极色，喜好鲜明色彩。

（二）数字的忌讳

"13"：西方人认为 13 是不吉利的，应当尽量避开，甚至每个月的 13 日，有些人也会感到忐忑不安。

"5"：西方人也避谈星期五，如果星期五出了事，就归罪于这是个黑色星期五。尤其是逢到 13 日又是星期五时，最好不举办任何活动。有些人就会因此而闭门不出，惟恐发生不吉利的事情。

"4"："4"在中文和日文中的发音与"死"相近似，所以在日本与朝鲜等东方国家将它视为不吉利的数字，

"9"：在日语中"9"发音与"苦"相近似，也是属于忌讳之列。

（三）花卉的禁忌

在国外，给中年人送花不要送小朵，意味着他们不成熟。不要给年轻人送大朵大朵的鲜花。

在印度和欧洲国家，玫瑰和白色百合花，是送死者的虔诚悼念品。

日本人讨厌莲花，认为莲花是人死后的那个世界用的花。送菊花给日本人的话，只能送品种只有 15 片花瓣的。

在拉丁美洲，千万不能送菊花，人们将菊花看作一种"妖花"，只有人死了才会送一束菊花。

在巴西，绛紫的花主要是用于葬礼，看望病人时，不要送那些有浓烈香气的花。

墨西哥人和法国人忌讳黄色的花。

与德国、瑞士人交往，送朋友妻子或普通异性朋友，不要送红玫瑰给他们，因为红玫瑰代表爱情，会使他们误会。

德国人视郁金香为"无情之花"，送此花给他们代表绝交。

意大利、西班牙、德国、法国、比利时等国，菊花象征着悲哀和痛苦，绝不能作为礼物相送。

在俄罗斯等国家若送鲜花的话，记住一定要送单数，因双数被视为不吉祥。

罗马尼亚人什么颜色的花都喜欢，但一般送花时，送单不送双，过生日时则例外，如果您参加亲朋的生日酒会，将两枝鲜花放在餐桌上，那是最受欢迎的。

百合花在英国人和加拿大人眼中代表着死亡，绝不能送。

六、有品位的宴请活动

涉外宴请指国际交往中出于某种需要设宴招待客人的礼仪活动，它是最常见的交际形式之一。国际上通行的宴请形式有宴会、招待会、茶会、工作餐等。下面分别介绍一下几种宴请礼仪。

（一）宴会

宴会指在正餐时间举行的宴请活动，必须坐下进食，由服务员依次上菜。它大体分为国宴、正式宴会和便宴三种。按举行的时间，又有早宴、午宴和晚宴之分。一般来讲，晚宴比白天的宴请较为隆重和正式。

1. 国宴。国宴是涉外宴请中规格最高的形式。国宴是国家元首或政府为招待国宾、其他贵宾或在重要节日为招待各界人士而举行的正式宴会。宴会厅内悬挂国旗，安排乐队演奏国歌及席间乐（一般为两国民族乐曲）。席间要致祝词或祝酒词。

2. 正式宴会。与国宴的安排大体相同，只是不挂国旗、不奏国歌以及出席规格有所不同。有时也安排乐队奏席间乐。宾主均按身份排位就座。对餐具、酒水、菜肴、陈设以及服务员的装束、仪态的要求都很严格。通常菜肴包括冷盆、汤和几道热菜（中餐一般用四五道，西餐多用两三道），最后上点心、甜食和水果。国外宴会餐前还要上开胃酒。常用的开胃酒有：雪梨酒、白葡萄酒、马提尼酒、金酒加汽水（冰块）、苏格兰威士忌加冰水（苏打水），另外也上啤酒、果汁、矿泉水等饮料。席间佐餐用酒，一般多用红、白葡萄酒，很少用烈性酒，尤其是白酒。餐后在休息室上一小杯烈性酒，通常为白兰地。

我国在这方面做法简单，餐前一般在会客室稍作叙谈，通常只上茶和饮料，也可直接入席。席间一般用两种酒，一种甜酒，一种烈性酒。餐后不再回会客室，也不用上餐后酒。

3. 便宴。指非正式宴会，常见的有午宴和晚宴，也有共进早餐的。这类宴会形式简便，可以不排座次，不作正式讲话，菜肴道数也较少。西方人的午宴有时不上汤，不上烈性酒。便宴较亲切、自然，宜用于日常友好往来。

4. 家宴。指在家中设便宴招待客人。西方人喜欢采用这种形式，以表示亲切友好。家宴往往由主妇亲自下厨烹调，家人共同招待。

（二）招待会

招待会是不备正餐的较为灵活的宴请方式，备有食物、酒水，通常不排座次，可以自由走动。

1. 冷餐会。它是目前国际上所通行的一种非正式的西式宴会，在大型的商务活动中尤为多见。这种宴请的特点是不排座次，菜肴以冷食为主，也可以用热菜，连同餐具陈设在菜台上，供客人自取。客人可自由活动，可以多次取食。酒水陈放在桌上，也可由服务员端送。冷餐会可在室内或院子里举行，设小桌椅，自由入座，也可以站立进餐。根据主、宾双方身份，招待会规格可高可低，举办时间一般在中午12时至下午2时、下午5

时至 7 时左右。这种形式一般用于官方正式活动，便于招待人数众多的宾客。

2. 酒会。又称鸡尾酒会，仅备酒水和小吃，不设座椅，仅置小桌。这种形式较活泼，便于广泛接触交谈。酒会往往在中午、下午、晚上举行。客人可在其间任何时候到达和退席，来去自由。

鸡尾酒是多种酒调制而成的混合饮料。酒会上不一定都用鸡尾酒，但用的酒类品种较多，并配以各种果汁，一般不用烈性酒。食品多为三明治、面包、小香肠、炸春卷等各种小吃，以牙签取食。饮料和食品由服务员用托盘端送，或部分放置在桌上。

随着各国礼宾活动日趋简化，现在国际上举办大型活动往往采用酒会形式。庆祝节日、欢迎仪式，以及各种庆典、文艺演出与体育演出前后往往举行酒会。

（三）茶会

茶会就是指请客人品茶，是一种简便的招待形式。举行的时间一般在下午 4 时左右（也有上午 10 时的）。茶会通常设在客厅，厅内设茶几、座椅，不排座位。如是为某贵宾举行的活动，入席时，应有意识地将主宾同主人安排在一起，其他人随意就座。茶会对茶叶、茶具的选择比较讲究，应具有地方特色，如一般用陶瓷器皿和地方名茶。外国一般用红茶，略备点心和风味小吃。也有不用茶而用咖啡者，其组织安排与茶会相同。

（四）工作进餐

工作进餐是现代国际交往中常用的一种非正式宴请形式，边用餐边谈工作，常因日程安排不开而采用这种形式。一般分为工作早餐、工作午餐、工作晚餐。我国现在也开始广泛使用这种形式于外事工作中。它的用餐多以快餐分食的形式，既简便、快速，又符合卫生。此类活动只请与工作有关的人员，不请配偶。双边工作进餐往往排席位，并用长桌，以便于谈话。如用长桌，其座位排法与会谈座位安排相似。

第九堂课

服务接待,尽心尽力做好分内之事

在市场经济条件下,实用礼仪已成为其服务水平的决定因素,而服务水平则决定了其市场竞争力。有形、规范、系统的服务礼仪,不仅可以树立服务人员和企业良好的形象,更可以塑造受客户欢迎的服务规范和服务技巧,能让服务人员在和客户交往中赢得理解、好感和信任。

一、宾馆服务员应有的素质

（一）宾馆门前服务礼仪

门前服务人员的服装应当干净、整洁、挺括。可以化淡妆，但不应该佩戴首饰。穿旗袍时，不能开衩过高，从而影响来宾对其所代表的宾馆的评价。

在工作岗位上，门前服务人员均应肃立、直视、面含微笑，绝不允许抱肩、叉腰、弯腿或倚物。更不能与异性、熟人、出租司机聊天、逗乐。如客人乘车抵达宾馆门口，服务人员还应替客人打开车门。一般情况下左手拉车门与门轴成70°角，右手挡在车门上沿，以防客人不小心碰头，客人下车时，应提醒客人"小心"。

有重要客人或团队客人光临时，礼仪小姐应在宾馆负责人的带领下，列队迎候。倘若适逢下雨，应主动为客人撑伞，碰上小孩、行动不便的老人或残疾人，还应主动上前搀扶。

在宾馆服务中，门前的服务乃是首要的环节。他被称为宾馆的门面，或是"宾馆的写真"。门前服务人员的所作所为，在决定出入宾馆之人对宾馆的第一印象方面，具有先入为主、先声夺人之效。

（二）宾馆行李服务人员礼仪

行李服务人员要主动、热情地向客人问好。然后帮客人将行李从车上取下，查看车内有无遗留物品，然后与客人一起核查行李件数，检查行李是否完好无损。继而将客人引至总服务台办理入住手续。搬运行李务必小心，力求轻拿轻放，以免损坏行李。引领过程中，服务人员应走

在客人左前方，与客人保持一定的距离，并配上标准的手势为客人引路。

为客人办理入住登记手续时，行李服务人员应站在距前台约四米以外的地方，等待为客人服务。手续办妥后，应主动帮客人拎行李，拿钥匙，为客人引路。如需乘电梯，必须请客人先进入电梯后，自己再进入。走出电梯时，则应当后出。行李人员陪同客人抵达既定的楼层后，可先与客房服务员取得联系。

打开房门后，应先打开房间内的总开关，然后站到房门一侧，请客人先进。对于行李的摆放，可听从客人的安排，然后简明扼要地为客人介绍房内设施及使用方法。最后向客人询问是否还有其他要求，如没有即可告别。然后轻轻关上房门，转身离开。

尽管行李服务人员做的是搬运行李这种体力活，但也必须注重自己的仪表仪容，言行举止。

（三）宾馆总台接待人员的礼仪

总服务台作为前台接待是联系客人的一条重要纽带，所以要求每位接待员都精通业务、口齿清晰、态度和蔼。

1. 总台接待员在上岗时，务必要按规定着装，并且在各个细节上都要热情服务。总台接待员的标志牌，应一律端端正正佩戴于左胸。总台接待员在工作中，要积极主动，对前来的客人要主动打招呼，并提供必要的服务。在一般情况下，总台接待员在为客人服务时，应当站立。站立时姿势要文明、优美，不要弯腰驼背、或倚或趴、双脚交叉。两手可在下腹交叉或扶在柜台边缘上。

2. 在工作中，总台接待员应精通业务、讲求效率、节省客人的时间。为客人服务时，应面带笑容地目视客人，态度和蔼，表情亲切。在讲话的时候，应做到口齿清晰、语言文雅、语气轻柔。当客人前来投宿时，应目视对方鼻眼之间的三角区域，上身略为前倾，首先问候对方。倘若不能满足客人的要求，应向其做出合理的解释，并主动向其介绍其他可以满足其要求的地方。必要之时，还可主动地替对方代为联系。

3. 如果同时接待较多的客人，应按照先来后到的顺序，依次为之服务。需要查验客人的证件时，先要说明理由，然后尽快归还，在递交客人客房钥匙或现金时，应双手捧交。遇到住店客人打来的求助电话，应给予必要的帮助。暂时不能解决的，应做好笔录，在交接班时，还应做出必要的交待。对待即将离店的客人，在为其结账时，要迅速、准确。在结账单上，要写得一清二楚。对于客人有关账单的疑问，要耐心解释，直到对方满意为止。

总服务台在宾馆服务中发挥着接待中心、服务中心和指挥中心的作用。作为宾馆联系客人的一条最重要的纽带，每一位总台接待员，在工作中都应当表现出色。

（四）宾馆电梯员的礼仪

按规定在电梯门外恭候客人的电梯员见到客人走向电梯时，应当首先进入电梯，在电梯间内欢迎客人。并面向门口，侧身而立，一手按住门，一手向客人示意"请进"。与此同时，他还应主动对客人问好。在关闭电梯门前，应目视一下反光镜，以免妨碍其他人进入。一定要注意电梯的安全操作，不要在开关门时夹伤乘客。在开、关门前，最好举手示意各位乘客留神。倘若电梯里乘客业已满员，则应对还想挤进来的客人道歉，一定要记住不能让电梯超载。按照常规，应当客人到，电梯开。不要为图省事，而让先到者在电梯内久等。到达客人预先告知的某层楼之前，应大声将层数报出来，以便对方有所准备。在客人步出电梯间时，应主动向其告别。

在宾馆里，人们上下楼时均以电梯代步。电梯员的工作或许很普通，但在影响往来客人的情绪方面，却有十分重要的作用。

（五）宾馆客房服务人员的礼仪

客房服务员在得到客人将要到达的通知后，应立即作好准备工作。

在客人到达时，应当面带微笑，并主动问好。并在前引路，将客人带入客房。在打开房门之后，应先请客人入内。进入客房后，应对房内的设备和宾馆内的设施稍作介绍，当问明客人再无疑问之后，应立即退出，以免妨碍客人休息。

宾馆各部门从业人员对客人的照顾，应当出自公心，不容私情。跟客人过从甚密的事，是绝对不可以做的。不允许跟客人打打闹闹、乱开玩笑。有事需要进入客房，须先按门铃通报，得到允许后，方能入内。进入客房内之后，不允许锁闭房门，而应将其半掩半开。即使客人再三让座，也应当婉言谢绝。未经有关部门允许，不允许陪同客人在宾馆内部用餐、购物或娱乐。

宾馆客房服务人员的服务工作是从早到晚，时间最长，工作量最大，涉及面最广的。若要达到让来宾有宾至如归的效果，必须时时留意、体察来宾的需要，主动热情地为来宾悉心服务。

（六）宾馆餐饮服务人员的礼仪要求

客人就餐时服务人员应以最快的速度到吧台为客人领取所点酒水，及时为其奉上。上菜时要从客人右侧的空隙送上，力求做到轻拿轻放。摆放菜肴时，应以整齐、美观为原则。每上一道菜都要为客人报上菜名，如有佐料的要同时送上。客人所点的菜全部上齐后，要告诉客人一声，并询问是否还需要其他帮助。客人就餐过程中，服务人员应常常巡视客人的就餐情况，如发现餐桌上盛杂物的盘子已满应及时予以替换。

当客人所点菜肴与酒水上齐后，服务人员应及时告知，当客人提出结账时，负责收银的工作人员，应及时报出应付金额。并将每道菜的价钱向客人再次说明，以方便客人核对钱数。客人交款时，不要直接用手拿钱，可请客人将钱放在托盘中，如需找钱的，应及时找零，核对清楚后交给客人。

餐饮是一种常见的社交活动，宾馆的餐馆服务人员在服务中要坚持做到岗前洗澡，岗位服装干净、整洁，头发清洁，无头屑，发型大方、简单、易梳理。厨师要戴工作帽。

（七）宾馆送客礼仪

当接到客人离店的通知时，应向前台询问离店客人的房间号，然后主动为客人提供服务。注意，进入客人房间时要先按门铃再敲门，经允许后再进入。当客人离开房间时，客房服务人员应将其送至电梯间门口，并热情地与之告别。客人行李如果较多，通常其行李应由行李员协助送至大厅或房间之内。

客人离店前服务人员要确认客人是否结账，如尚未结账，应礼貌地提醒客人到收银处将费用结清，到前台交还房间钥匙。客人即将离开时，服务人员要主动、谦虚地向客人征求意见，看其是否满意该宾馆的饭菜质量、环境卫生以及服务态度等，对客人所提要求和意见，服务人员应虚心听取。

客人离店时，门前服务人员要协助行李员为客人装好行李，然后请客人当面清点数目。面带微笑地对客人告别。如客人乘坐小汽车离开，还应帮客人将行李拿到车上，然后轻轻关上车门，后退一步，向客人挥手道别。当客人离店、需要行李员帮助时，行李员应按约定时间到达客房。在核对完客人行李的件数及具体要求后，应小心而负责地把行李运到客人预约的轿车上，并将其放入后备箱内。当客人到达后，应就此向客人进行详细的交待，免得对方有所遗忘。

宾馆送别规格与接待的规格大体相当，只有主宾先后顺序正好与迎宾相反，迎宾是迎客人员在前，客人在后；送客是客人在前，迎客人员在后。

二、让顾客满意而归的营业员

（一）营业员仪容仪表的礼仪

营业员化妆，是一种礼貌行为，是健康向上、积极进取的表现，但化妆时要根据环境特点等掌握好分寸，不要浓妆艳抹，粉底最好选用与肤色同一色系的。要做到勤理发、勤洗手、勤剪指甲、不涂指甲油。上班前不喝酒、不吸烟、不吃带强烈刺激气味的食物。发型以短、散、松、柔为宜，显示出自然、端庄之美。如果留披肩长发，工作时要用深色的丝带把头发扎起来。

营业员的着装应该美观大方、协调雅致。为了能使格调统一，通常情况下所有营业员上班时都应穿统一的工作服。有些商店的工作服只有一件，或者是上衣或者是裤子、裙子，如果是这种情况，营业员应选择合适的衣服与其相配。有些商店的工作服是成套的，在这种情况下，营业员必须上下身配套穿，不能只穿一件。不管是穿便装还是工作服，都应做到服装干净整洁、得体大方。所着衣服、鞋子要协调统一，不可佩戴手饰，不戴耳饰、胸针、戒指、领花等装饰物，也不要敞胸露怀、捋袖子、卷裤腿，更不要光着脚穿鞋、戴墨镜、围巾上班，这些对营业员来说，都是不得体的打扮。

营业员仪容仪表规范是对在岗时的容颜、服饰、装扮等方面的标准和规范，它不仅反映营业员自身的外观形象，同时也反映出营业员的素质和敬业精神风貌。

（二）营业员的言谈举止

营业员站立时，双脚自然分开，上身挺直，双手自然合拢放在小腹处。神态要端庄、精神、热情、自然。不要给人以懒散、怠慢、沉闷的感觉，以免影响顾客的购买心情。招待顾客时，双手可以轻放在柜台上，千万不要趴在柜台上或背靠柜台、货架。站立时也不可抱臂膀、蹬柜台或把手插进衣兜里，工作时间不能同别的营业员聊天。

营业员与顾客交谈时，尽量使用通俗易懂的语言表情达意清楚、明确、完整。接待顾客时，态度要谦逊、真诚，维护顾客的自尊心，语气委婉富有感情。说话的语气语调要高低适中，语言柔和。介绍商品时，应注意语言的运用。

营业员与顾客主要通过语言进行沟通，语言的表达方式和内容能表现一个营业员的修养和素质，也是营业员礼仪水平的具体体现。

（三）营业员迎接顾客的礼仪

面带微笑，使进来的客人感觉亲切且受到欢迎。当客人进来时，营业员要立刻迎接，表示尊重，并亲切的向顾客问候。作为引导人员应走在顾客的左或右前方以为指引，因为有些顾客尚不熟悉商业环境，切不可在顾客后方以声音指示方向及路线，走路速度也不要太慢，让顾客无所适从，必须配合客人的脚步。

营业员要想有效率且专业化地接待您的客户，在服务态度上要极为注意。迎接顾客的礼仪最重要的是态度亲切，以诚待人。只要看到客人来，眼睛一定要放亮，并注意眼、耳、口并用的礼貌。

（四）营业员接待顾客的礼仪

1. 顾客到店内参观时，应亲切地接待顾客，并让他随意自由地选择，最好不要随便给顾客发表自己的意见，在一旁唠叨不停。如有必要应主动对顾客提供帮助，若顾客带着很多的东西时，可告诉他寄物处或可以暂时放置的地方，下雨天可帮助客人收伞并代为保管。营业员对先来的

顾客应先给予服务，对晚到的顾客不能置之不理，应亲切有礼地请他稍候片刻，不能先招呼后来的客人，而怠慢先来的人。如果顾客非常多，人手又不够，招待不过来的情况下，记住当接待等候多时的顾客时，应先向对方道歉，表示接待不周恳请谅解，不能毫无礼貌地敷衍了事。

2. 顾客有疑问时，应以愉悦的态度为客人解答。不宜有不耐烦的表情或者一问三不知。细心的营业员可适时观察出顾客的心态及需要，提供好意见，并且对商品作简短而清楚的介绍，以有效率的方式说明商品特征、内容、成分及用途，以帮助顾客选择。与顾客交谈的用语应该用询问、商量的口吻，不应用强迫或威胁的口气要顾客非买不可，那会让人感觉不悦。值得注意的是，不要忽略陪在顾客身旁的人，应给予同样的热情招待，在这样热情的服务下，或许也能引起他们的购买欲望。

3. 有时一些顾客可能由于不如意而发怒，这时营业员要立即向顾客解释并道歉，并将注意力集中在顾客身上。最好的方法是要克制自己的情绪，不要让顾客的逆耳言论影响你的态度和判断。要擅长主动倾听意见，虚心地听取抱怨，知道顾客真正需要什么，不打断顾客的发言，这样顾客被抑制的感情也就缓解了。当顾客提出意见时要用他们自己的语言再重复一遍你听到的要求，这再一次让顾客觉得他的问题已被注意，而且使他感到你会帮助他解决困境。

4. 当顾客试用或试穿完后，宜先询问客人满意的程度，而非只一味称赞商品的优越性。营业员在商品成交后也应注意服务品质，要将商品包装好，双手奉给顾客，并且欢迎下次再度光临。即使客人不买任何东西，也要保持一贯亲切、热诚的态度。

一个优秀的营业员能当客人一踏入门，就要将他视为最难得、最重要的人物，从他进门的第一步起，就要设法使他变成公司的常客。让每个上门的顾客感觉到受重视及舒适，这便是接待的最高艺术。

三、做个优雅的美容师

（一）美容师的仪表礼仪

1. 服装

美容院的服装应当与整个环境相一致，色调、款式都要体现出美观大方的特点，最重要的一点是干净、整齐。工作期间，美容师不得佩戴首饰及各种饰物。如果是配裤子则可将上装做得稍微长一些，穿裙子时不宜穿花袜子，袜口不要露在裤子或裙子之外。

2. 装饰

美容师的化妆应做到既不浓艳，又不平淡。要求粉底不能打得太厚，且要保持均匀，与其皮肤底色协调；对于脸上的瑕疵应尽量给予遮掩。眼影以不易被明显察觉为宜，眼线不要勾画太重，眼眉要描得自然，原则上以弥补眉形中的轻描为主，不许纹眉或因勾描重而产生纹眉效果。涂胭脂以较淡和弥补脸型不足为基本标准，并能使人体现出精神饱满和具有青春朝气，体现出专业水准。美容师不得留指甲，不得涂色油在指甲上，忌用过多香水或使用刺激性气味强的香水。上班前要把头发梳理整齐，可加少量头油，保证无头屑。

3. 个人卫生

美容师的头发要保持清洁，经常洗发，发型要适合脸型特点，留长发者，工作时要夹发。美容师的面部皮肤状况是最有说明力的广告，应加强日常的面部皮肤护理，工作时要化淡妆，最忌脱妆或浓妆艳妆。保持口腔清洁，每天都要刷牙漱口，并提倡饭后漱口。由于美容师与顾客接触时，距离很近，因此，上班前不得吃有异味的食物。不吸烟、不喝

酒，工作中不嚼口香糖。提倡每天洗澡，勤换内衣，以免身体上发出汗味或其他异味。

美容师是一个特殊的服务行业，其仪表要与自己的职业相一致，随时保持严格的卫生标准，使顾客产生信心。

（二）美容师举止行为的礼仪

美容师站立时要表情自然、双目平视、颈部挺直、微收下颌、挺胸、直腰、收腹、臀部骨肉上提、两臂自然下垂、双肩放松稍向后，双腿并拢、双脚成丁字型站立。因为美容师需要长时间站立工作，所以应避免脊骨的长时间弯曲。两脚不要离得太远，尽量以脚掌承受体重而不要以脚跟承受体重。但如果以两脚并拢的姿势长时间站立，身体不易平衡，也很容易造成疲劳。因此，在工作中只有保持正确的站立姿势，才能获得良好的平衡性、肌肉的适当控制以及手脚的协调等，从而减少或避免疲劳。

美容师工作时的坐姿要符合礼仪的标准，坐的时候，下半背部要贴住椅背，椅面与膝部基本平行，能使双脚顺着膝盖自然平放于地板上，并使大腿部与小腿部形成90°的直角，以脚支撑大腿部的重量。当客人来访时，应该放下手中事情，站起来相迎，当客人就座后自己方可坐下。替顾客服务时身体上部可稍向前倾，如果坐的是没有椅背的凳子，则应坐满凳子，保持上身挺直的姿势，使身体的重量完全由大腿承受。听客人讲话时，上身微微前倾或轻轻将上身转向讲话者，用柔和的目光注视对方，根据谈话的内容确定注视时间长短和眼部神情。不可东张西望或心不在焉。

在为客户服务时，不得流露出厌烦、冷淡、愤怒、僵硬、紧张和恐惧的表情，要友好、热情、精神饱满和风度优雅地为客人服务。

（三）美容师的接待礼仪

美容师在接待顾客时要遵守以下礼仪：

1. 迎客的礼仪

美容院营业期间，美容师应当站在各自的岗位上，准备为顾客提供服务。当顾客进店时，美容师要主动上前欢迎，并亲切地问候。对老、弱、残顾客，要主动上前搀扶，并为其安排座位。倘若是老顾客，可以更亲近一些，但不能有不合礼仪的举动或言谈。在为客户服务时，要友好、热情、精神饱满和风度优雅。

顾客就座后，美容师应主动介绍服务项目，当顾客对所选项目举棋不定时，美容师可根据相关图册为顾客提供某些建议。这就要求美容师不断学习掌握美容知识，只有这样才能给顾客提出更好的建议。对美容知识比较欠缺的顾客，美容师不能心浮气躁，要耐心地、较全面地为其讲解，根据顾客的职业、身份、年龄、性格、情趣、自身条件等策划美容项目。倾听顾客意见时，要认真、仔细，对于不清楚的地方，应请顾客讲解明白，双方意见统一后再进行操作，以免出现不愉快的场面。

2. 服务时的礼仪

作为美容院的美容师，应经常揣摩、研究顾客的心理，有针对性地为其提供服务。在为顾客服务过程中，要及时询问顾客的感受。如果需要顾客配合时，应温和、礼貌地对顾客说。在为顾客服务过程中应学会同顾客交流，调节沉闷、压抑的气氛。

当顾客对某项服务感到不满意时，美容师应根据情况予以处理。如果过错是自己造成的，应诚恳地向顾客道歉，并设法给予补救；倘若是顾客无理取闹，故意找麻烦，美容师也不能与顾客发生口角，而应心平气和、礼貌、耐心地跟对方讲道理。如果顾客是那种比较不讲道理的人，可请经理出面解决，实在解决不了，可建议顾客向有关部门投诉，请求他们帮忙解决。

待客，其实是一门专业的技术。它是专业美容师必备的技能。要想成为一名真正专业的，出色的美容师，学习专业的待客礼仪，是尤为重

要的。

（四）美容师服务结束后的礼仪

服务结束后美容师应征询顾客的意见，看对方是否满意，有无需要完善的地方。如有意见，服务人员应认真听取顾客意见，及时修正直到顾客满意为止。如果顾客没有任何意见，而且对此次服务感到非常满意，有意向有关人员道谢时，服务人员要礼貌地回应。

结账时，应认真、仔细，当着顾客的面核查账目，如需找零钱，应快速、准确地办理。顾客离店时，应提醒顾客带好自己的物品。如果顾客是老人或残疾人，应上前搀扶，将其送出店门。

美容师在一天的工作和生活中，会遇到许多麻烦、困难或不愉快的事情，这就要求美容师要有稳定的情绪，在遇到困难时能保持冷静的态度，工作中容易与人相处，随时让人觉得愉快、喜悦，这都需要对生活具有健康、积极的态度。

四、将空乘服务做到最好

（一）民航地勤服务礼仪

民航地勤服务礼仪是指机场地面工作人在工作中应遵循的各种礼仪规范。包括售票礼仪、更换登机牌及行李托运礼仪、安全检查礼仪等。

1. 票务服务礼仪

（1）着统一制服，并按标准坐姿要求端坐于工作台内。

（2）面带微笑，热情耐心的回答客人问讯。

（3）若客人决定购票，则礼貌的请客人出示有效身份证件；认真核实证件并填写好相关资料后，双手将证件及机票递还给客人，并诚恳表示谢意。

（4）若遇电话订票，则在电话铃响起三声之内提接电话，首先向客人问好并自报家门，然后耐心询问客人相关信息，及时为客办理相关手续。

2. 更换登机牌及行李托运礼仪

（1）着统一制服，按标准坐姿要求，端坐或站立于工作台内。

（2）当乘客到达服务台前时，首先向乘客表示热情的欢迎，并礼貌地请乘客出示机票及相关证件。

（3）核实证件后，耐心询问乘客是否需要其他服务，并祝乘客旅途愉快。

3. 安全检查礼仪

（1）着统一制服，按标准坐姿或站姿要求，端坐或站立于工作台内。

（2）当乘客到达服务台前时，首先向乘客表示热情的欢迎，并礼貌地请乘客出示登机牌及相关证件。

（3）核实证件后，面带微笑并礼貌指示客人进行安全检查。

（4）安检时，耐心向乘客说明检查要求，如果需要开包检查则要先向乘客说明，并经允许后才可以进行。

（5）检查结束后，向乘客表示谢意并祝旅途愉快。

（二）空乘人员仪表仪容的基本要求

1. 发型

空乘发型要大方，适合自己的脸型，制服和风度，不留奇异、新潮发型，不准染异色头发。女性发不遮脸、不过肩，长发要扎起或盘起，用深色的发饰并保持统一，前刘海可以卷曲也可以直发，但不过眉毛。男性鬓发不盖过耳部（不得留鬓角），后脑头发不触及后衣领，不留长发、光头，不烫发。

2. 服装

目前各航空公司都有自己的制服。

空乘穿着制服要做到整齐，清洁，挺括，大方，美观，得体。穿衬衫要束在长裤、裙里面，不挽袖卷裤，注意内衣不能外露，不掉扣，漏扣；帽子戴在眉上方1～2指处。领带，领结，飘带与衬衫领口的吻合紧凑且不歪斜，工号牌佩带在左胸的正上方。

每次航班前，应熨烫衣服，以防有褶皱。同时检查制服有无损坏，污渍，掉扣，开线等情况，若有应立即进行修理补救。

航班结束后，应干洗制服，保持制服干净如初。

空乘鞋袜要求则是保持光亮、干净，不能穿破损袜子。女性应该穿肉色连裤袜。男性应穿与裤子，鞋同类颜色或较深色的袜子。袜子的尺寸要适当，不得有跳线和松弛现象。

3. 饰品

空乘可佩带设计款式保守简洁的手表，表带宽度不超过2厘米，颜色限深色。

可戴结、订婚戒指1枚，设计简单，镶嵌物直径不超过5毫米。

4. 良好的卫生习惯

头发清洁，衣领、衣袖干净，身上无汗味或异味；指甲清洁，不留长指甲；不穿破损的袜子；要保持鞋子干净，光亮，无破损；忌吃葱，蒜，韭菜，洋葱等有刺激性气味的食物。

对空乘人员仪表美的总体要求是：仪容整洁，举止大方，端庄稳重，不卑不亢，态度诚恳，待人亲切，服饰整洁，打扮得体，彬彬有礼。

（三）空乘服务礼仪

1. 候机礼仪

（1）着装规范统一，化妆、发型、行李箱等符合公司统一要求，最好是列队行走并保持动作一致。

（2）言谈文雅，举止优雅，动作礼仪严谨，规范。

（3）语音语调柔和，说话音量适中，切忌玩笑打闹，大声喧哗。

（4）手势适度，站姿，坐姿等仪态符合空乘礼仪标准。

（5）女性乘务员不得当众人补妆或修饰面容，若有需要则要在卫生间进行；男性乘务员不得在公共场合吸烟。

2. 迎送乘客礼仪

（1）乘客登机时，应按规范礼仪站姿并面带微笑地站立在机舱门口迎接宾客。

（2）客人走近时行鞠躬礼并热情问候。

（3）左手手臂自然弯曲，手指并拢，手心微斜向上，指示乘客进入机舱，

（4）若遇客人携带行李箱，应主动上前扶助，帮助其跨越机舱口。

（5）若遇老人、小孩、残疾人士应热情扶助，并主动将其带到座位旁。

（6）客人离机时，应按规范礼仪站姿并面带微笑地站立于机舱门口送别乘客。

（7）向乘客行鞠躬礼并诚恳道别。

3. 服务礼仪

（1）耐心、亲切地向乘客介绍此次航班机组及乘务人员。

（2）准确、细致的介绍机舱内设备设施，并配以示范，示范动作规范、标准。

（3）仔细检查乘客是否系上安全带、收起小桌板，提醒乘客机舱内注意事项并耐心解答乘客疑问。

（4）派送报刊杂志时，应走到乘客座位旁，上身微倾，用适当的音量和语调询问乘客需要阅读机上要哪种报刊；对闭目休息的乘客则遵循"不打扰"原则。

（5）给客人上茶（饮料或点心）前，首先应把手洗干净，认真检查餐、饮器皿是否干净，并按人数多少准备点心、饮料。然后往茶中注入八分茶水，留意茶的浓度。

（6）将点心、饮料整齐、合理地摆放在推车中，推动推车时，动作平稳轻松，表情大方轻切；将推车推至乘客座位旁时，双手将点心、饮料递送给乘客。

（7）若自己不小心或突遇颠簸等原因而把饮料滴洒在乘客身上，要马上诚恳道歉，若对方与自己为同性则用干净毛巾或手巾纸为客人擦拭，若为异性则将干净毛巾或手巾纸双手递与，并重新提供服务。

民航服务是一项与人打交道的工作，为旅客提供服务，实际上是一种人与人之间的交往关系，这就需要民航工作人员了解不同国家、不同民族的文化背景和文化特点，掌握一定的礼仪规范。

第十堂课

旅游民俗，享受在路上的每一刻

无论是在中国还是到了国外，节日都是一个重要的文化因素；而在日常生活，外交政治、社会商业中，不同国家所遵从的交往礼节不尽相同，甚至是大相径庭。所以，大家在了解中西文化时，节日礼仪知识的接触就必不可少，通过对中西方不同礼仪的了解和比较，人们能更深入地理解不同的文化及差异。

一、带领游客游遍天下

（一）导游仪容仪表的礼仪

在日常生活中养成讲卫生、爱清洁的习惯，不仅是导游员个人文明的表现，也是导游职业礼仪的基本要求。上岗时，导游员更应该保持良好的仪容修饰。

头发应保持清洁和整齐。注意经常梳洗，不存有头屑，长短适宜，不梳怪异发型。头发被吹乱后，应及时梳理，但不可当众梳头，以免失礼。牙齿应保持洁净。导游员要经常开口说话，洁白的牙齿给人以美感。故此，导游员应坚持早晚刷牙，饭后漱口。带团前不要吃葱、蒜、韭菜等易留异味的食物，必要时可用口香糖或茶叶来减少口腔异味。为保持面容光泽，女士可施淡妆，但不要浓妆，不当众化妆或补妆。男士应修短鼻毛，不蓄须。注意手部清洁。指甲应及时修剪，不留长指甲，指甲内不藏污纳垢，不涂抹有色指甲油。

导游员的着装应与场合、地点、情境和季节相协调，穿着整洁、大方、得体。导游员在工作时应穿制服，或穿比较正式的服装并佩戴导游标志。穿制服和西装时，要将衬衣的下摆塞入裤内，不能卷起。导游员除手表、戒指外，一般不佩戴耳环、手镯、脚链、别针等饰物。在一些特殊场合如运动场或登山时，衣着可以随便一些，但仍需注意整齐。夏季，男士不能穿圆领汗衫、短裤，女士不能袒胸露背、穿超短裙。进入室内，应摘下帽子、手套、墨镜，脱掉大衣。由于经常在室外工作，导游员的衣服要勤换洗，特别应注意衣服领口和袖口的干净。

导游不仅为本地游客、本国游客服务，而且为来自世界各地的游客服务，因此导游应充分注重自己的仪容仪表。

（二）导游言行举止的礼仪

在旅游接待过程中，导游要运用礼仪知识自我约束，自我检讨，以规范的礼貌语言、行动接待每一位游客。需要注意的是，接待外国游客时还须尊重其宗教信仰与民族风俗。为游客服务时，要一视同仁，以礼相待，真诚、热情地为游客提供服务。在旅游团队中，由于游客个人素质不同，可能会出现一些违反规定的举动，甚至可以被视为失礼或无理的行为。遇到这种情况，导游不要用尖酸刻薄的语言斥责游客，更不能用鄙视的态度对待他们。作为旅游从业人员应站在对方的立场、观点上看待这一问题，用宽大的胸怀包容、体谅对方，必要时做冷静、耐心的解释。

导游人员素有"民间大使"和"形象窗口"之称，他们的言行举止代表着个人、企业、民族和国家的形象。优质的旅游服务与规范的礼节操作规程、礼貌的待客态度、完美的礼仪服务是分不开的。

（三）导游致欢迎辞的礼仪

欢迎来自远方的游客，表达自己满心的热忱，是导游应该表达的重要礼仪内容。其最好的方式就是致上一篇热情洋溢的欢迎辞，欢迎辞好比一场戏的序幕，一篇文章的序言，一次演讲的开场白。第一印象对游客很重要，致欢迎辞是加深游客第一印象的好机会，对此，所有的导游人员都应当有足够的认识。

欢迎辞是游客对导游员产生"第一印象"的重要组成部分，是沟通感情、取得信任的第一步，也是展现一个导游员知识素养、语言能力、风度气质、服务态度等总体水平的关键一步。对致欢迎辞来说，最核心的问题是口头语言内容与表述方式的选择。

欢迎辞的基本内容包括：

1．首先问候客人，并代表单位表示热烈欢迎之意。

2．介绍自己的姓名和职务，介绍参加接待人员的姓名和职务。如在游览车上，应介绍司机的姓名及他所驾车的牌号。

3．表示自己工作的态度，即愿努力工作并解答大家的问题。

4．祝愿客人旅行愉快，并希望得到客人的合作和谅解。

欢迎辞内容应根据国籍、团体、时间、地点、成员身份不同而有所区别，不可千篇一律。但以上几点要素必须具备。总之，要使客人感到真挚、亲切、热情，又符合自己的身份。

如在欢迎辞中加上一两句中国好客的谚语和格言，如"有朋自远方来，不亦乐乎""有缘千里来相会"等，以此来彰显文采，定会更加增色。

（四）导游带队礼仪

出发前，导游应向游客做自我介绍，并详细地了解游客的身体情况，出发前应该再重申一遍出发时间、所乘车次、集合地点，提醒游客贵重物品要随身携带。出发乘车时，为了能照顾游客上下车，导游应站在车门口，当游客全部就座后要清点人数，确定无误后示意司机开车。行驶过程中，导游还应将当天的天气和所到景点向游客介绍清楚，并再次强调一下当天的活动安排和游览中应注意的问题。途中，导游可以为游客简单地介绍一些有关景点的情况，认真回答游客提出的问题。如果路途较远，导游还可以带领游客做些小游戏，以驱散游客旅途中的疲劳。

游览过程中，除了为游客介绍每个景点的情况外，还要照顾好老、幼、病、残、孕游客，确保他们的安全。在游览过程中，如果遇到强买强卖的小商贩，导游要提醒游客不要乱摸乱碰，以免招惹麻烦。进入大的购物商场时，导游应提醒游客小心上当受骗。导游不得私自向游客出售商品，更不能强迫游客购买。这些都是十分失礼的行为，也是违反旅游职业的做法。导游应根据游客的要求，合理安排购物。游览结束后，导游必须清点游客人数，一旦发现人员走失，必须按照原路返回，寻找走丢的游客。一天游览结束后，在返回酒店的途中，导游要将第二天的安排告诉游客，抵达酒店后，导游应将当天发生的事情主动汇报给领队，并与其共同协商解决问题的方法。

带游客游览过程中，导游员应认真组织好客人的活动，做到服务热情、主动、周到。导游人员应自觉携带旅行社社旗，行进中，左手持旗，举过头顶，保持正直，以便队尾的团友及时跟进。将社旗拖于地面或扛于肩头都是不合乎规范的做法。

（五）导游讲解礼仪

就一般而言，导游员语言的表达应力求做到：达意、流畅、得体、生动和灵活。这是导游讲解最基本也是最起码的要求。

1. 达意。语言的达意是要求导游员所传递的信息不仅应准确，而且还要易被游客理解。达意的导游语言，一是发音正确、清楚；二是遣词造句准确、简洁；三是表达有序，条理清晰。切忌空洞无物、言过其实，更不要无中生有、胡编乱造。

2. 流畅。流畅即要求导游员的语言力求表达连贯，无特殊情况，一般言语中间不作较长时间的停顿，语速适中，快而不乱，慢而不滞。口语表达中过多的重复和停顿以及不良的习惯无疑都会影响游客的倾听效果。

3. 得体。所谓得体，就是言语运用要妥当，有分寸。得体的导游语言必须符合导游员的角色身份，以做到真正体现对游客的尊重为前提。在带团过程中，应多用敬语和服从语并以委婉、征询的句式与游客交流。此外，还应避免游客的言谈忌讳。

4. 生动。生动是导游语言最为突出的特点。导游员在讲解内容准确的前提下，应以生动、有趣且具感染力的语言活跃气氛，增添游客的游兴，以趣逗人。照本宣科、死板老套不可取，"黄色幽默"和低级趣味的笑话更应杜绝。

5.灵活。灵活强调的是导游员的语言表达应做到因人、因地、因时而异，导游员在讲解时必须充分考虑游客的文化背景、认知水平、兴趣爱好及职业特点等异同，并据此有针对性地决定内容的取舍和表达方式的选择，以提高游客的接受和理解能力。

语言是导游服务的重要手段和工具，导游员的服务效果在很大程度取决于其语言的表达能力，导游员驾驭语言的能力越强，信息传递的障碍就越小，旅游者满意的程度也就越高。可见，导游语言的表达能力事关导游员自身价值的实现。

（六）导游致欢送辞的礼仪

致欢迎辞，是要给游客留下一个好的第一印象。而致送别辞，则是要给游客留下永久的怀念，美好的记忆。

当致欢迎辞时，游客还是些生疏的人。当致欢送辞时，不少游客都成了朋友，所以"富有感情"是欢送辞的第一要素。千万别给游客留下"人一走，茶就凉"的感觉。

欢送辞里应当小结一下整个旅程，要称颂旅行是成功的、有趣的、值得怀念的。"表示谢意"应是欢送辞第二要素，千万别让人家感到旅行成功只是导游努力的结果。中国旅游业还年轻，导游工作中不尽人意之处在所难免。"欢迎批评"应是欢送辞第三要素。请记住，征求意见、欢迎批评往往给游客留下非常好的印象。这样做能表明我们的诚意，增加我们的信心。

为使欢送辞给游客留下难忘的印象，它的"文采"水平要高一些，最好能引用些名言、谚语等。用有"文采"的语言，要表达的是一种情感，"愿意再见"的情感，这是欢送辞的另一重要要素。记住，千万别说"Good－Bye"，它是"告辞"之意，要说"再见"（see you again），这话更有中国人好客的情调。

表示惜别、感谢合作、征求意见、期待相逢，以上是欢送辞的四要素。当然与欢迎辞相同的地方是，欢送辞也要因时、因地、因客人不同而异。

在旅游活动结束时致欢送辞，其实也就是对这次活动的总结。因此致欢送辞应当将整个活动期间的主要部分进行概括，成功的导游要归功于大家的配合和合作。

有不尽人意的地方，要真诚地表示歉意，最后还应送上祝福，并祝愿有机会再次合作。

旅游活动结束，导游员致欢送辞，也是导游工作必不可少的程序之一。不辞而别或草草收场，都会导致功亏一篑的后果。欢迎游客时要热情洋溢，送别游客时，也不能显得冷落，否则会给人留下"虎头蛇尾"的感觉。

（七）导游送客礼仪

如果游客离店时间确定在次日早上，导游可提前与酒店人员联系，请其提供相应服务。导游要提醒客人不要把贵重物品等与行李一同托运，提醒游客付清住房、酒水等服务费用。导游还要与领队一起核对行李件数，检查是否符合托运标准，确定以后在行李卡上填好手续。

乘国际航班的旅游团，乘飞机前导游必须认真核查每张机票的起飞时间，领取相关证件；对于乘火车的旅游团，导游需核查火车开车时间、车次、车厢及座位号。准备活动完成以后，导游应把相关证件亲自交到游客手上。

旅游送客是旅游团的最后一项工作，如果前面的工作客人都非常满意，但送团工作出现了礼貌不周的问题，同样会破坏旅行社和导游人员在客人心目中的整体形象，并使陪团前期的努力前功尽弃。因此，旅行社及导游人员应该注重送客礼仪。

二、尊重我国的传统节日

（一）元旦

元旦，是"一元复始"之意，我国古代称元旦为"旦日"，并且历代的元旦日期都不相同。相传，古代定农历正月为元，初一为旦；秦朝以十月初一为元旦，汉武帝时以农历正月初一为元旦，一直相沿至清末。

辛亥革命后，中国改用世界通用公历。从此，农历正月初一称春节，公历一月一日称为"新年"。中华人民共和国成立以后，将公历一月一日正式定为元旦。

如今，每逢元旦，全国放假一天。但由于人们习惯把过年与春节联系在一起，因此，元旦节日观念尚不浓厚，广大农村几乎没什么活动。在城市中，一般单位会组织"团拜"活动。

（二）春节

春节是我国农历的新年，在民间，它是最古老、最隆重的一个传统节日。据民间习俗，从腊月二十四起直至新年正月十五闹元宵止都称春节。现在，春节的庆祝活动一般从大年三十开始。春节期间，家家户户清扫一新，贴春联、守岁、放鞭炮、拜年等活动丰富多彩。

每到年终，一般在腊月二十三，每家每户都要彻底打扫屋子，以表示除旧迎新。一进入腊月，人们都要上街采办过年的物品、买年画。

腊月的最后一天，要全家团聚吃一顿丰盛的年饭。凡家中在外地工作或学习的家人都会尽可能赶回家团聚。这顿饭要吃得欢欢乐乐，菜肴吃食也都具有吉利的象征意义，如鱼——年年有余，整鸡——大吉大利，青菜——清洁平安，年糕——年年高等。吃饭时，不要说丧气的、不吉利的话，不能失手打破碗碟杯盏，不能碰翻椅凳，因为这些会被视为不吉利的征兆。

在"一夜连双岁，三更分两年"的除夕之夜，人们有通宵守岁的习俗。这一夜灯火通明，家人围坐一声畅谈，小孩还可以从大人那里得到压岁钱。在除夕之夜，我国北方，家家都要包饺子。

春节拜年是一种极普遍的礼仪习俗。新年开始，人们走亲访友，登门拜年互致节日祝贺，联络感情。出去拜年要穿戴整洁。出门遇到熟人、朋友要恭贺新年，说些喜庆话。

春节期间，人们还经常走上街头，参加舞狮子、耍龙灯、踩高跷、逛花会等娱乐项目。

（三）元宵节

农历正月十五，是一年中第一个月圆之夜，这一天叫上元月，这天晚上称元宵。自唐朝开始，民间就有元宵之夜观灯的风俗。据载，汉文帝刘恒将农历正月十五定为元宵节。现在元宵节有很多节俗活动。

舞龙或舞狮。各地组织龙灯队，从初三、初四开始走家串户玩耍，元宵夜，各队龙灯聚在一起表演。

放灯、观灯。按照"除夕火，元宵灯"的习俗，元宵夜，家家户户挂灯放烟火，人们以观灯为乐。有的地方还制灯谜，人们观灯之时还可以猜谜，增添了游乐兴致。有些单位组织灯会，场面盛大而壮观。

吃元宵。每逢正月十五，家家户户都要吃元宵（汤圆），象征着家庭团圆、和睦幸福。

（四）清明节

清明节是中国农历二十四节气中的第五个，又叫"寒食节"、踏青节，在阳历4月5日左右。

清明节主要的活动就是扫墓和踏青。清明节人们纷纷前去亡故亲友、祖先墓前修缮、供奉、怀念、祈祷。现在，人们往往前去公墓、烈士墓、先烈纪念碑进行祭扫活动，哀悼、缅怀先烈，接受爱国主义传统教育。

清明时节，正值万物逢春，人们三五成群结伴春游踏青，舒活筋骨，按传统习俗还要荡秋千、放风筝，还要插柳戴花，传说这样可以避邪驱凶，红颜不老，还可预知天气、消灾解祸。

（五）端午节

端午节又叫端阳节或五月节，在农历的五月初五，是我国民间传统的节日。

在古代，人们认为五月是恶月，因为天气转暖了，"五毒醒，不安宁"。"五毒"指蝎子、蜈蚣、毒蛇、蛤蟆、壁虎。潮湿的气候容易滋生疾病，所以人们在端午节要把菖蒲、艾草或大蒜头等挂在门上，据说可以起到净化空气、驱祛病毒的作用。人们身上都要带上香包，内装雄黄、艾草等药材，大人要饮雄黄酒，小孩子则将酒抹在前额、耳、鼻等处，还要在手、脚、脖颈等处挂上五色丝线用来避邪。

端午节吃粽子，传说是为了纪念战国时爱国诗人屈原。相传五月五日是屈原投汨罗江的日子，楚国百姓找不到屈原的遗体，便向江里投粽子，希望水中的蛟龙、鱼鳖等饱食粽子，以免伤害屈原遗体。这一风俗沿袭后世，便形成了民间在端午节包粽子、吃粽子的传统习惯。

端午节有一项不可缺少的活动——赛龙舟。传说越王勾践被吴王打败后卧薪尝胆数载才回到祖国，于五月初五操练好水兵，一举消灭了吴国。后人为纪念他的胜利，便在每年这一天挑选年轻力壮的青年举行龙舟竞赛。

端午节，亲朋好友之间有送礼的风俗，一般以粽子、咸蛋、猪肉等相赠，女婿要去给丈人、丈母娘拜节。

端午节寄托了中华民族对龙的喜爱和作为有气节的龙的传人的自豪，以及战胜自然灾害的信心。

（六）中秋节

中秋原名"仲秋"，"仲"乃居中之意，农历七、八、九月为秋季，

八月十五正好是秋季中间，故名"仲秋"。

中秋节有着吃月饼的习俗。月饼形圆如月，也叫"团圆饼"，它寄托了人们美好的愿望和祝福。

古代有众多诗人喜爱吟月，"举头望明月，低头思故乡""但愿人长久，千里共婵娟"寄寓了离家在外的游子深深的思乡念亲之情。如今，求学、差旅在外的人逢中秋之时一定要写信或打电话问候家人，表达自己希望和家人一起团聚的心情。

中秋节，民间要走亲访友，互赠礼品。青年男子趁此节日拜会岳父母，礼物不分轻重，可以是月饼、糖果、酒类、糕点等，最好是成双成对。

（七）重阳节

在《易经》中，小"九"为阳数，农历九月九日有两个阳数，故名"重阳"，乃大吉大利。这一天又叫"登高节"、"老人节"。这天的重要活动是登高、插茱萸、赏菊花。

秋季饮菊花酒、佩茱萸是有一定科学道理的。由于农历九月时秋雨缠绵，天气阴潮，暑气未尽，所以人们容易生病，衣物易发霉。菊花有清热祛风、平肝明目的功效，茱萸可以驱虫御毒，这两种东西对人们的身体健康和生活大有裨益。

重阳节登高其实也有实际的生活原因：秋天正值山上药材、野果成熟之际，农民此时已秋收完毕，正好有时间登高口收，在"九九"之日前往采收主要是图个吉利。

三、现代人怎么过节

（一）妇女节

3 月 8 日，是世界各国劳动妇女的节日。

1909 年 3 月 8 日，美国芝加哥女王为争取自由平等，举行大罢工和示威游行，得到美国广大劳动妇女的积极响应。

1910 年 8 月，第二届国际社会主义妇女代表大会在丹麦哥本哈根举行。大会通过了德国革命家克拉拉·蔡特金的建议，定 3 月 8 日为国际劳动妇女节。

1949 年以后，我国规定每年 3 月 8 日为妇女节，在这一天，全国的妇女们要放假半天。

（二）劳动节

5 月 1 日，是全世界劳动人民的节日。

1886 年 5 月 1 日，美国芝加哥工人举行大罢工，要求改善劳动条件，实行八小时工作制。经过斗争，终于赢得了胜利。

1889 年 7 月 14 日，第二国际成立大会在法国巴黎举行。大会通过了法国代表拉文的提议，把 5 月 1 日定为"国际示威游行日"，亦称"劳动节"。

1949 年以后，我国规定 5 月 1 日为劳动节。

如今每年劳动节，全国许多单位召开表彰会、庆功会，宣传劳动模范的先进事迹。不少地方举办游园会，张灯结彩，欢庆节日。

（三）青年节

1919 年 5 月 4 日，以北京大学为首的北京 13 所高校的学生举行示威游行，抗议帝国主义列强侵犯我国领土，学生的爱国行动遭到了北洋军阀政府的镇压。为了纪念学生的爱国运动，1939 年，陕甘宁边区西北青年联合会规定 5 月 4 日为中国青年节。

1949 年 12 月，我国正式规定 5 月 4 日为中国青年节。此后，每年 5 月 4 日这一天，全国各地青年都要以举办报告会、演讲会、文艺晚会等形式，纪念"五四"运动，欢度"五四"青年节。

（四）儿童节

6 月 1 日，是国际儿童节，是全世界儿童的节日。

1949 年 11 月，为了保障全世界儿童的生存权、保健权和受教育权，改善儿童生活，国际妇女联合会在莫斯科举行的理事会上作出决定，每年 6 月 1 日为国际儿童节。1949 年 12 月，我国政府规定 6 月 1 日为中国儿童节。

每年 6 月 1 日，各地儿童们身穿节日盛装，举行联欢会、游园会等各种活动，和世界各国儿童共同欢庆自己的节日。

（五）国庆节

10 月 1 日，是中国的国庆节。

1949 年 9 月，中国人民政治协商会议第一次全体会议确定"中华人民共和国"为新中国的国家名称，1949 年 10 月 1 日，在北京天安门广场举行盛大的开国大典，毛泽东主席升起了新中国的第一面五星红旗，并庄严宣告中华人民共和国成立。如今每逢国庆节，放假 3 天。全国各地都张灯结彩，悬挂欢庆标语，并举办国庆晚会等活动。

四、人尽皆知的西方节日

（一）圣诞节

圣诞节是纪念耶稣基督诞生的节日，它的时间是 12 月 25 日。它的节期延缓很大，通常为 12 月 24 日至次年的 1 月 6 日。现在圣诞节已成为一个世界性的民间节日。

圣诞节来临时，亲朋好友之间要互寄贺卡，卡上写有各种祝福的语句。

西方人以红、绿、白三色为圣诞色，每逢圣诞节来临，都要用圣诞色来装饰。红色的有圣诞花和圣诞蜡烛。绿色的为圣诞树。

圣诞之夜，家家户户都要围在圣诞树周围吃圣诞晚宴。宴席开始前，人们打开放在圣诞树下的一包包礼物，互相祝贺。宴会后还要在圣诞树前做各种游戏，唱圣诞歌曲，欣赏音乐。圣诞老人也是圣诞节期间庆祝活动的重要角色。据说，圣诞老人是根据一千多年以前的两位主教保护儿童的事迹，从而神化的人物，他能给人带来福祉并给孩子们带来节日礼物。圣诞之夜，孩子们在临睡前，都要在壁炉前放一只袜子。他们相信，一位白须红袍的老人将给他们带来礼物。

圣诞节期间的传统食品有火腿、火鸡、蜜饯、水果饼、葡萄干及布丁等。

（二）情人节

每年的 2 月 14 日，是西方传统情人节，它深受欧美各国青年喜爱，也是一个充满温馨甜美的浪漫节日。

情人节又称为"瓦伦丁节"。据传说，公元 3 世纪时，古罗马有一位名叫瓦伦丁的虔诚的基督教徒，因带头反抗罗马统治者对基督教徒的迫害而被捕入狱。在狱中，他受到典狱长之女的精心照料，并且同她相爱。临刑前，他给自己的情人写了一封信，表明了自己光明磊落的心迹和对她的一片情怀。公元 270 年 2 月 14 日，瓦伦丁被罗马统治者处死。自此以后，人们为了纪念这位壮烈而多情的殉教者，就把这一天定为情人节。

而今的情人节，是青年人追求美好爱情的节日。在这一天青年人要向心中的情人寄送一封情人卡，在卡上尽情表达自己的爱慕之情，不需署名。

在情人节，沉浸在爱情之中的人们要互赠礼物：巧克力、精巧的小饰物和玫瑰花束，前两种东西以做成心形最受欢迎。这一天情侣们还喜欢参加舞会或进行郊游。

（三）愚人节

愚人节也叫万愚节，为每年的 4 月 1 日，是西方国家已有 800 年历史的民间传统节日。据记载，愚人节起源于法国。法国人将愚人节的受骗者称为"四月的鱼"，意思是他们像小鱼一样容易上钩。到 17 世纪末，英国人也开始过愚人节。随后，愚人节广泛流传到世界各地。

在愚人节期间，人们以相互愚弄和欺骗来取乐。几乎什么样的玩笑都可以开，谁都可以被愚弄和欺骗，被愚弄和欺骗者只许苦笑，不许发火。

愚人节轻松、幽默、快活的气氛，不仅深受欧美人的喜爱，也逐渐流行到世界各地，包括我国。虽说愚人节可以愚弄和搞笑，但还是应讲一定分寸的，如果过度的话，还是不可以的。

（四）母亲节和父亲节

母亲节和父亲节原都是美国的节日，这两个节日意在告诫人们勿忘父母养育之恩。

18 世纪初，美国国会通过决议：将每年 5 月的第二个星期天确定为母亲节，以表示对母亲的崇敬和感谢。

母亲节这天，全家人团聚并且让母亲休息一天。当日，父亲们要负责做家务和照料孩子，让妻子好好休息一天。孩子们则不准贪睡，一大早就要爬起来去为妈妈做上一顿早餐。正餐要全家一起去外面吃。

在母亲节，人们要向自己的母亲赠送表达自己心意的礼品，其中鲜花是最受人欢迎的。当天不能赶回家当面向母亲祝贺节日的，通常要打电话向母亲致意。

1910年，美国基本上正式确定每年6月的第三个星期日为父亲节，然而父亲节真正成为全国性节日，要比母亲节晚很多，直到1972年，这一节日才得到法律的认可。

人们在父亲节这一天，要佩戴鲜花以表达对父亲的敬意。如果父亲健在，应当佩戴红玫瑰。如果父亲已经去世，则应佩戴白玫瑰。目前美国各州选定的向父亲表示敬意的鲜花不尽相同。

受西方文化影响，这两个节日，近年来在我国许多城市也逐渐兴起。

（五）感恩节

感恩节是北美独有的节日，每年11月第四个星期四是美国人的感恩节，加拿大则定在10月的第二个星期一。

感恩节源于北美的普利莱斯。1620年9月10日，两名英国清教徒为了摆脱宗教和政治上的迫害，乘坐"五月花"号木船，经65天由海上漂泊至普利莱斯。由于严寒、疾病和缺少衣食，第一个冬天便夺走了半数以上人的生命。纯朴的印第安人同情他们，给他们食物，并教他们狩猎、种玉米、捕鱼、盖房等技法。

移民们经过辛勤劳动，终于在第二年获得了可喜的丰收，闯过了生活的难关。为了感谢上帝赐予的收获和增进同印第安人的友谊，他们用火鸡、玉米等劳动成果制成佳肴，自制啤酒，大摆筵席。当时印第安人也带着鹿和火鸡应邀前来，一连欢庆了3天。白天设宴，举行体育活动，夜晚载歌载舞。